Silberstolz
Heinke Nied Illustration

one line

DIE GROSSE BIBLIOTHEK

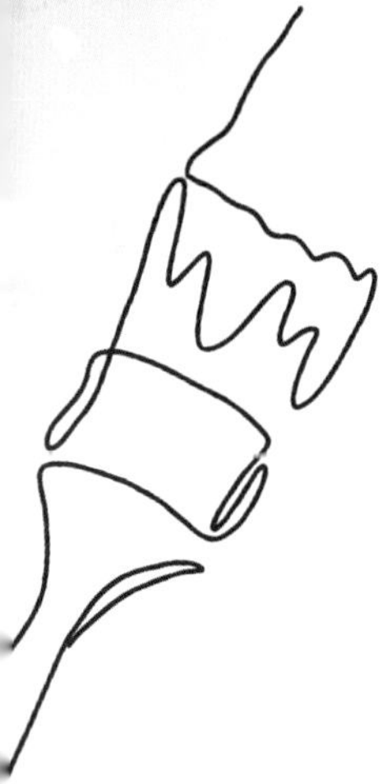

Hallo!

Schön, dass du dich für dieses Buch entschieden hast. Gemeinsam gehen wir hier auf eine kreative Reise des Zeichnens in einer Linie. Es erwarten dich viele Motive und Inspirationen zu jeder Gelegenheit, die zeigen, wie du in einer Linie zeichnen kannst. Zusätzlich bietet dir dieses Buch einige Aquarellmotive und Handlettering-Sprüche. Auch digitale Kunst darf nicht fehlen. Ich zeige dir auch, wie du grafische Bilder mit der One Line Art umsetzen kannst, denn das Zeichnen in einer Linie kann verspielt, abstrakt, meditativ oder auch grafisch in Szene gesetzt werden. In einer kurzen Einleitung erkläre ich dir alles über meine One Line Art Module, wie du startest und wie du in den Zeichenflow kommst.

In den letzten Jahren habe ich mich intensiv mit dem Zeichnen in einer Linie beschäftigt und in meinen vielen Kursen und Workshops wertvolle Erfahrungen sammeln können, um diese tolle, neue und einzigartige Zeichentechnik immer weiterzuentwickeln. Dadurch sind meine Module entstanden, die den Einstieg in das Zeichnen in einer Linie allen Menschen möglich macht.

Durch diese simple Technik erlernst du diese Form des Zeichnens, intuitiv und sehr leicht. Sie eignen sich aber nicht nur dafür. Mit den Modulen beginne ich alle meine Kurse und Workshops, denn sie dienen perfekt dazu das Handgelenk vor der kreativen Arbeit aufzuwärmen. Durch das Wiederholen der Module kommst du zuerst zur Ruhe und startest dann entspannt in den Workshop.

In diesem Buch erwarten dich wundervolle Motive zu vielen unterschiedlichen Themen aus unserem Leben. Von alltäglichen Dingen, wie Häuser, Pflanzen und Tiere, bis hin zu Urlaub, Landschaften und Doodles. Die Motive in diesem Buch sind eine große Sammlung von leichten bis schwierigen Projekten. Mir ist es wichtig, dass für alle, die kreativ sein möchten, etwas dabei ist. Egal ob Hobby- oder Profikunst, dieses Buch soll als Inspiration dienen, zum Betrachten oder Nachzeichnen. Wichtig ist nur dranzubleiben und nicht nach Perfektion im Zeichnen zu streben, denn genau das Unperfekte macht den eigenen Stil aus.

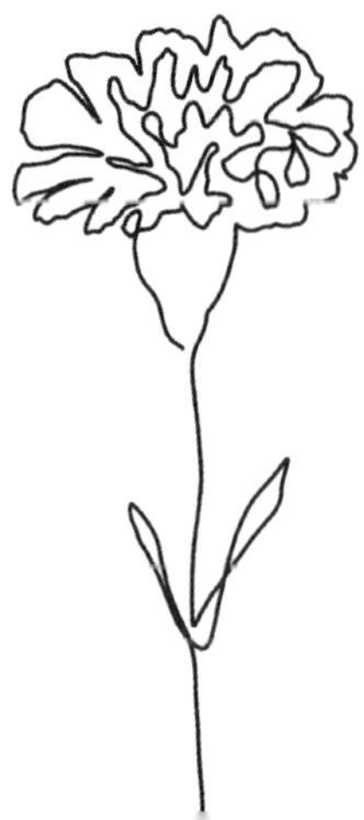

Das Kapitel Aquarell & One Line Art soll dazu dienen, Motive zu zeigen, die diese beiden Kunstformen kombiniert. Für mich war sehr schnell klar,

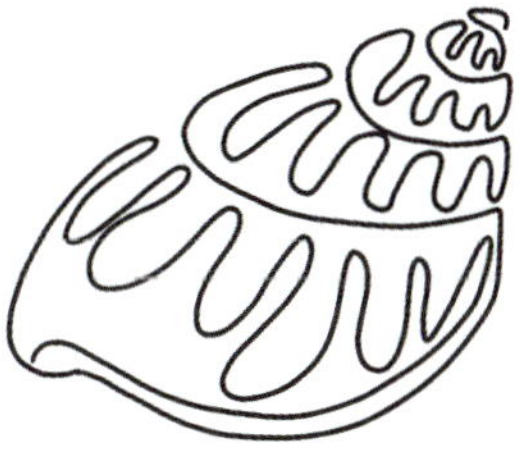

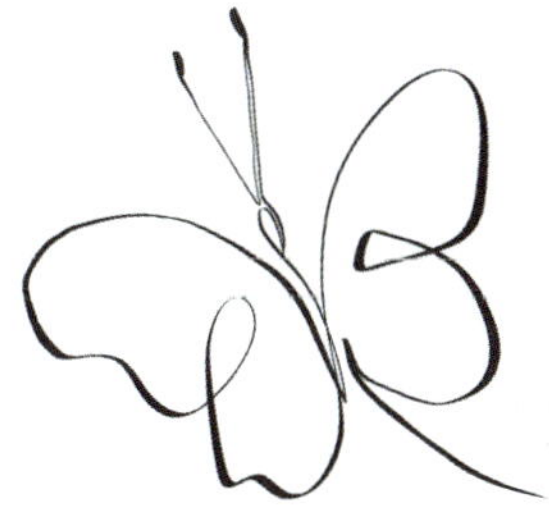

dass ich meine schwarze Linie nicht alleine stehen lassen will und so kombinierte ich Aquarell dazu. Später auch Handlettering, denn ein schöner Schriftzug ergänzt das Bild perfekt. Dafür reicht auch ein Schriftzug in deiner eigenen Handschrift, es ist oft persönlicher und passt perfekt zu deinem gezeichneten Bild.

Später kombinierte ich alle möglichen Materialen dazu, wie Gouache, Filzstifte, Holzstifte und so weiter. Ganz nach dem Motto Mixed-Media.

Am liebsten aber mag ich die Kombination mit Aquarell, was auch zu meinem Markenzeichen auf Instagram geworden ist. Es freut mich sehr zu sehen, dass inzwischen viele diesen Stil ebenfalls in ihren Bildern umsetzen. Mit einem Brush Pen zeichne ich auch sehr gerne, da ich hier den Druck variieren und ein Blending mit in meine Zeichnung integrieren kann.

Welches Medium wirst du zu deiner One Line Art kombinieren?

Probiere alle Materialien aus, es macht viel Spaß und du wirst mit Sicherheit deine eigenen Materiallieblinge haben. Diese Kombination macht am Ende dann deinen ganz persönlichen Stil aus.

Ich wünsche dir viel Freude mit dieser One Line Art Bibliothek und beim Kreieren deiner eigenen Bilder und Postkarten.

Besuche mich gerne auf Instagram, Pinterest und YouTube @Sillberstolz. Hier erwarten dich viele Tutorials und Inspirationen. In meiner Story bin ich täglich im Austausch mit meiner kreativen Community. Teile deine Bilder gerne mit allen auf Instagram unter dem Hashtag #onelineartzeichenschule oder #kreativmitsilberstolz

Wir zeichnen uns glücklich!
Lebe kreativ,

Heike Ried

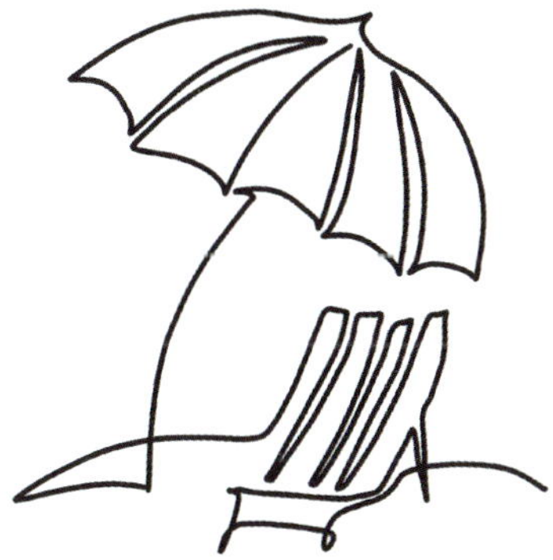

Inhaltsverzeichnis

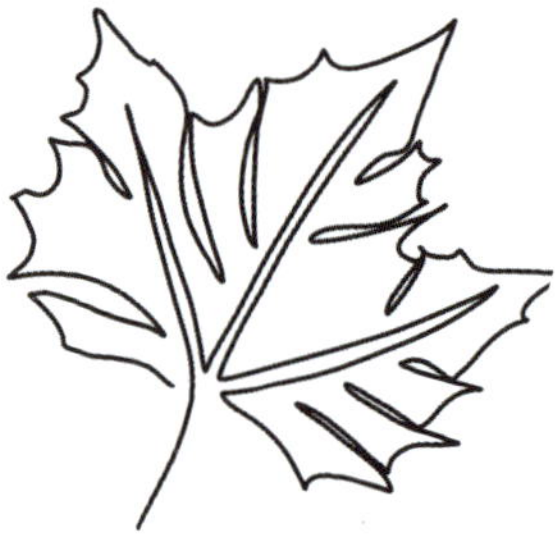

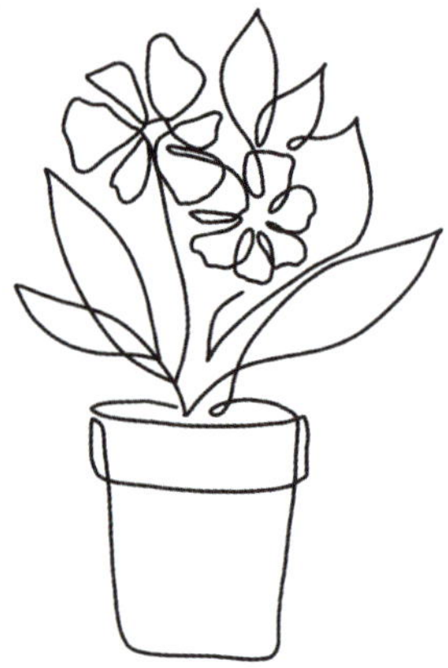

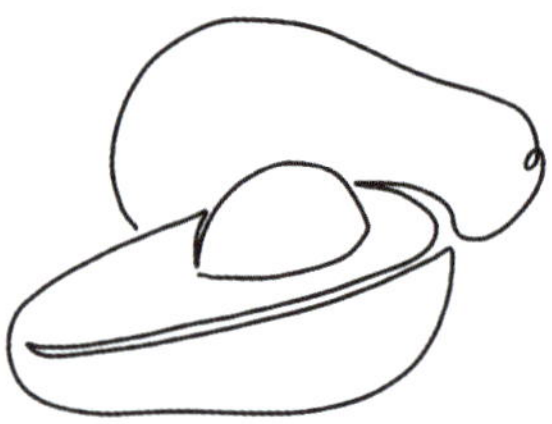

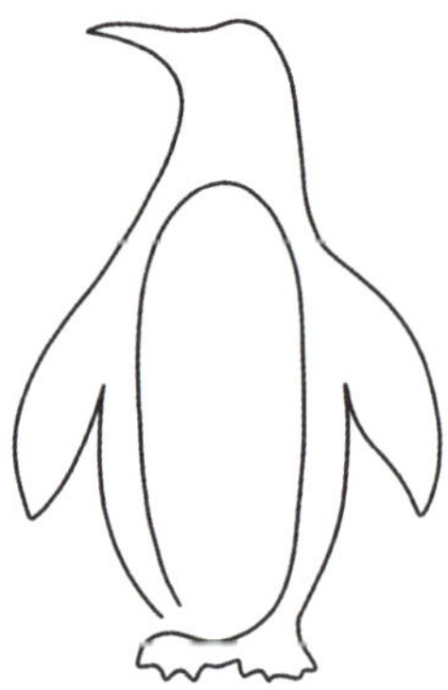

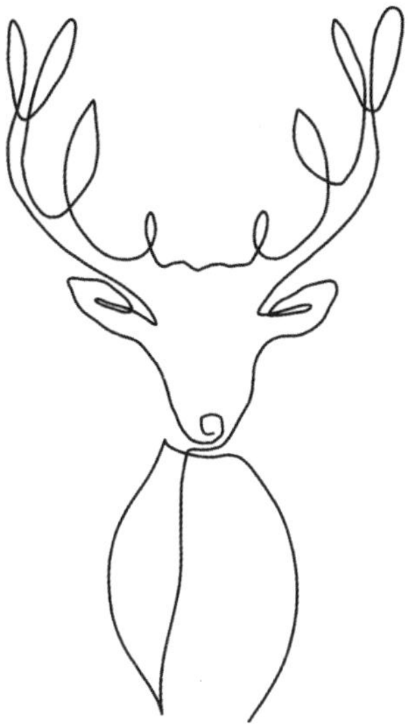

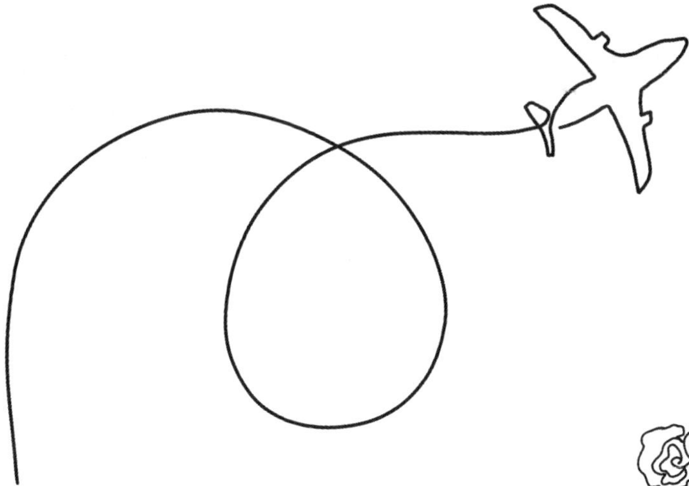

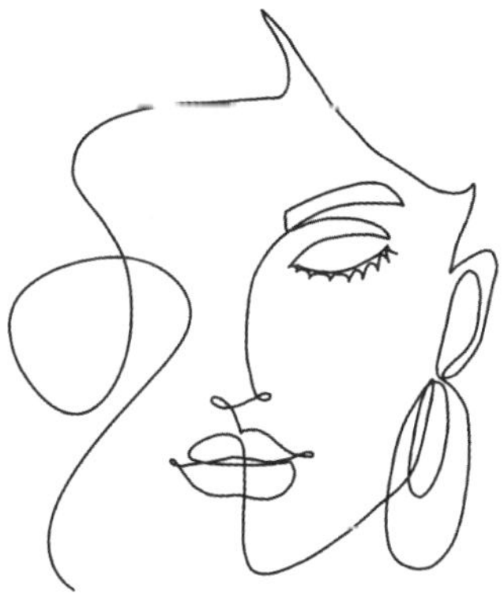

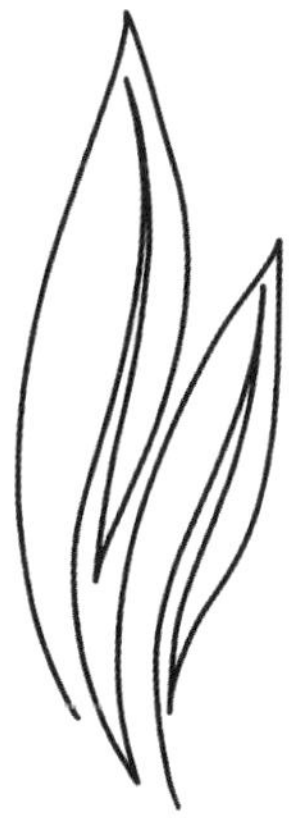

Materialien

WAS IST ONE LINE ART?

Das ist eine Zeichnung, die nur mit einer einzigen und ununterbrochenen Linie gezeichnet wird. Bei dieser Zeichentechnik unterbrichst du deine Linie beim Zeichnen nicht. Das heißt du setzt den Stift während des Zeichnens nicht ab bis dein Motiv fertig ist.

Deine Zeichnung kann mit unterschiedlichen Materialien wie z.B. Aquarell oder einem Schriftzug kombiniert werden, um deinem Bild so mehr Ausdruck zu verleihen.

Was ursprünglich nur eine Zeichenübung war, hat sich inzwischen zu einer modernen Kunstform entwickelt. Aber nicht nur das! Es ist eine ganz neue Art zu Zeichnen entstanden.

MATERIALIEN

Fine Liner

Für die One Line Art eignet sich besonders ein Fine Liner in verschiedenen Stärken, zum Beispiel von Faber-Castell. Achte auf einen wasserfesten Stift, falls du Materialien auf Wasserbasis wie Aquarell dazu kombinierst.

Bleistift

Ein Bleistift ist perfekt für unterwegs zum Skizzieren.

Mein Tipp:

Verwende einen sehr weichen Bleistift, denn damit kannst du den Druck deiner Linie auf dem Papier variieren, indem du mal leichter und mal fester aufdrückst.

Das ergibt einen tollen Look in deiner Zeichnung.

Filzstift

Auch ein Filzstift in verschiedenen Stärken eignet sich hervorragend für die One Line Art. Der Permanentmarker von Edding zum Beispiel, eignet sich für größere Bilder oder die Leinwand.

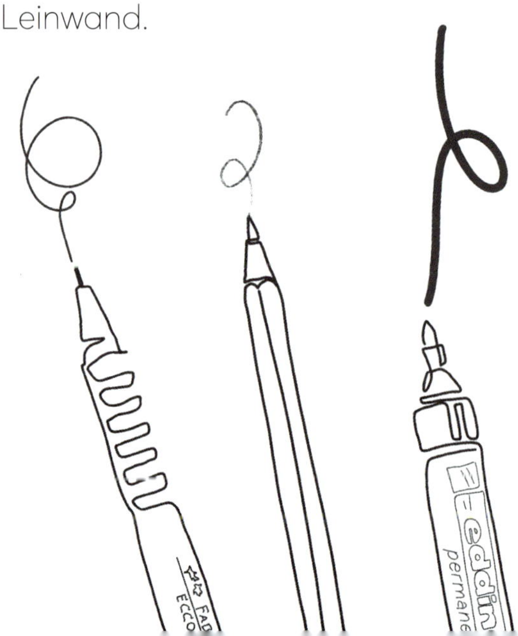

Brush Pen

Auch Brush Pens, zum Beispiel der Dual Brush Pen von Tombow, können super für die One Line Art verwendet werden.

Diese eignen sich auch toll zum Zeichnen. Auch hier kannst du den Druck variieren, da dieser eine flexible Filzstiftspitze hat. Zudem kannst du ein Blending in deine One Line Art Zeichnung reinarbeiten und so ein farbenfrohes, schönes Projekt gestalten. Da diese Stifte wasservermalbar sind, kannst du einen Aquarellhintergrund erstellen.

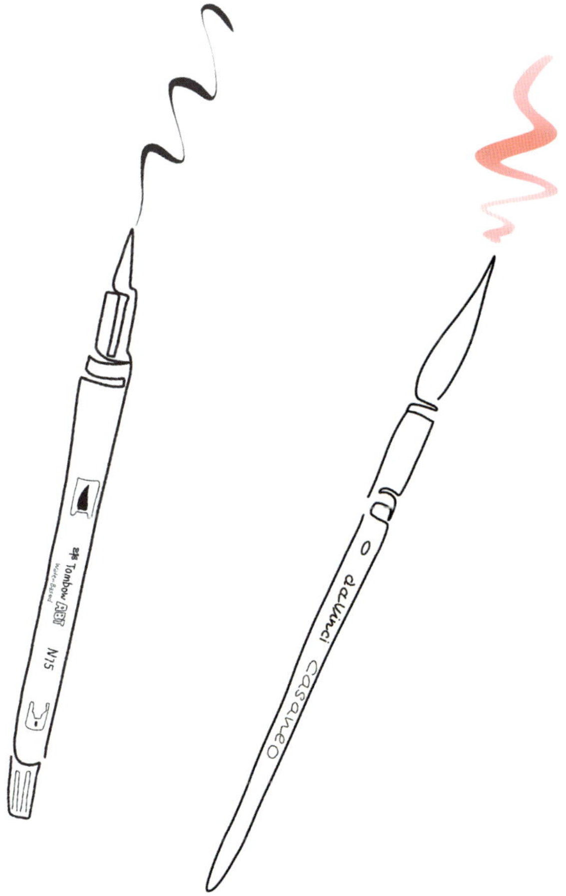

Pinsel

Hierbei ist es wichtig einen Pinsel zu verwenden, der viel Wasser und Farbe aufnehmen kann, damit wir mit einem Pinselstrich ein Bild malen können.

Wähle zum Beispiel den Casaneo Pinsel in Gr. 0 von da Vinci.

Weitere Materialien, die du verwenden kannst, sind **Buntstifte**, **Acrylmarker** oder einen **Füller**.

Außerdem **Aquarell Farben**, zum Beispiel von Schmincke oder van Gogh.

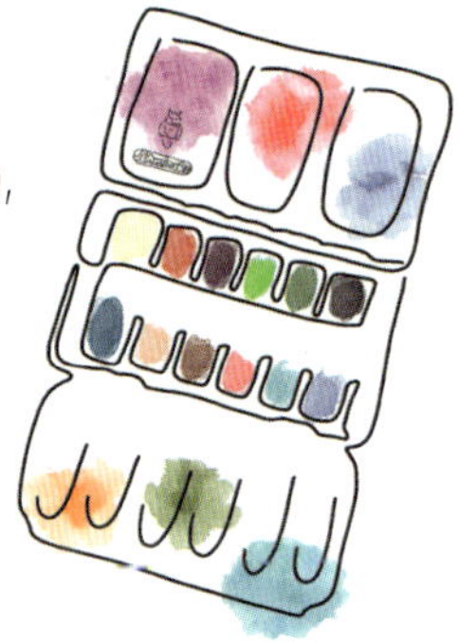

Dafür bräuchtest du ebenfalls Aquarellpapier, zum Beispiel von Hahnemühle.

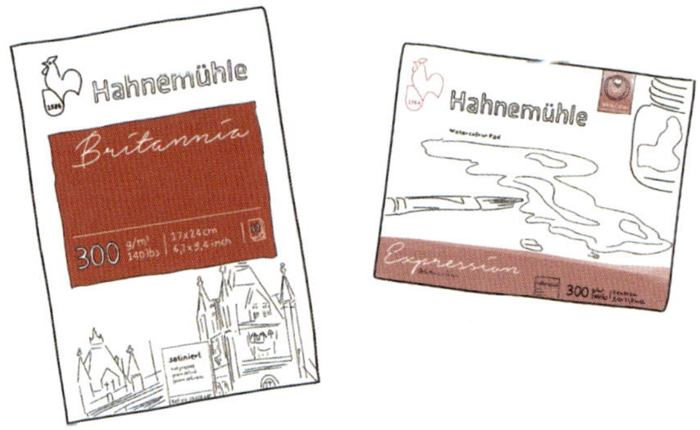

Umsetzung und Tipps

EINE ZEICHENTECHNIK MIT VIELEN VORTEILEN!

- Es fördert die Kreativität.
- Es ist meditativ und entspannend.
- Du kannst deine eigene „Zeichenschrift" entwickeln und somit deinen ganz persönlichen Stil finden.
- Nur wenige Materialien sind nötig um zu starten, lediglich ein Stift und ein Blatt Papier.
- Es schult deine Beobachtungsgabe.
- Trainiert deine Hand-Augen-Koordination und das Muskelgedächtnis.
- Perfekt zum Aufwärmen deiner Hände vor einem kreativen Workshop.
- Ein geringer Zeitaufwand beim Zeichnen.
- Hervorragend um unterwegs in das Skizzenbuch zu zeichnen, da hier nicht viel Zeit benötigt wird.
- Das wichtigste: Es macht Spaß und du zeichnest dich glücklich!

UMSETZUNG

Das besondere einer One-Line-Zeichnung ist, dass du dein Zeichenwerkzeug – sobald es das Papier berührt – nicht mehr von der Zeichenoberfläche abhebst, bis dein Motiv fertig ist.

Ich gebe zu, dass sich das zu Beginn recht seltsam und ungewohnt anfühlen kann. Das ist ganz normal. Unser Gehirn und die Handmuskulatur müssen sich erst daran gewöhnen. Wie das bei allen neuen Dingen, die wir lernen, ist.

Beginn deshalb zuerst ganz locker mit den Aufwärmübungen, die ich dir in diesem Buch zusammengestellt habe. Die Linien, Wellen und Schlaufen helfen dir dabei, dich daran zu gewöhnen.

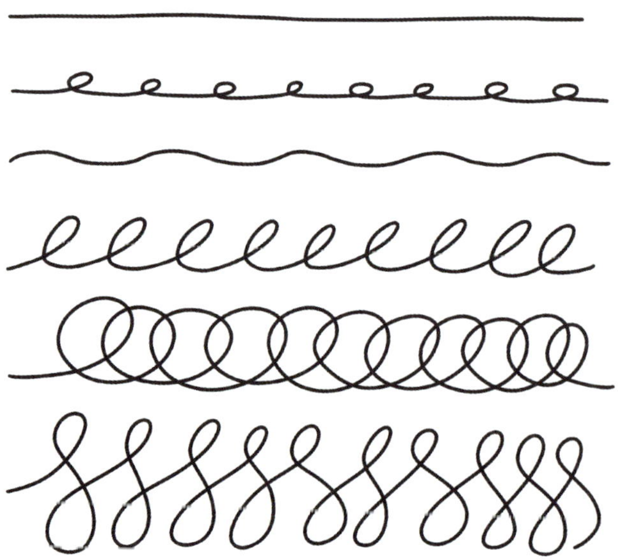

DIE MODULE

Die Schneckenform

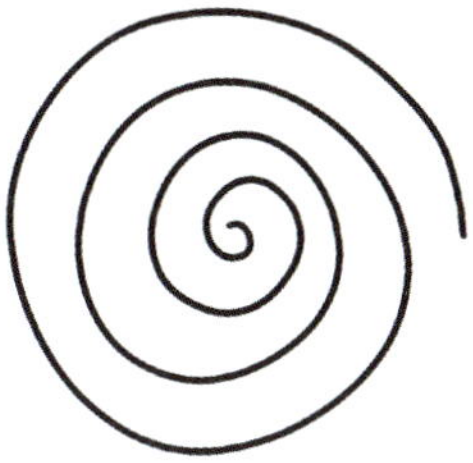

Das einfache Blatt

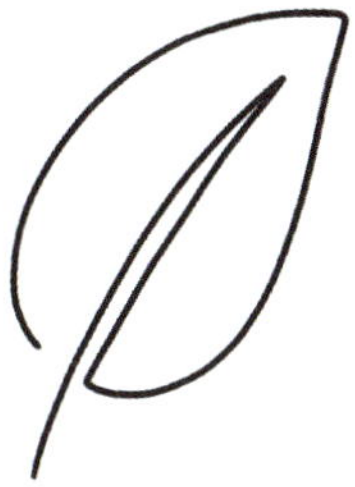

Die Schlaufe

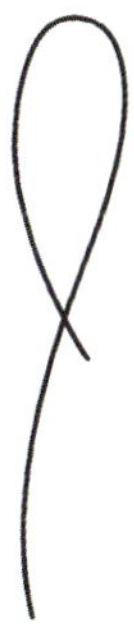

Diese Module können miteinander kombiniert werden.

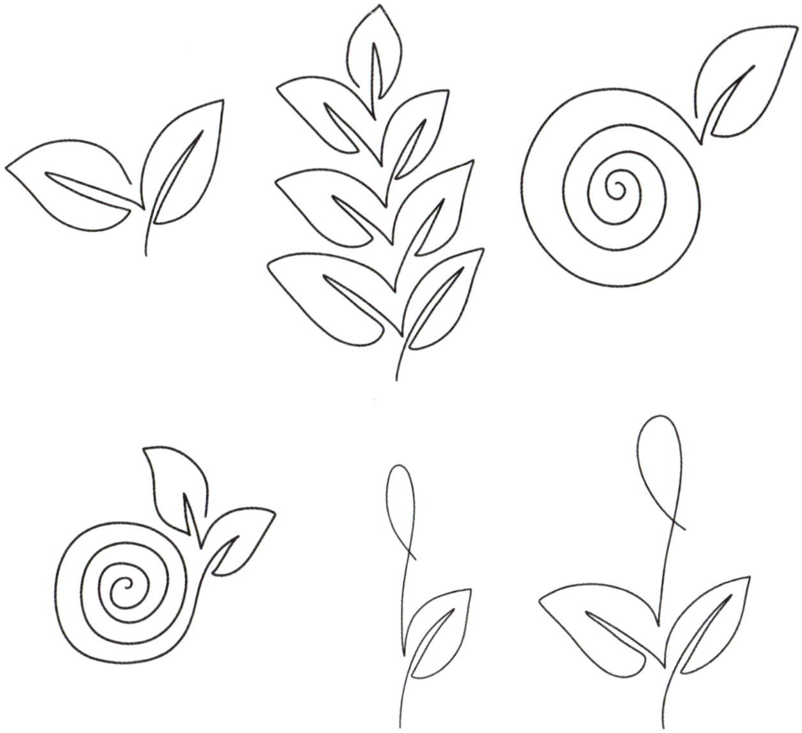

Wichtig:

Ändere immer mal wieder die Richtung. Also beginne deine Zeichnung einmal nach rechts und einmal nach links.

Alle Vorlagen zu diesem Buch stehen in der Digitalen Bibliothek unter www.topp-kreativ.de/digibib nach erfolgreicher Registrierung zum Download zur Verfügung. Den Freischalt-Code findest du im Impressum.

ÜBUNG UND WIEDERHOLUNG

Wiederholung ist bei der One Line Art das A und O. Denn so prägt sich unser Gehirn den Ablauf unseres Motivs ganz automatisch ein. Du musst dir das wie das Lernen eines Alphabetes vorstellen. Mit der Zeit zeichnest du immer freier und kontrollierter deine Linie.

Du kannst dann deine Linie immer wieder neu formen, indem du breiter oder schmaler, höher, länger oder kürzer zeichnest.

Als nächstes wiederhole die Richtung deiner Schneckenform währen des Zeichnens.

Wenn dir das nach vielen Übungen gut gelingt, fang damit an deine Linie zu formen, indem du sie als Wellenlinie zeichnest. Auch hier kannst du die Richtung ändern. Und siehe da, wie von selbst hast du schon eine einfache Blüte in einer Linie gezeichnet.

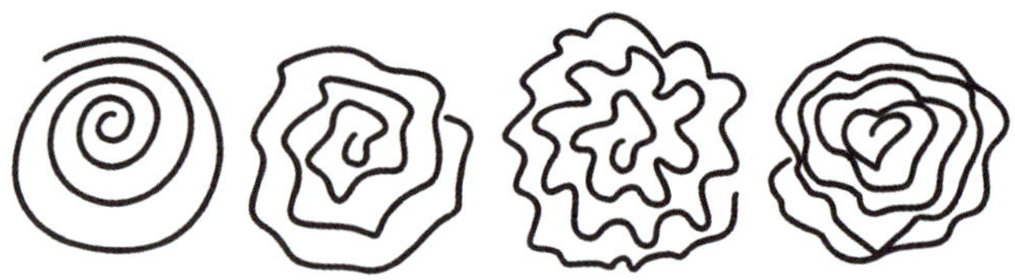

ANWENDUNG & WEITERENTWICKLUNG

Nun kannst du mutiger und experimentierfreudiger deine Linie zeichnen.

Fang in der Mitte an und verändere deine Linie immer wieder neu, zeichne die Wellenlinie größer oder schmaler, verändere den Abstand deiner Linie während des Zeichnens. Spiel mit der Form deiner Linie während du das Schneckenmodul immer wieder neu zeichnest. Die Linie kann zackig oder rund gezeichnet werden, was auch immer du möchtest. Zeichne einfach immer weiter und du kommst so in den Zeichenflow, einzigartige Blüten werden entstehen und die Möglichkeiten sind unendlich.

Genau das ist der Zauber meiner Module, die ich die letzten Jahre entwickelt habe.

Jede Zeichnung wird einzigartig sein, wie eine Schneeflocke im Winter.

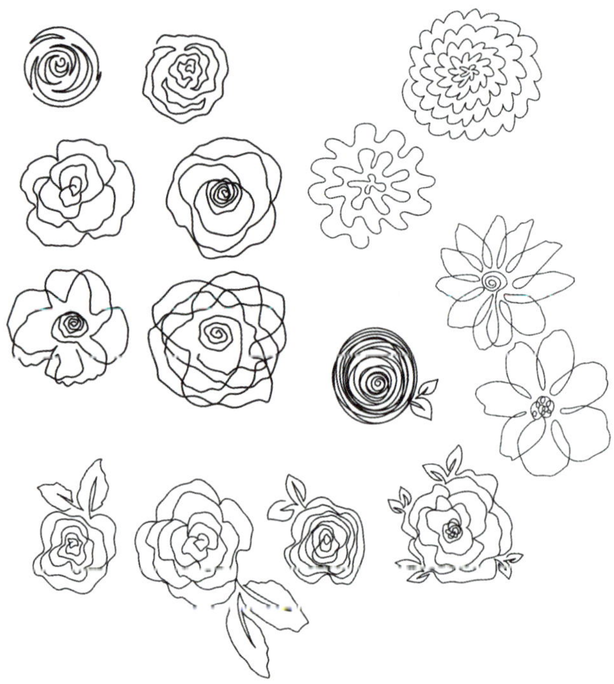

Mit den zwei nächsten Modulen, dem einfachen Blatt und der Schlaufe, verwendest du genau das gleiche System und wirst den gleichen Effekt erleben.

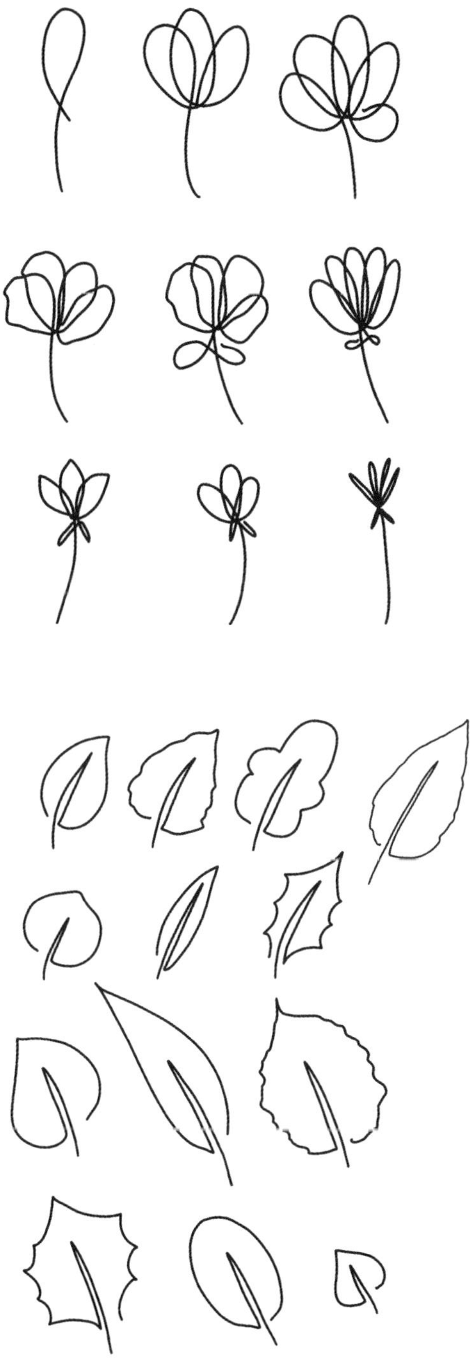

Im dritten Schritt kombinierst du die einzelnen Module miteinander und schon hast du deine erste Blume mit Stiel und Blatt in einer Linie ganz einfach gezeichnet.

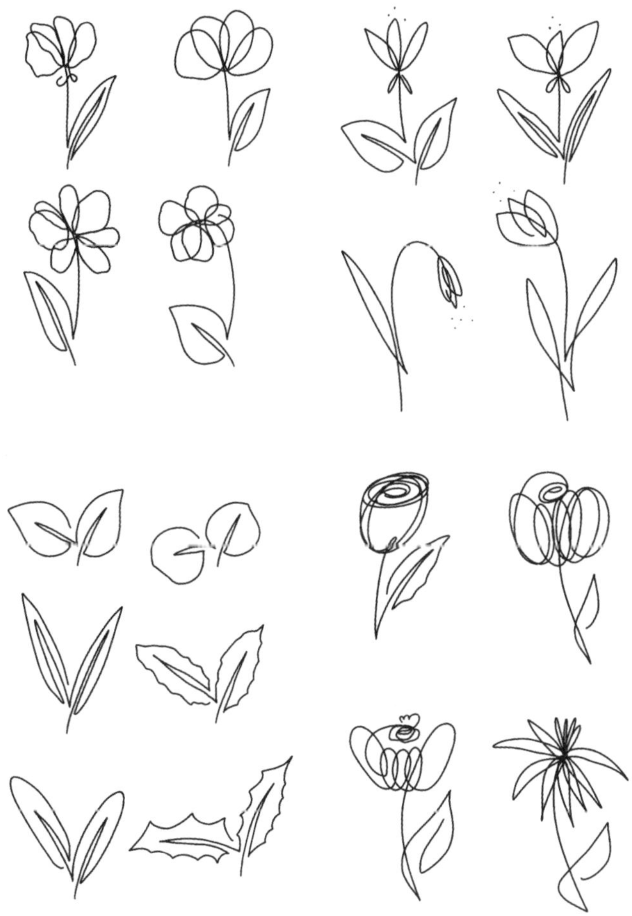

GESICHTER

Beim Wiederholen und vielen Zeichnen wirst du sehr bald ein sicheres Gefühl entwickeln und kannst dich dann an die nächsten Module herantrauen. Nämlich die, die du für das zeichnen eines One Line Art Gesichts benötigst.

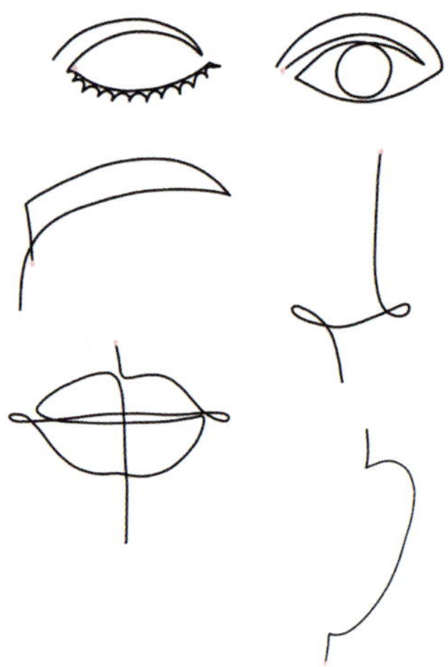

Da das Zeichnen eines Gesichtes zur Königsdisziplin gehört und die Proportionen hier sehr schwierig, aber wichtig sind, habe ich dir eine Zeichenvorlage erstellt, mit der du die einzelnen Abläufe leichter zeichnen kannst. Sie dient dir als Orientierung und Zeichenhilfe.

Übe zuerst die einzelnen Module, danach kombinierst du diese alle miteinander, sodass ein Gesicht in einer Linie entsteht.

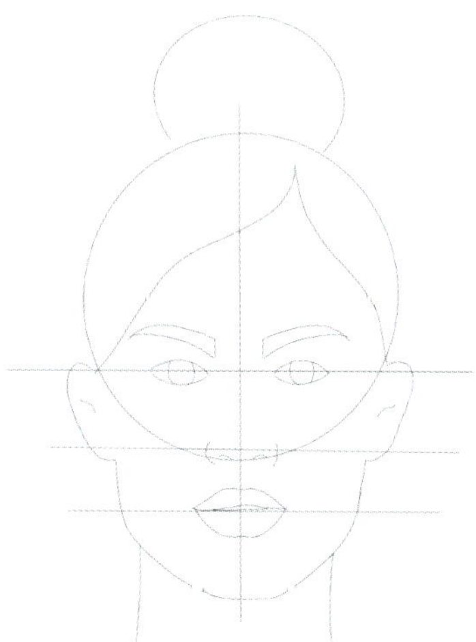

Beim Zeichnen eines Gesichtes hast du mit meinen Modulen viele Möglichkeiten deine Linie immer wieder neu zu formen. Die unterschiedlichsten Gesichter können hier entstehen.

Du kannst auch die bereits gelernten, floralen Module mit dem Gesicht kombinieren.

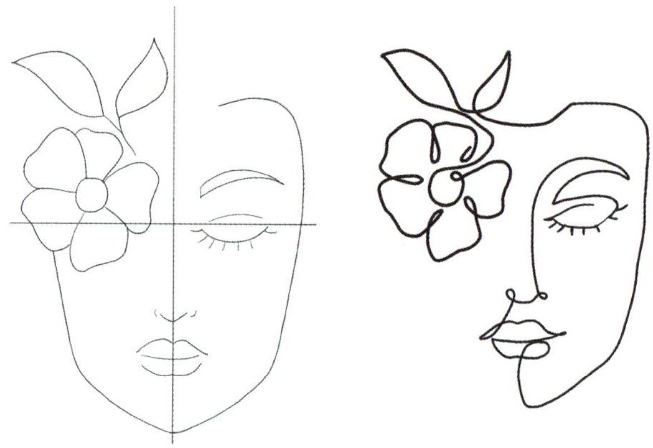

Mit diesen Modulen ist es dir möglich ganz einfach unterschiedliche Gesichter zu zeichnen.

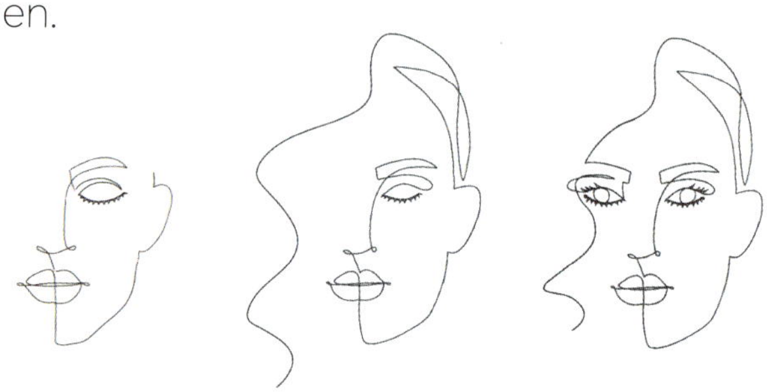

Tipp 1

Bist du dir unsicher mit den Proportionen? Kein Problem, verwende einfach die Zeichenvorlage und zeichne deine Module drüber. So kannst du dich orientieren und mit der Zeit prägst du dir den Ablauf ein und kannst das Gesicht frei zeichnen.

Tipp 2

Verändere beim Zeichnen Details im Gesicht, indem du die Linie bei Augen, Nase, Lippen, Ohren und den Haaren veränderst.

Spiele mit der Linie. Du hast hier unzählige Möglichkeiten dein Gesicht immer wieder neu abzuwandeln.

Durch das Verändern der Haare entstehen immer wieder neue Illustrationen. Kombiniere Aquarell dazu, das macht dein Bild noch kreativer.

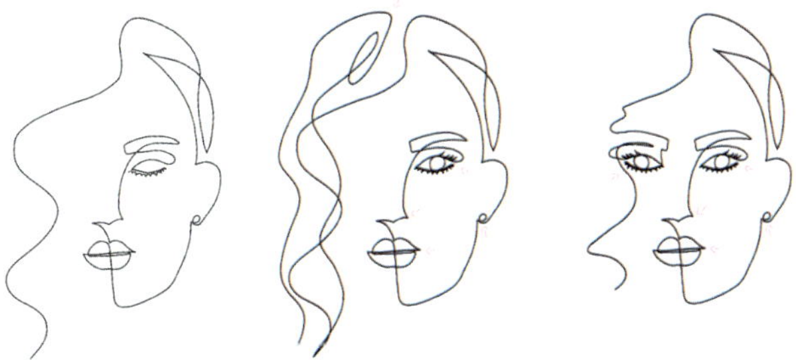

Geschlossene Augen und eine neue Frisur und dein Bild ist wieder anders.

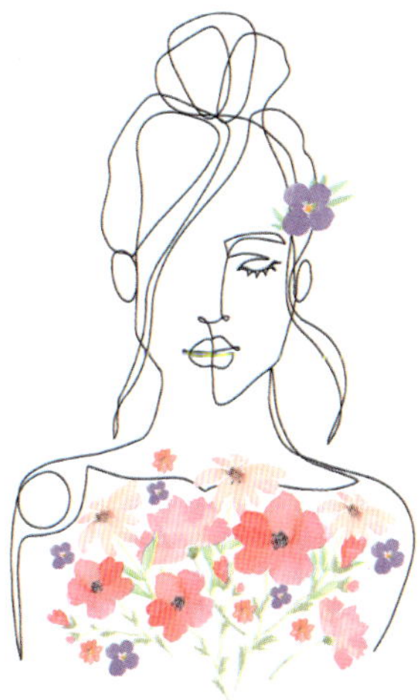

MOTIVE AUS UNSERER UMGEBUNG

Mit der Zeit wirst du merken, dass du ganz eigene Abläufe entwickeln wirst.

Weitere Möglichkeiten, um das Zeichnen in einer Linie zu lernen, sind beispielsweise eine Bleistiftskizze, die vorgezeichnet wird, die du als Orientierung für deine Linienzeichnung nutzt.

Oder du legst ein Transparentpapier über ein Foto und zeichnest hier deine Linie drüber.

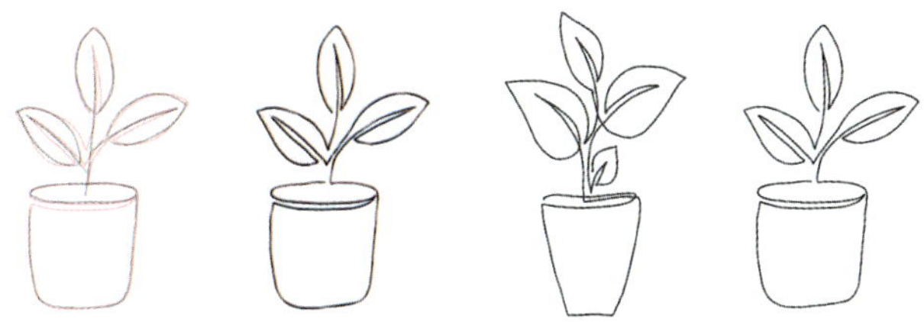

EINE FORM, VIELE MÖGLICHKEITEN

Verändere die Breite, Höhe und die Form. So kreierst du unterschiedliche Töpfe.

Fange immer wieder an dem gleichen Punkt an. Verändere deine Linie immer wieder neu und spiele mit der Linie. Trau dich aus der Form auszubrechen, um Muster rein zu zeichnen. Beispiele hierfür findest du auf den Seiten 28 und 29.

AQUARELL & ONE LINE ART

Male zuerst ein Motiv mit Aquarell, dieses sollte einfach und schlicht sein.

Zeichne im Anschluss deine Linie darüber. Orientiere dich an deinem Aquarell Motiv.

Dir wird das Zeichnen hier einfacher fallen, da du den Aquarellhintergrund wunderbar als Orientierung nutzen kannst.

Auch ein einfacher Aquarellhintergrund, den du entweder mit wasservermalbaren Stiften oder Aquarellfarben erstellen kannst, eignet sich sehr gut für deine Linienzeichnung.

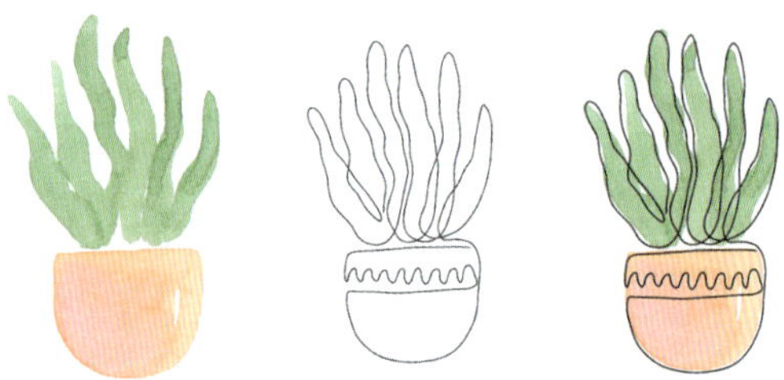

PINSEL

Verwende am besten einen Rundpinsel in Gr. 6 oder 8.

Merke: Je kleiner dein Bild um so kleiner dein Rundpinsel, je größer dein Bild um so größer sollte die Wahl deines Pinsels sein.

Hier empfehle ich den Cosmotop-Spin Rundpinsel von da Vinci. Wassertankpinsel eignen sich sehr gut zum Malen für unterwegs. Zum Beispiel der Wassertankpinsel von Faber-Castell oder der Wassertankpinsel von Tombow .

Wähle Aquarellfarben von Schmincke oder Van Gogh – hier empfehle ich die Poket Box, diese ist für Anfänger toll geeignet.

AQUARELLPAPIER

Satiniertes Papier eignet sich für das Aquarellieren besonders gut, da dieses eine glatte Oberfläche hat und die Linie so klar bleibt. Hier gibt es zum Beispiel das Watercolor Paper von Tombow, ideal zur Verwendung von Aquarellfarben und perfekt für wasservermalbare Brush Pens geeignet. Oder das Hahnemühle Britannia hot pressed.

Wer Struktur liebt kann auch ein Aquarellpapier in cold pressed kaufen. Zum Beispiel Hahnemühle Expression oder Canson XL Aquarell Watercolor 300g/m2, dieses ist besonders für Anfänger gut geeignet. Mit beiden Papieren könnt ihr tolle Bilder erstellen.

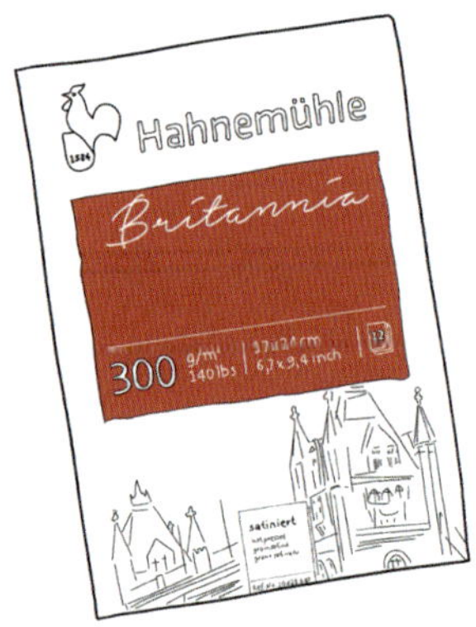

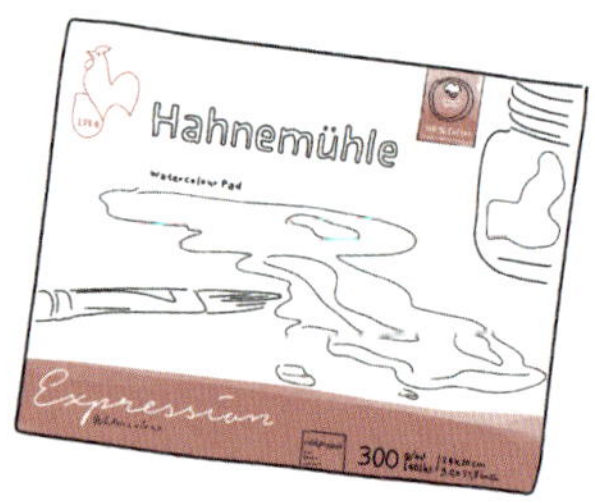

SKIZZENBUCH

Ein Aquarell Skizzenbuch darf nicht fehlen! Denn nichts macht mehr Spaß als draußen in der Natur oder auf Reisen zu malen. Zum Beispiel das Hahnemühle Aquarellbuch, 200 g/m2, feine Körnung in DIN A6.

Meine Kombination für unterwegs

- Van Gogh Pocket Box
- Wassertankpinsel Faber-Castell
- Hahnemühle Aquarell Skizzenbuch
- Wasserfester Fineliner von Faber-Castell in Gr.6
- Einen kleinen Lappen

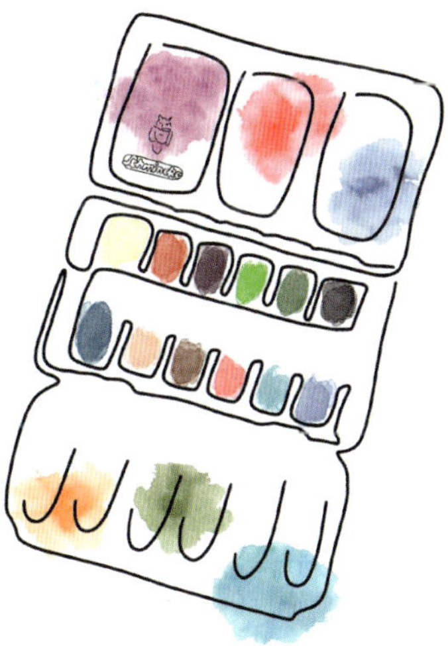

AQUARELLTECHNIKEN

Hier einige Übungen zum Umgang mit dem Pinsel. Dabei spielt es keine Rolle, ob du einen Wassertankpinsel oder einen herkömmlichen Pinsel verwendest.

Starte mit einfachen Strichen, Linien und Wellen. Variiere den Druck deines Pinsels, indem du zuerst nur Punkte mit der Pinselspitze machst und dann mit der ganzen Pinsellänge. Mit diesen Übungen bekommst du ein Gefühl für deinen Rundpinsel.

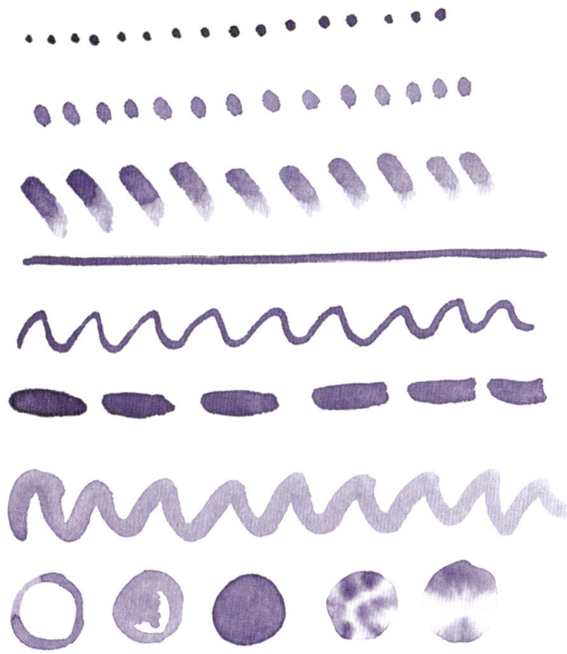

Mein Tipp

Gerade für Menschen, die mit Aquarell anfangen empfehlen ich immer zuerst mit nur einem Pinsel zu starten. Um das Malwerk zeug gut kennenzulernen braucht es Zeit und je länger du mit nur einem Pinsel malst, umso schneller und besser lernst du die Techniken kennen.

Später kannst du dir noch weitere Pinsel zulegen. Denk aber immer daran, dass du jedem neuen Pinsel und Papier viel Zeit widmen solltest. So vermeidest du unnötige Käufe und Frustration. Denn genau das trifft ein, wenn du mit mehreren unterschiedlichen Materialien gleichzeitig startest.

Zu viele unterschiedliche Materialien überfordern gerade zu Anfang. Starte deshalb minimalistisch und fokussiert. Gib dir und deinem Werkzeug die Zeit die ihr braucht, um euch aneinander zu gewöhnen.

So kannst du deine Materialien nach und nach sorgsam durch weitere ergänzen. Dadurch sparst du Zeit, Geld und Energie und kannst dich sofort auf das Wesentliche konzentrieren, nämlich dem Malen von Bildern.

Mit einfachen Formen kannst du viele Motive leicht malen. Für One Line Art sind diese auch perfekt geeignet.

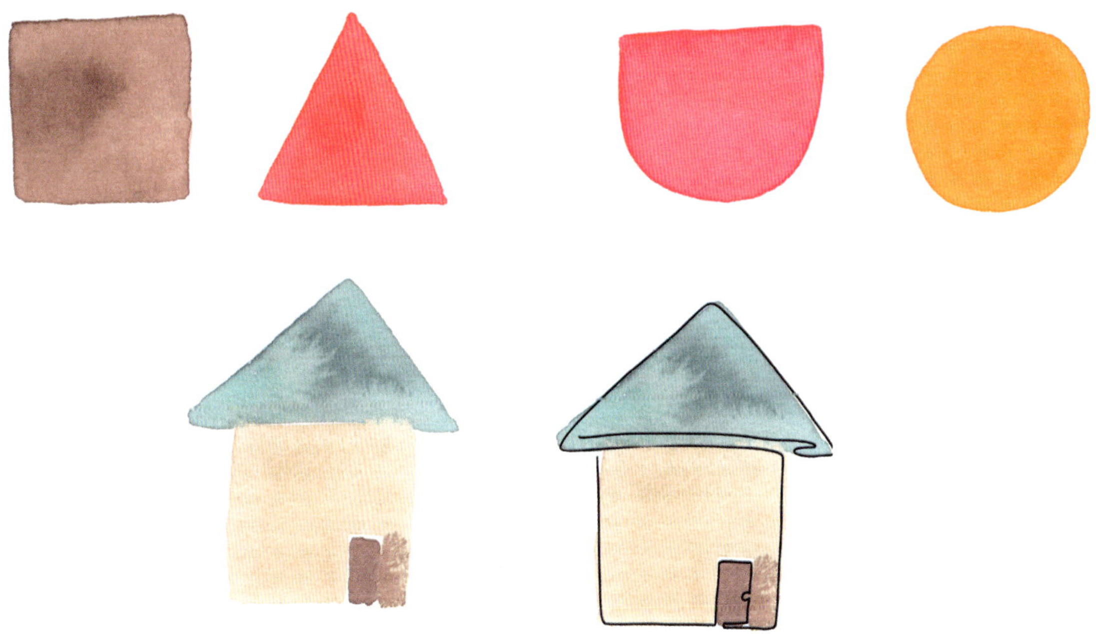

EINFACHES AQUARELLMALEN

Zuerst zeichnest du den äußeren Rand und malst anschließend das Innere aus. Wichtig dabei ist, dass deine Farbe mit viel Wasser aufgelöst ist. So entsteht eine zarte, transparente Zeichnung und du kannst mühelos mit deinem Pinsel malen. Du kannst auch die sogenannte Nass-in-Nass-Technik verwenden, indem du mit klarem Wasser vorzeichnest und dann die aufgelöste Farbe in einer eher cremigeren Konsistenz reingleiten lässt. Dies gibt einen schönen Effekt mit kleinen Farbexplosionen.

Beispiele:

MALEN MIT WASSERVERMALBAREN STIFTEN

Hierfür benötigst du zum Beispiel die Abt Dual Stifte von Tombow, eine glatte Unterlage wie eine Folie oder ein Plastikdeckel, einen Keramikteller, einen Pinsel oder Wassertankpinsel und ein Tuch.

Du kannst mit den Stiften direkt auf deine glatte Oberfläche malen und die Farbe mit Wasser ablösen. Damit kannst du wie mit herkömmlichen Aquarellfarben malen. Eine weitere Möglichkeit besteht darin, dass die Form direkt mit dem Stift auf das Papier gemalt wird. Mit dem nassen Pinsel kannst du die Farbe auf dem Papier lösen und das Motiv ausmalen.

Beispiel:

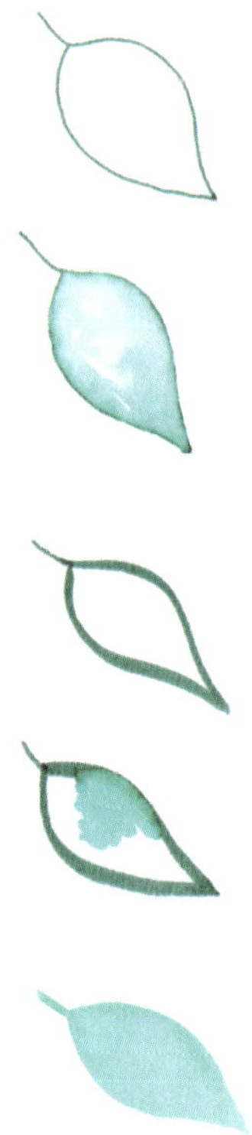

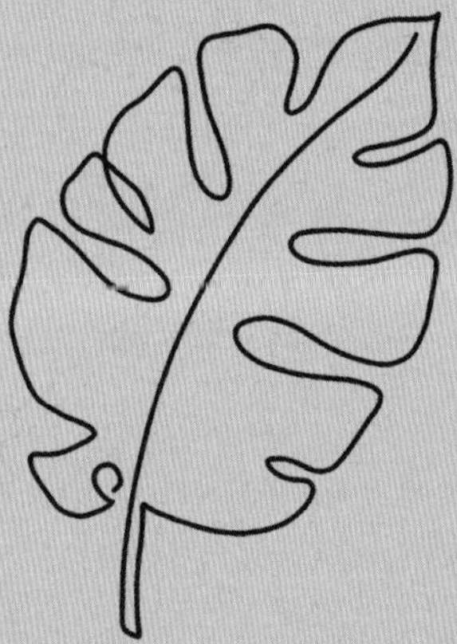
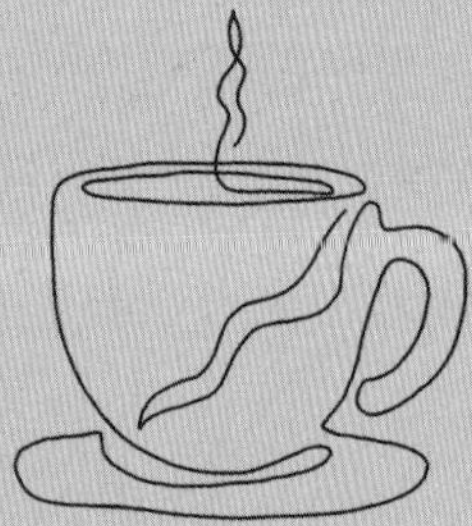
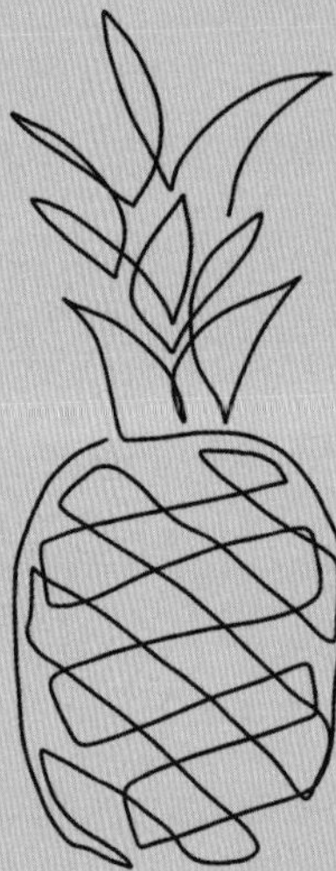
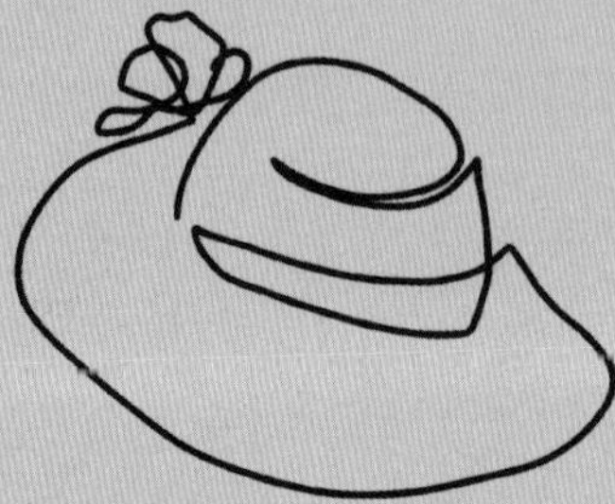
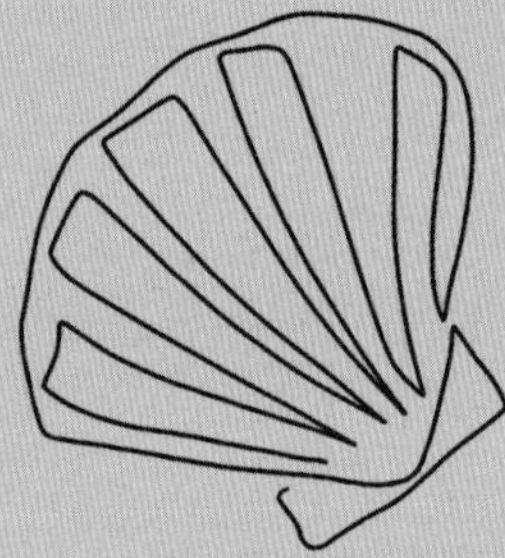
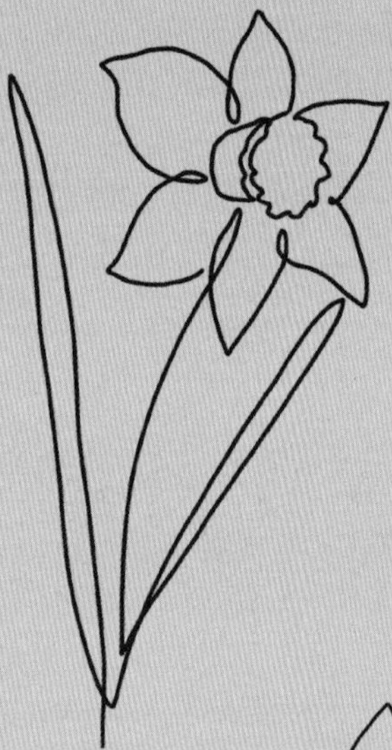
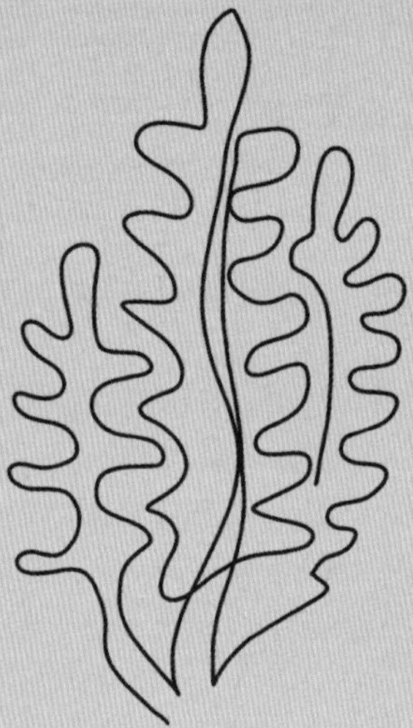
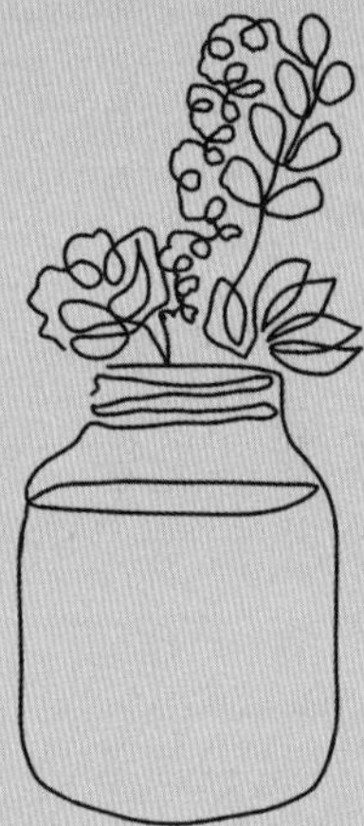
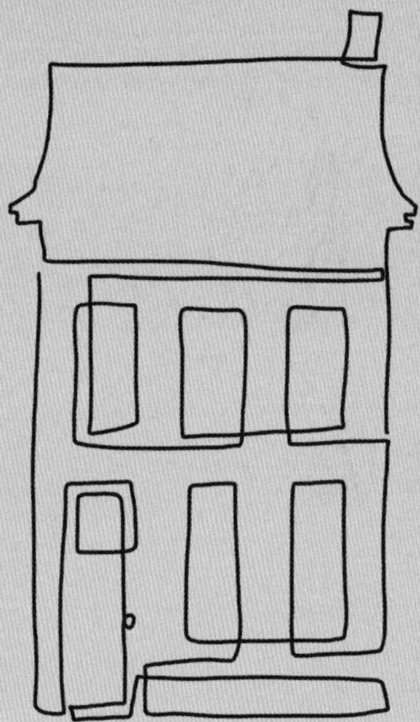
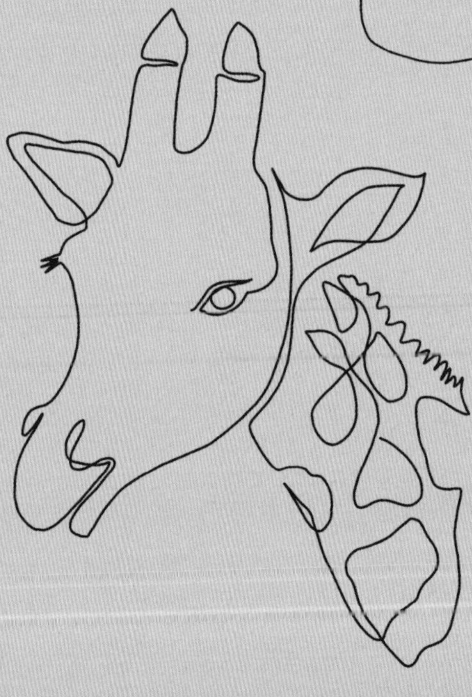
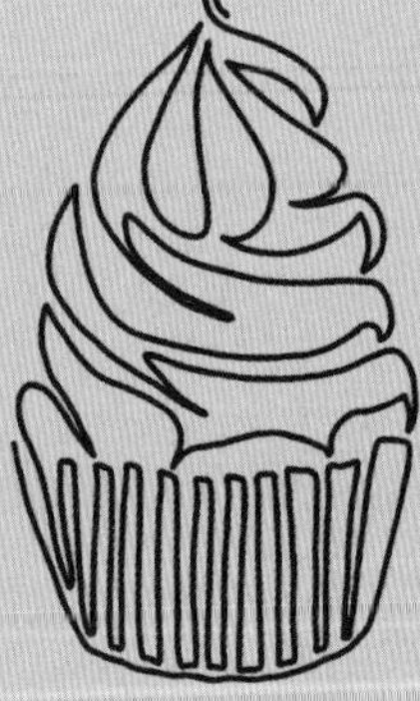
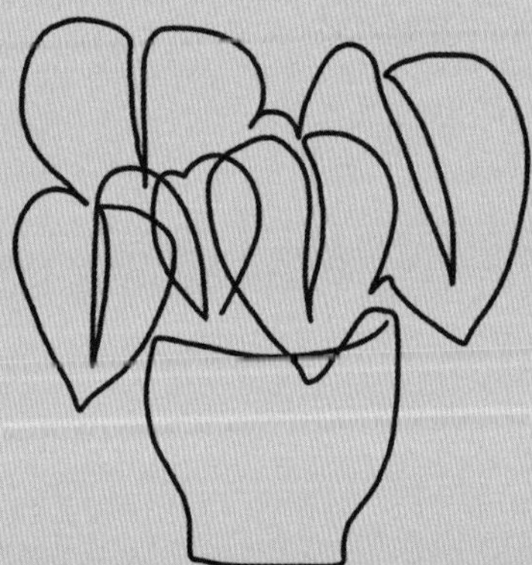

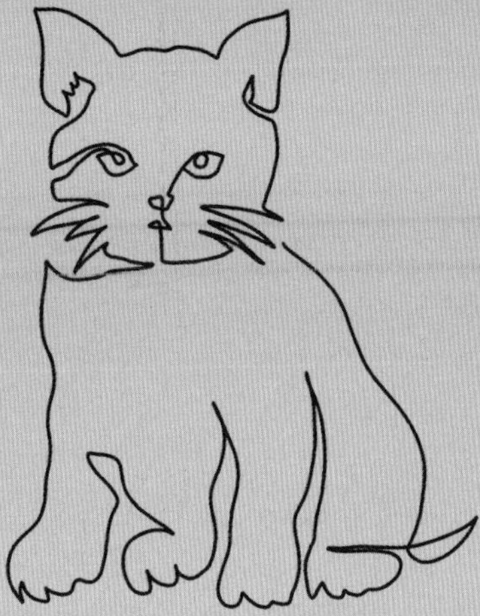

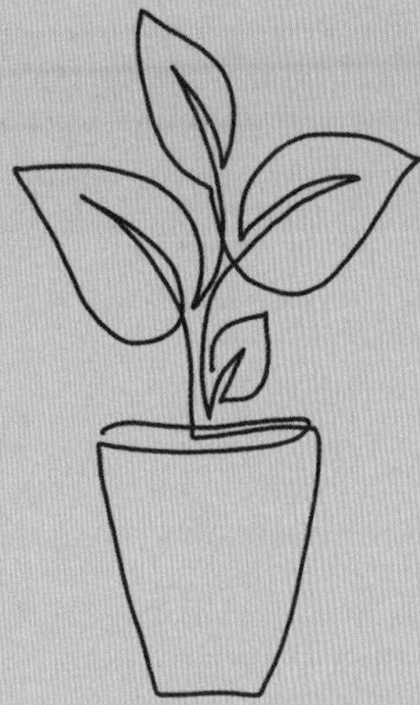

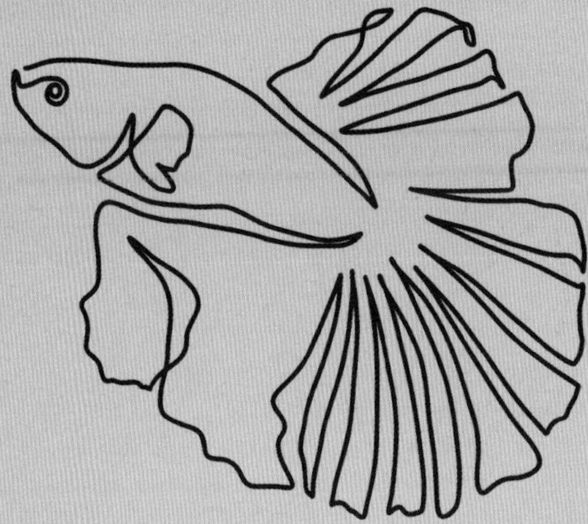

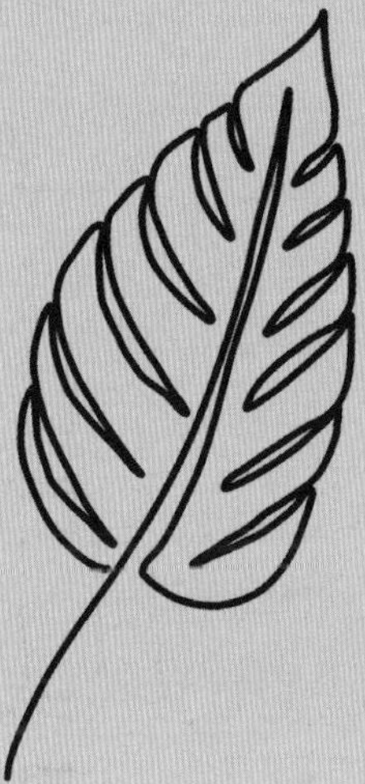

Motive

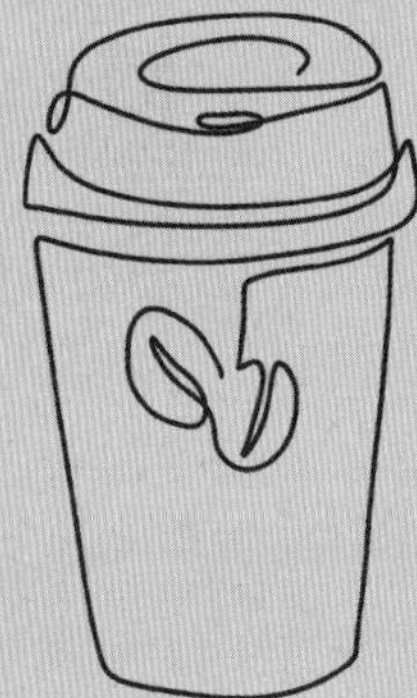

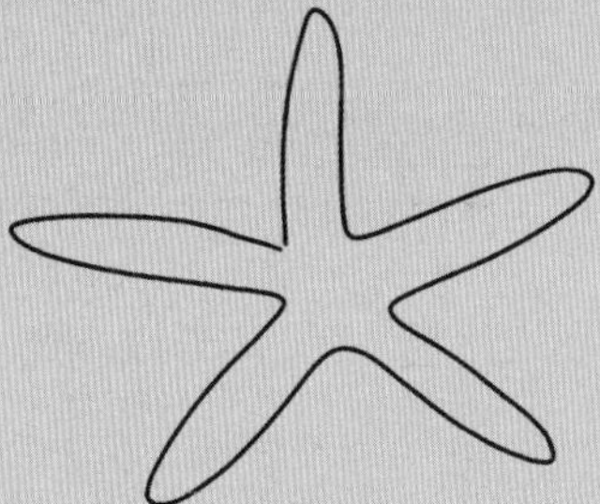

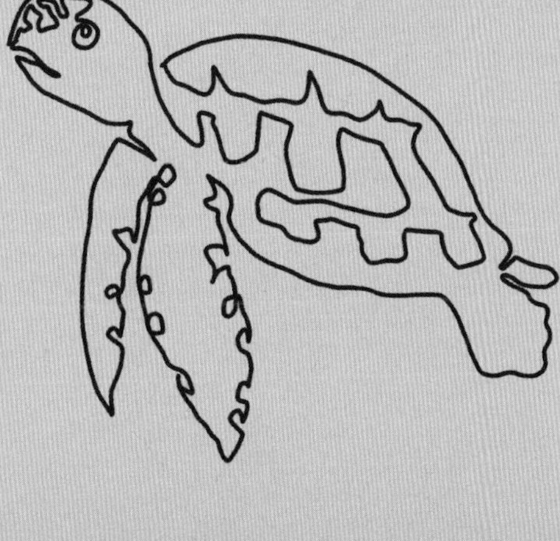

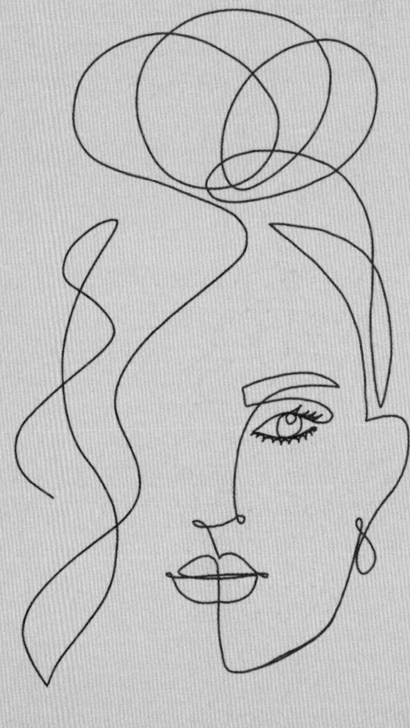

Blumen und Blätter

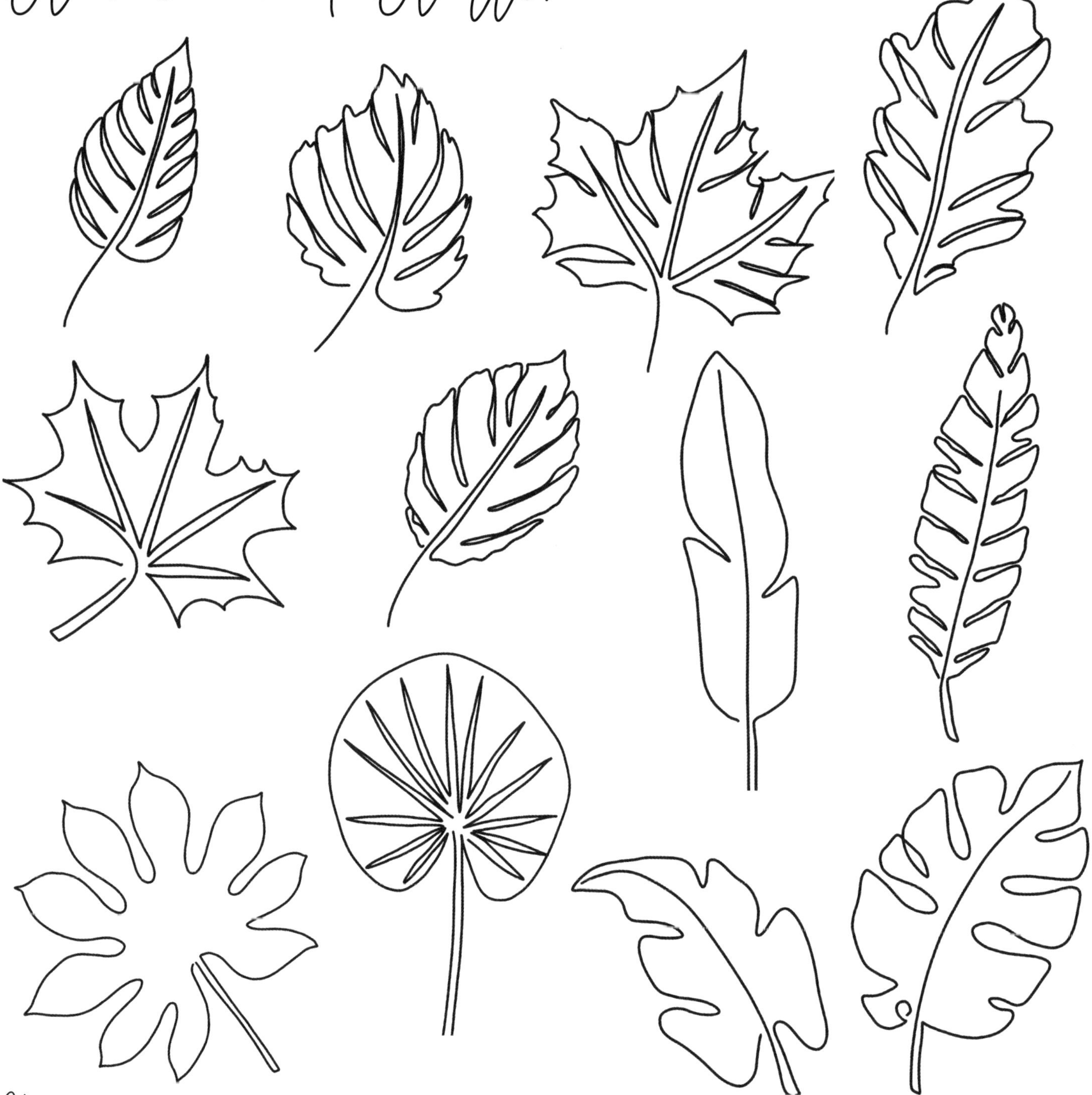

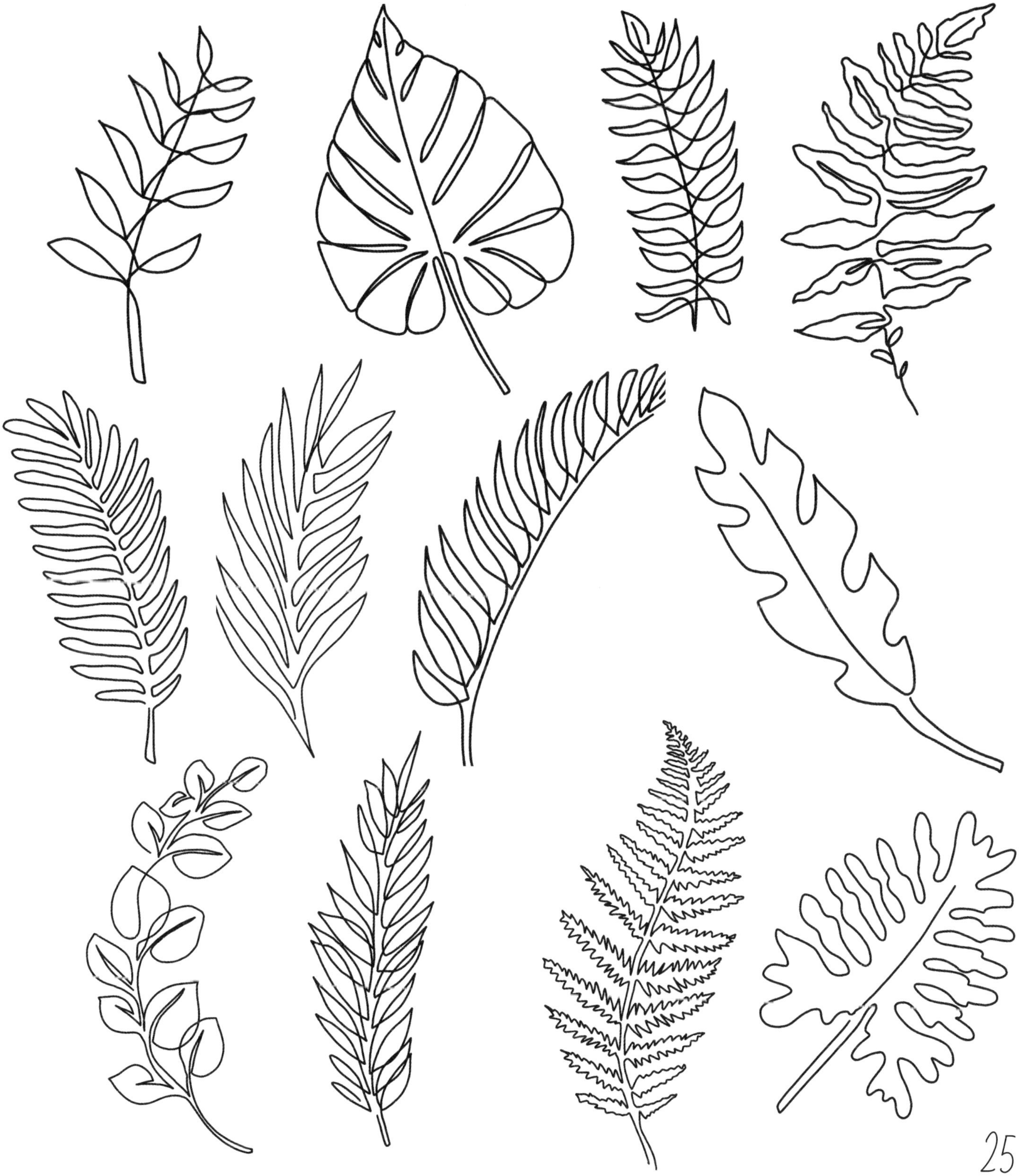

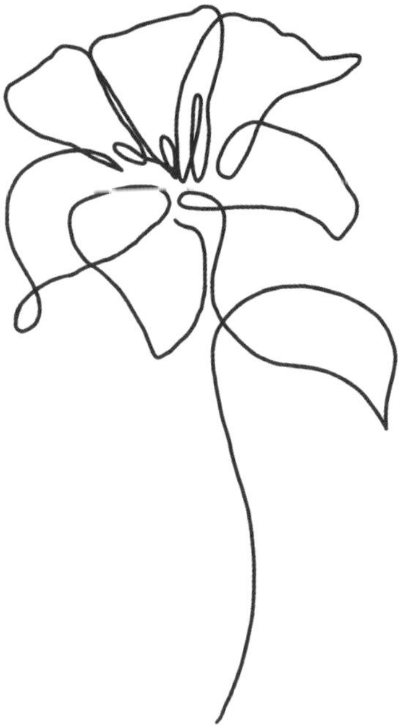
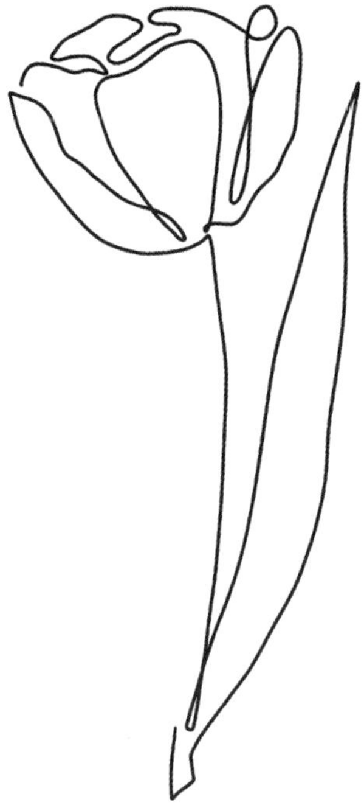
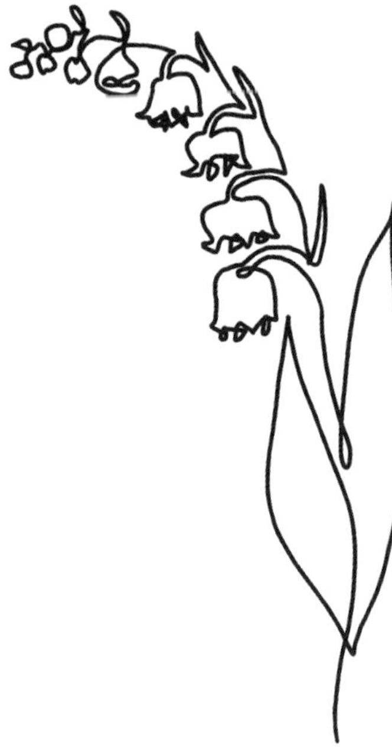
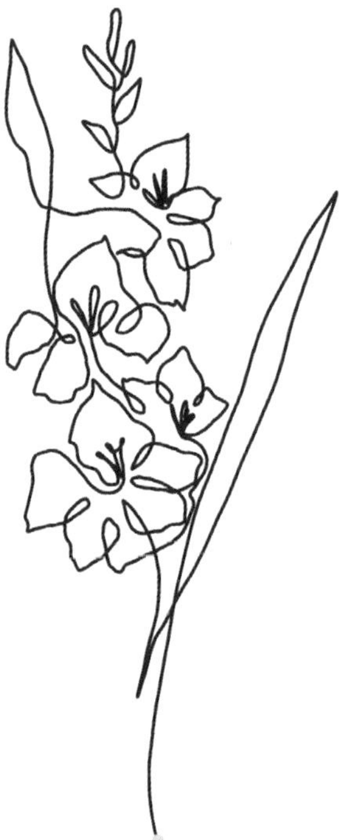
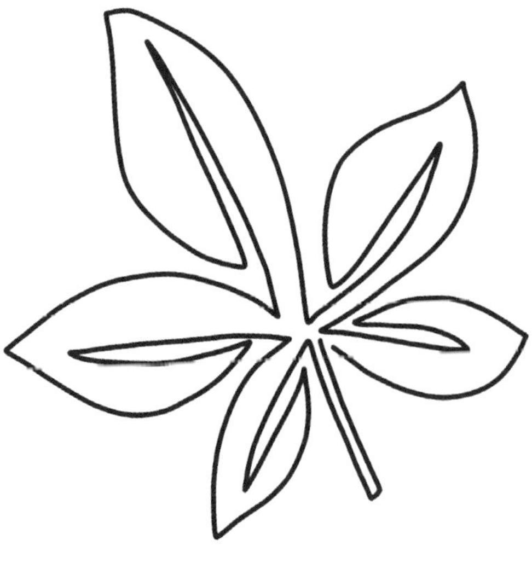
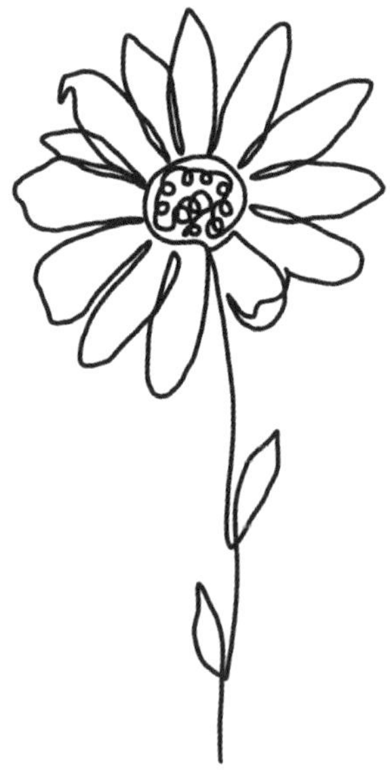

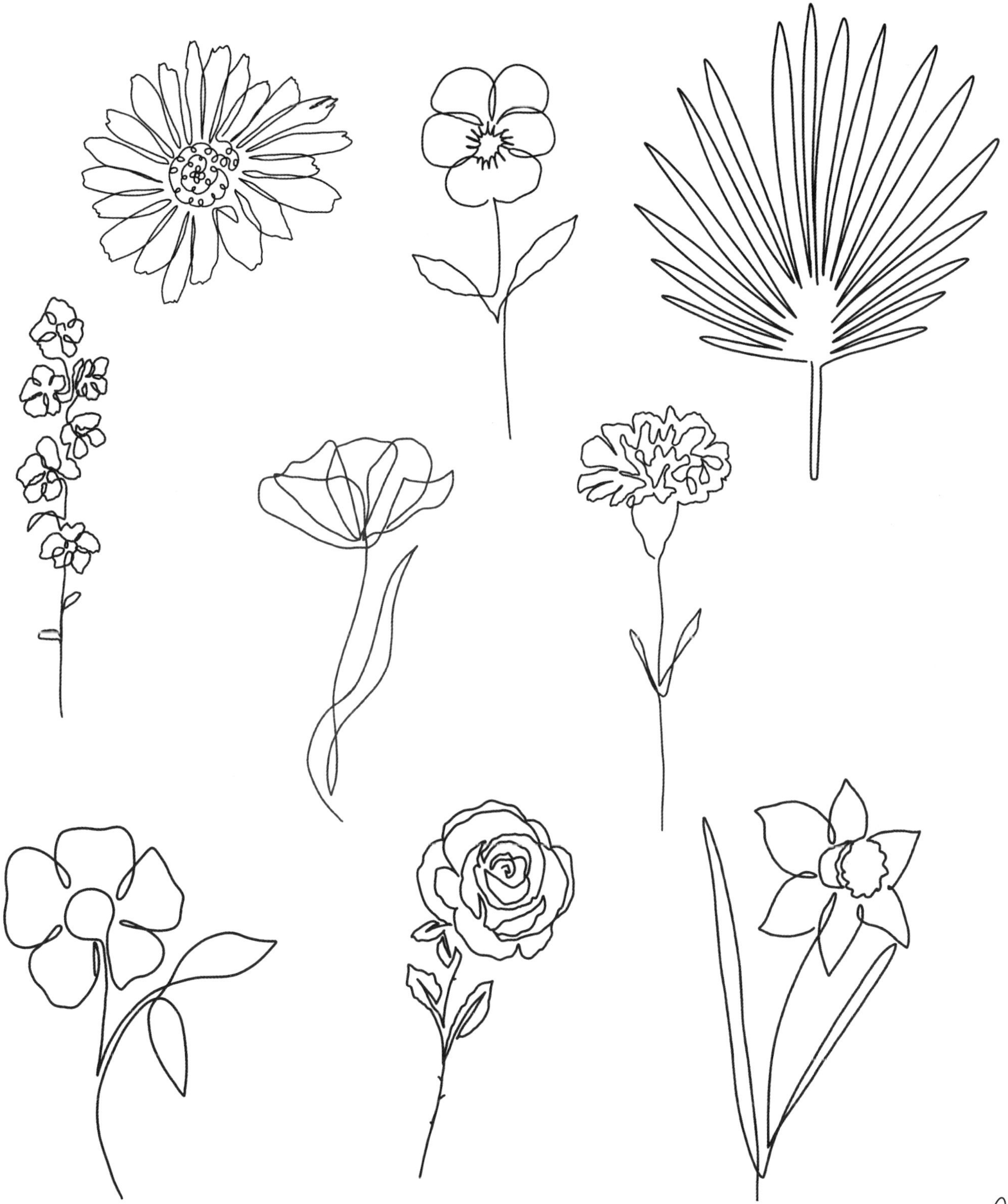

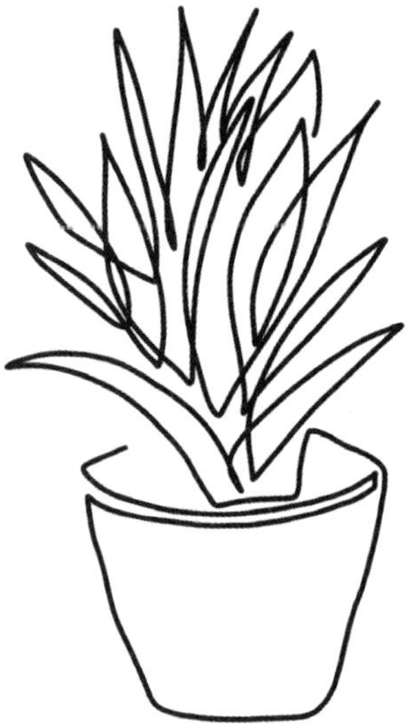
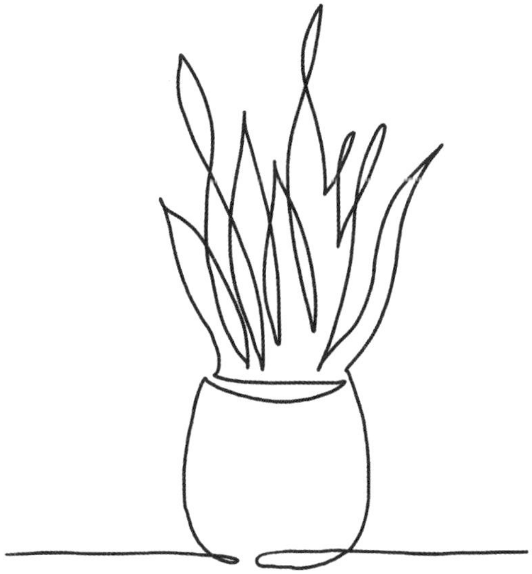
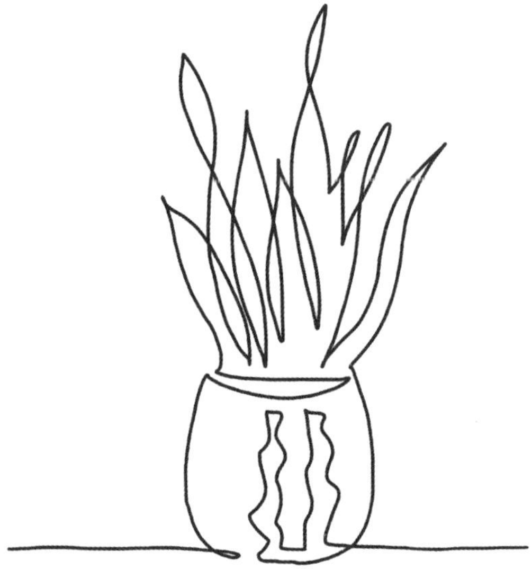
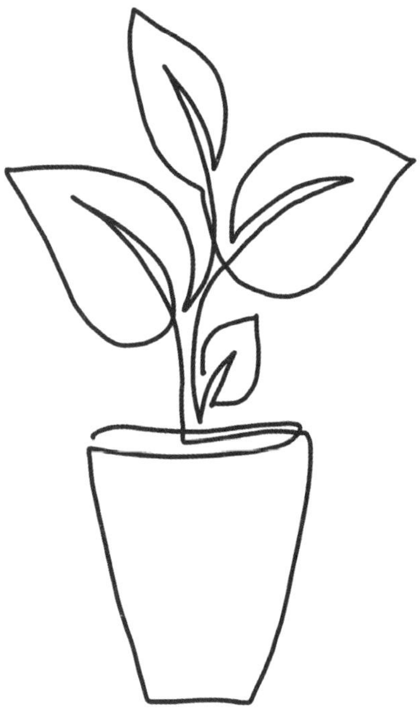
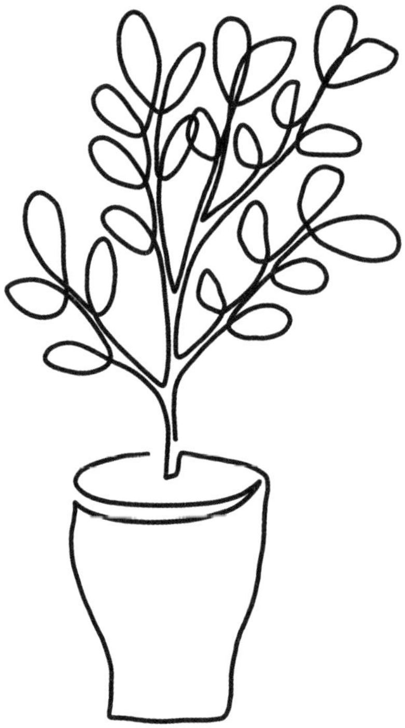
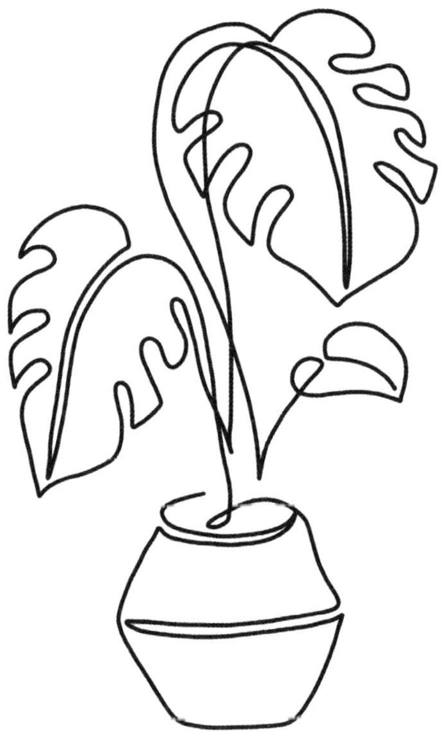

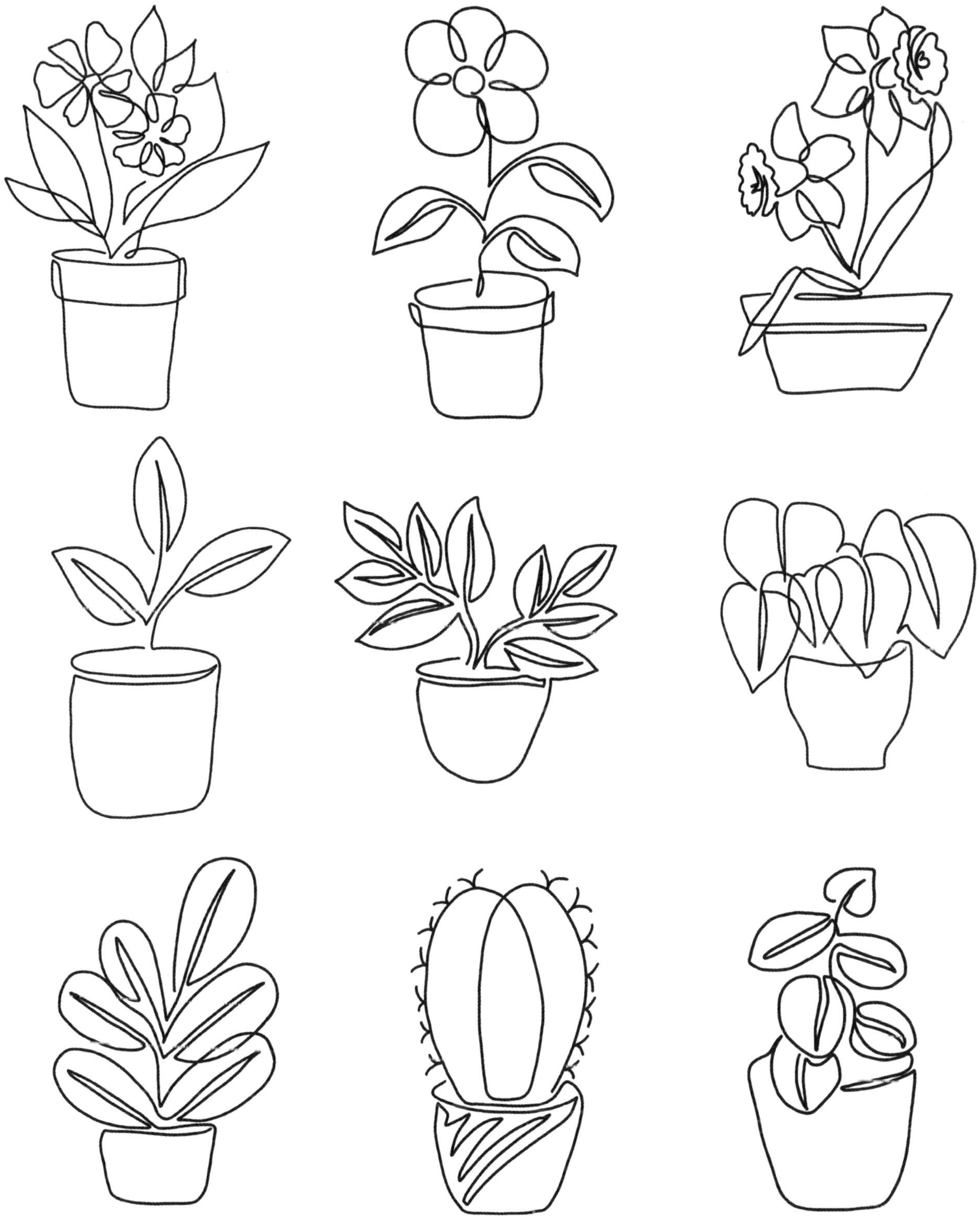

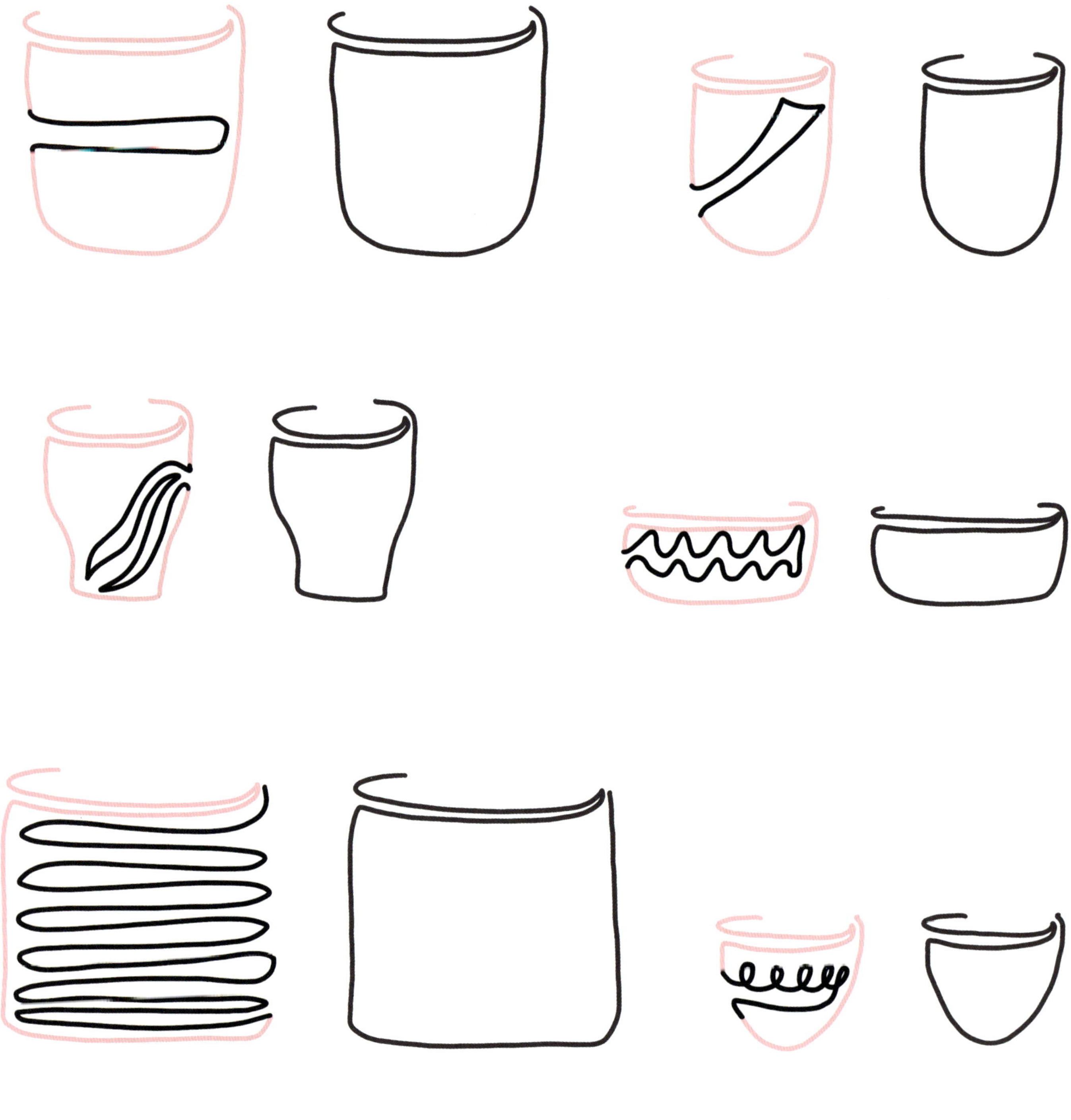

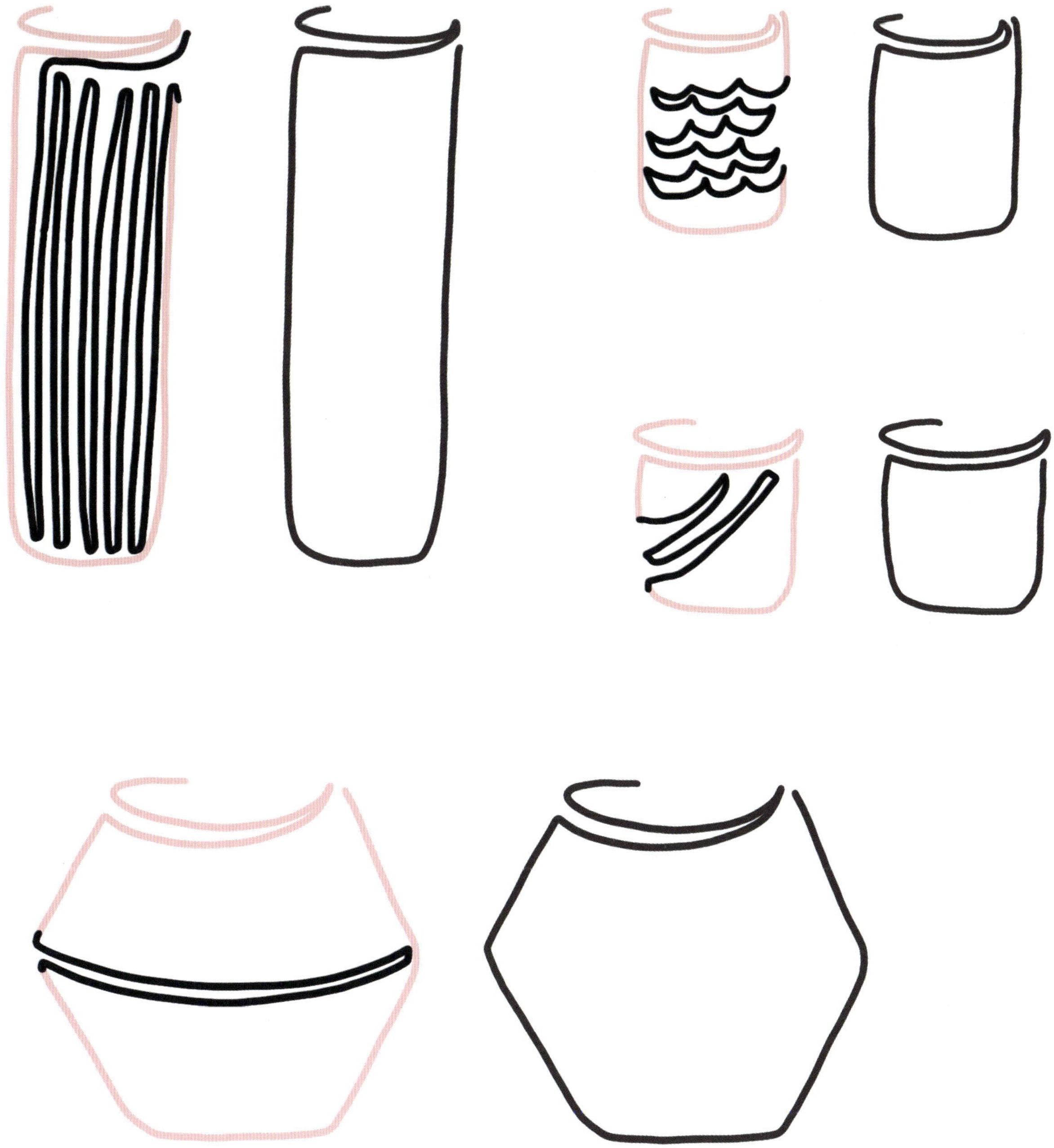

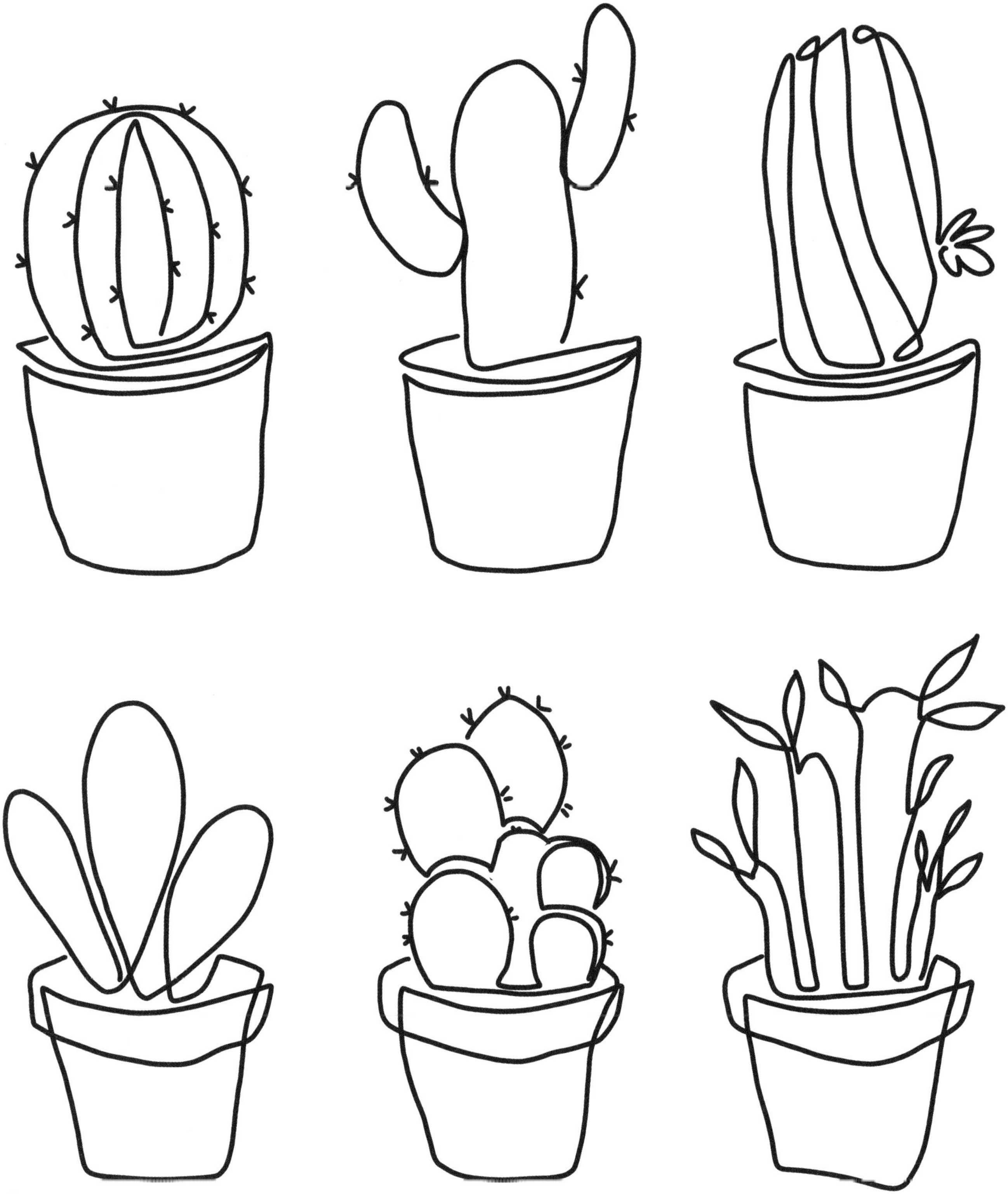

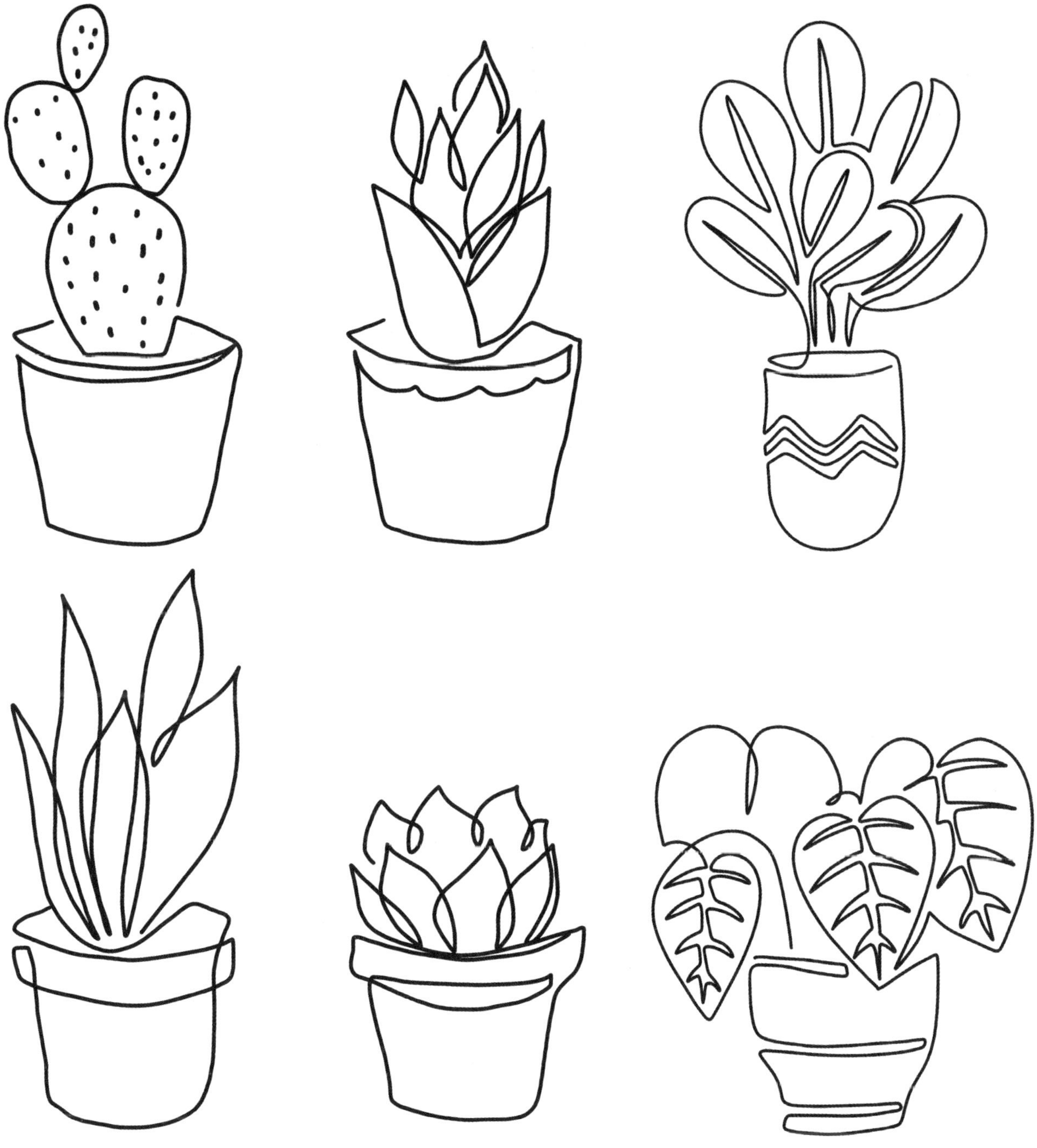

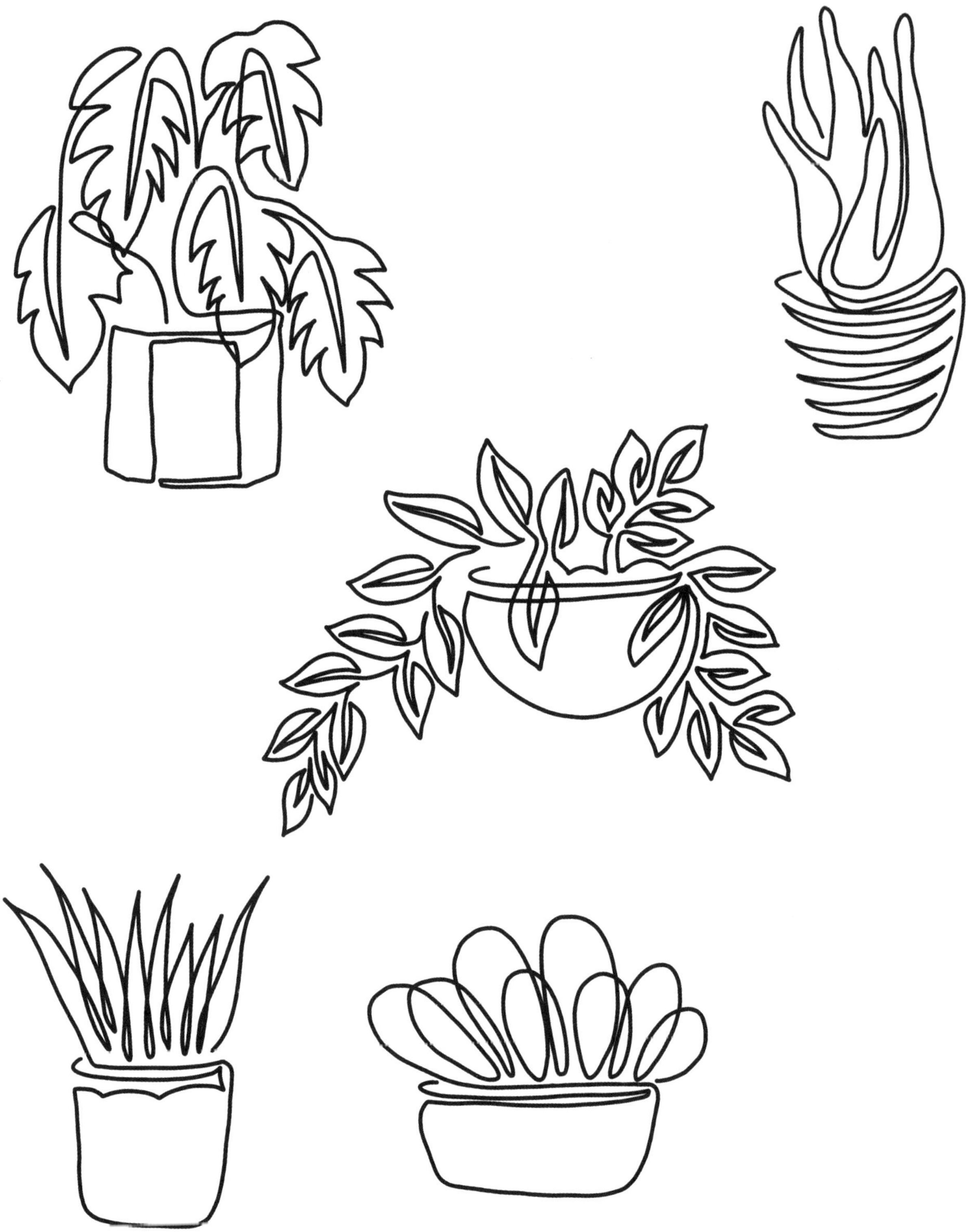

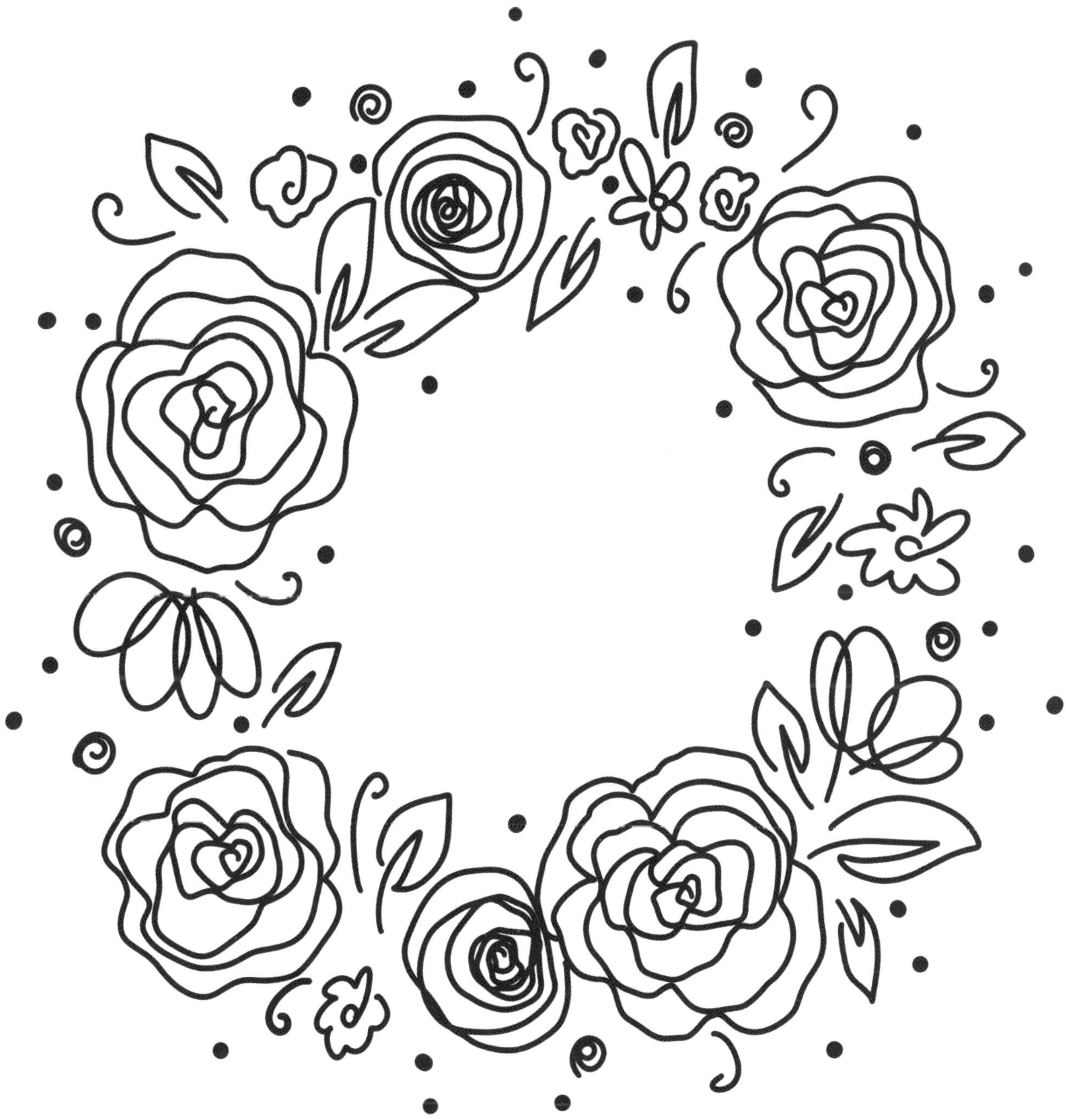

Obst und Gemüse

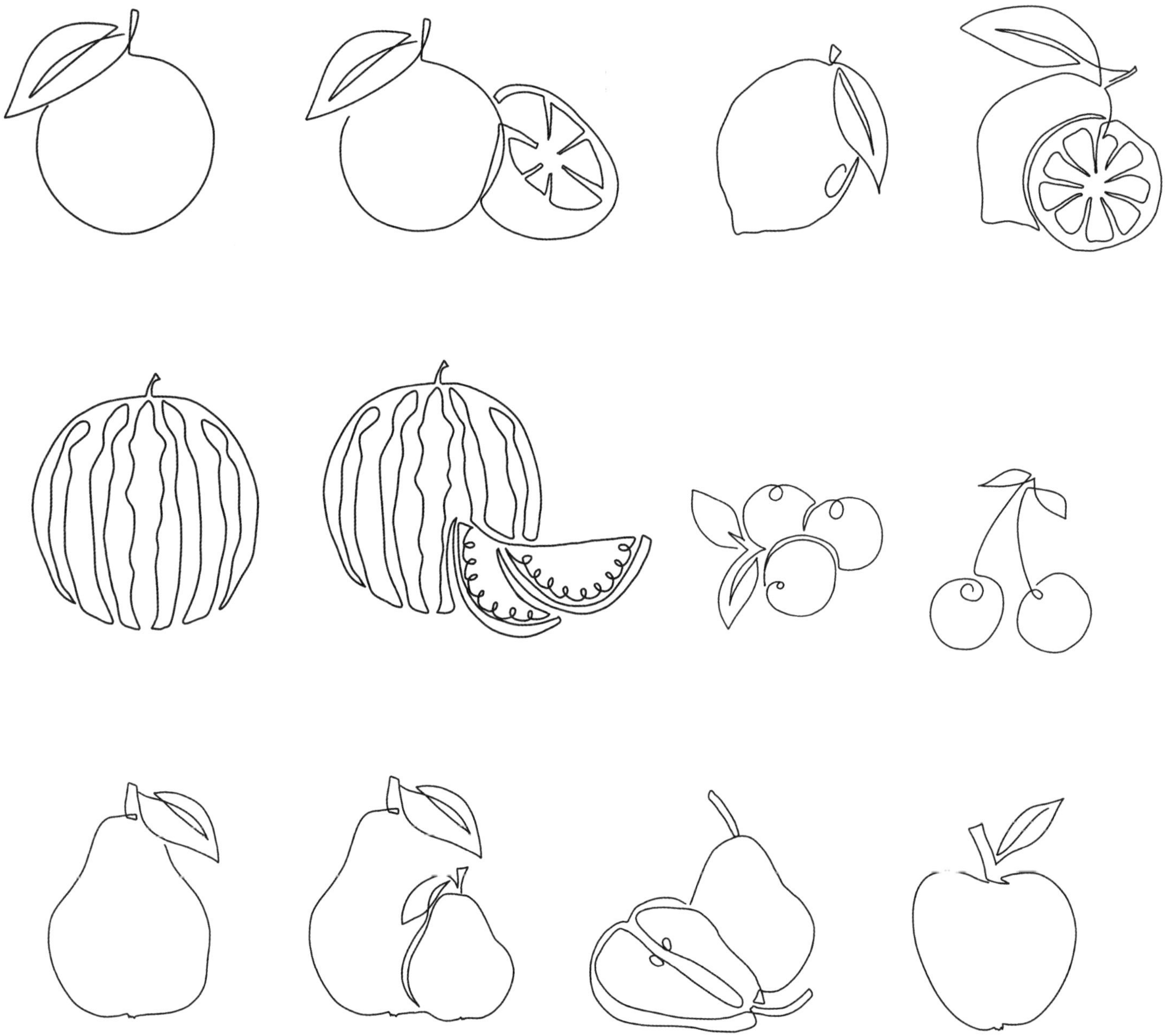

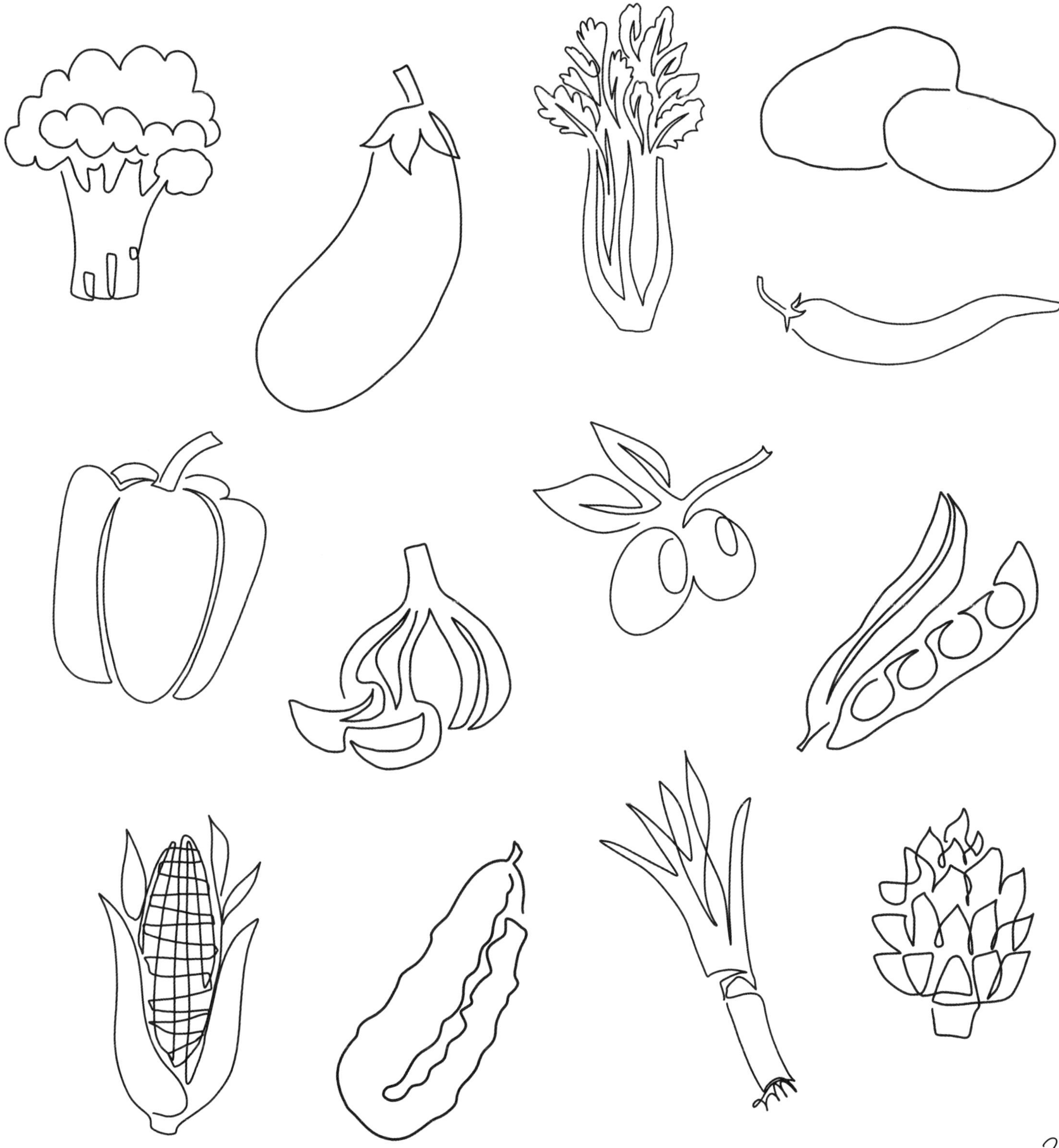

Gebäck

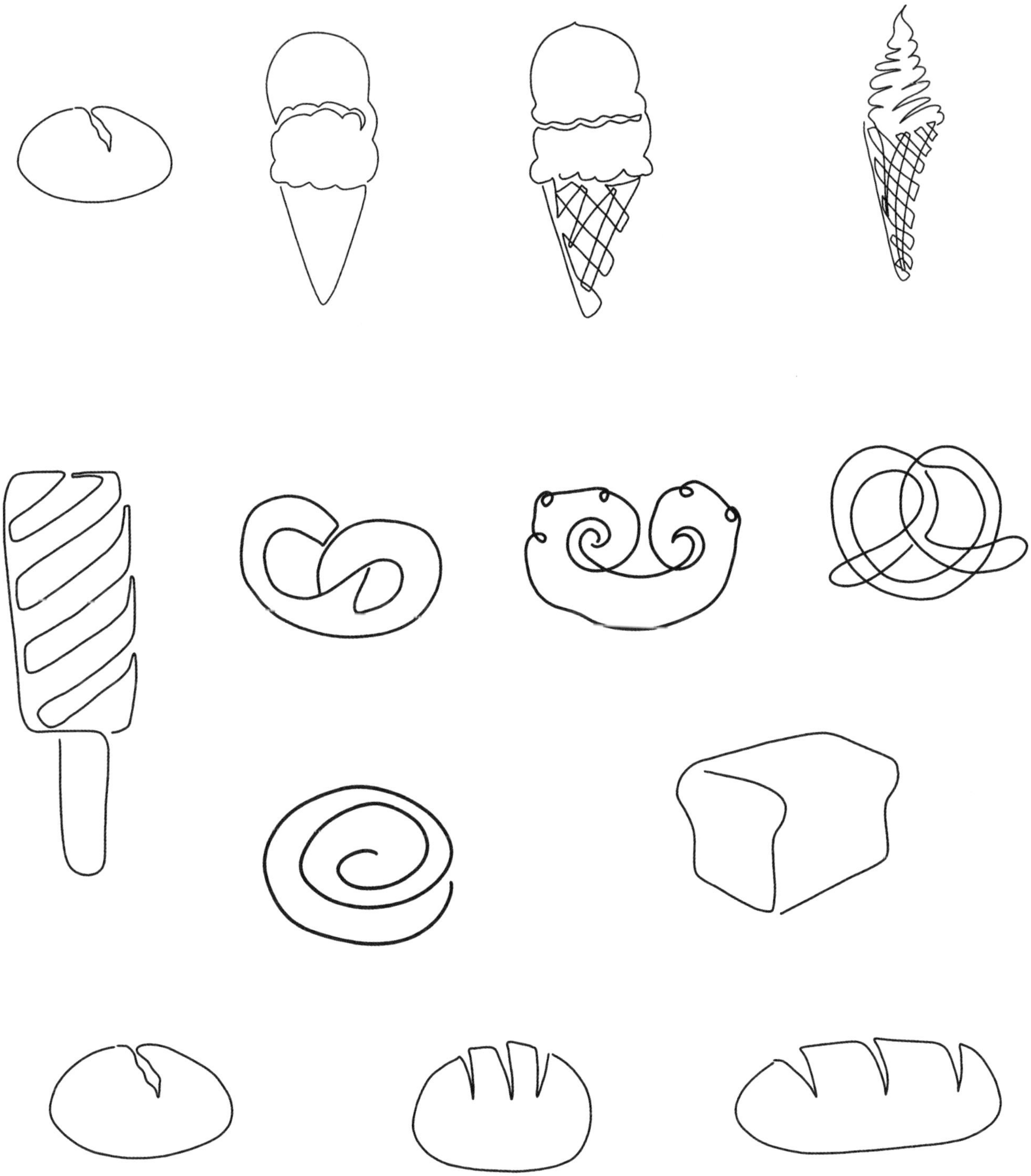

Hobby und Lifestyle

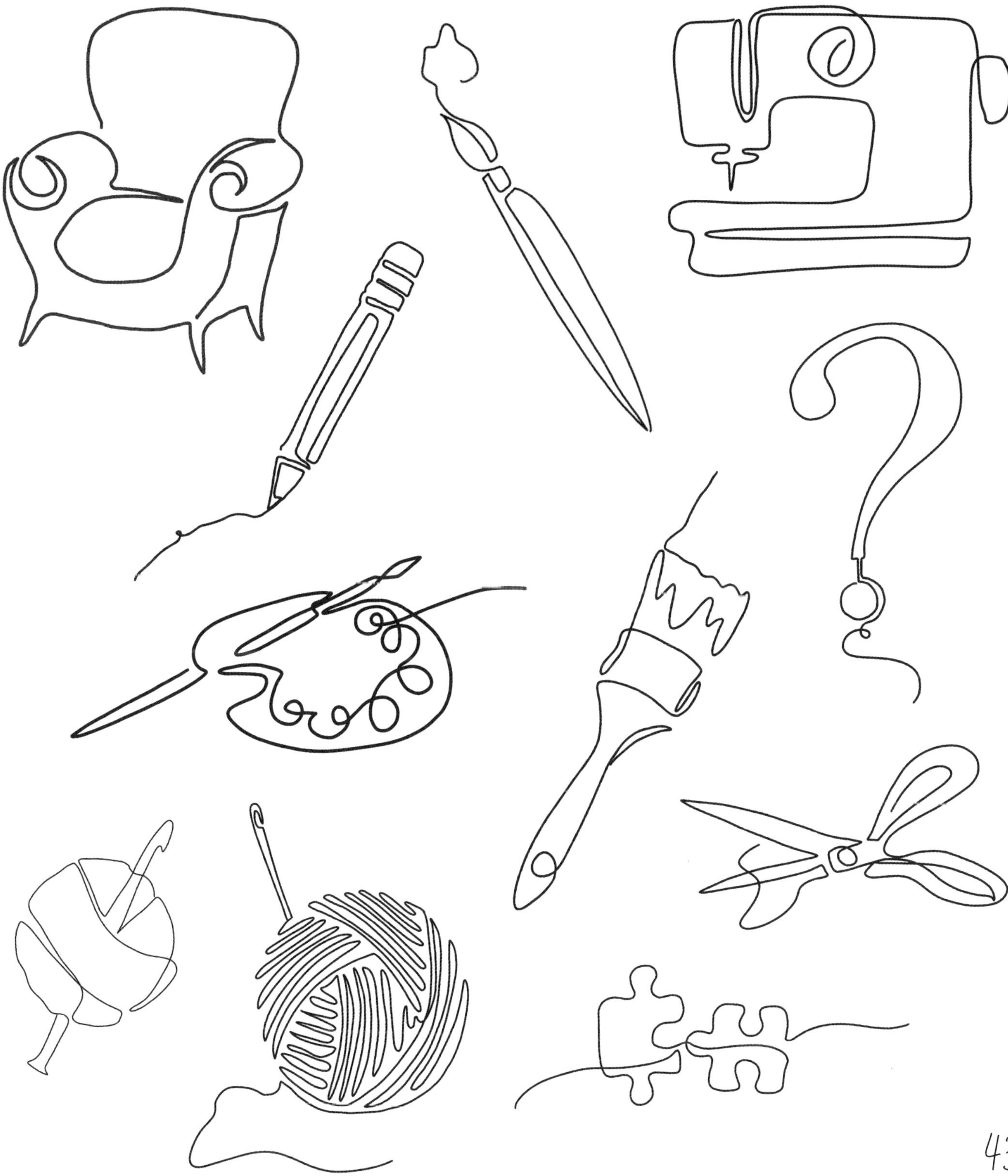

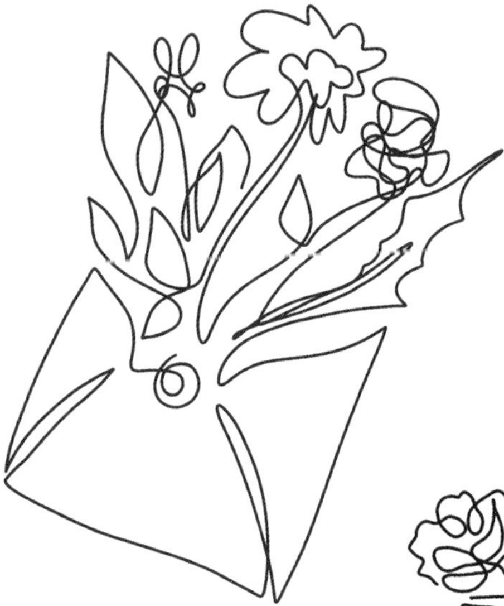
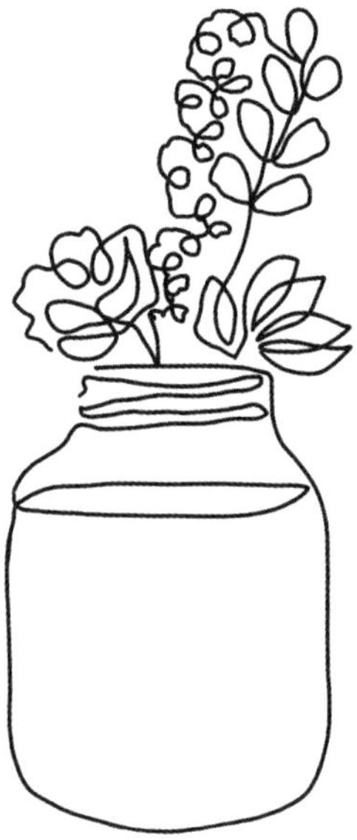

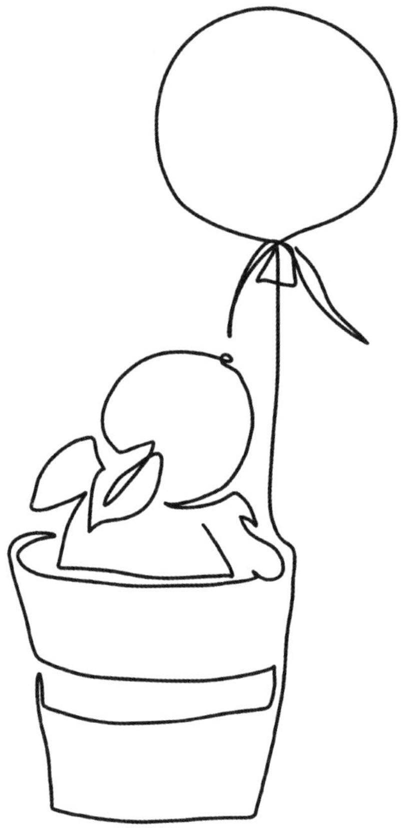
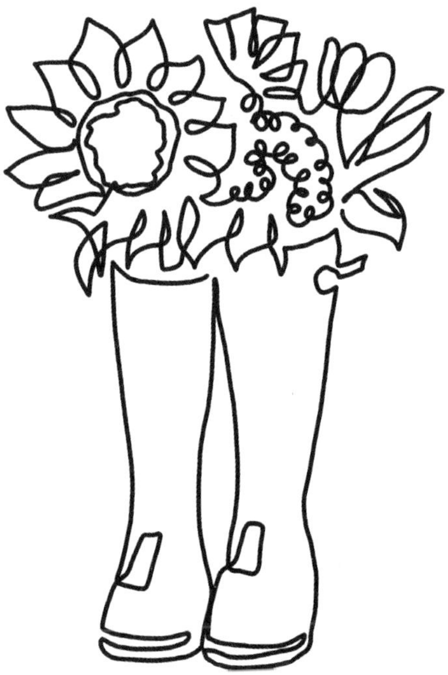
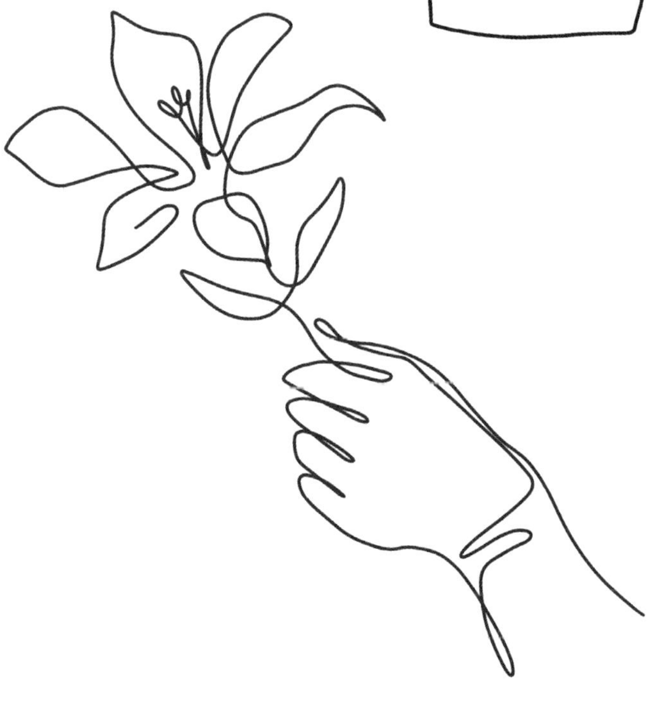

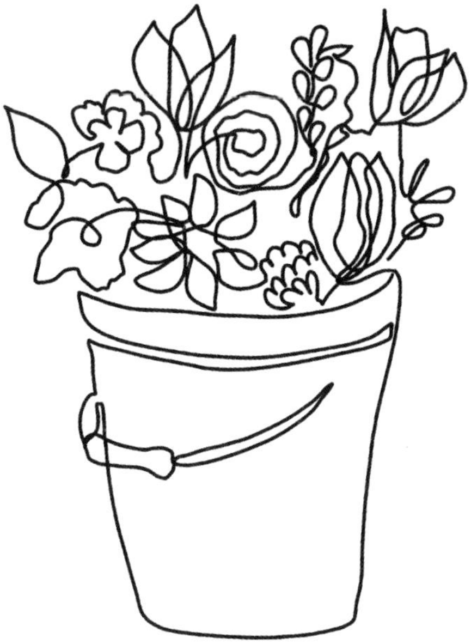

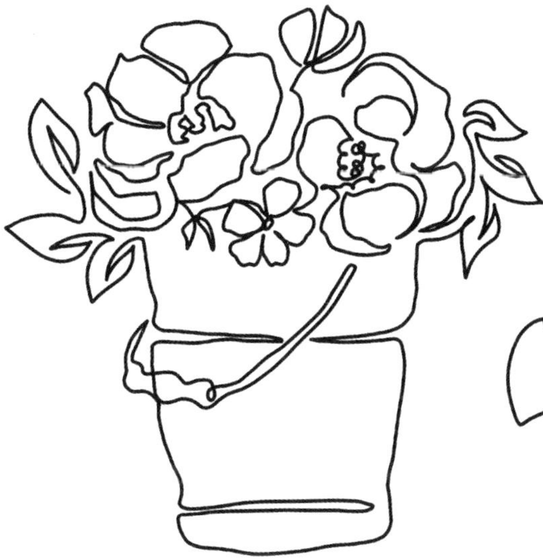

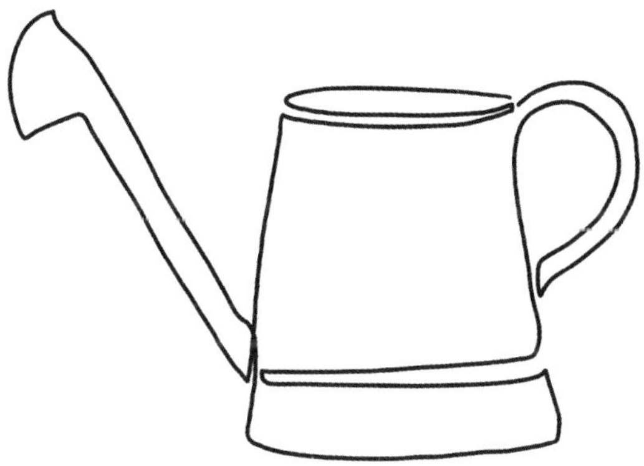

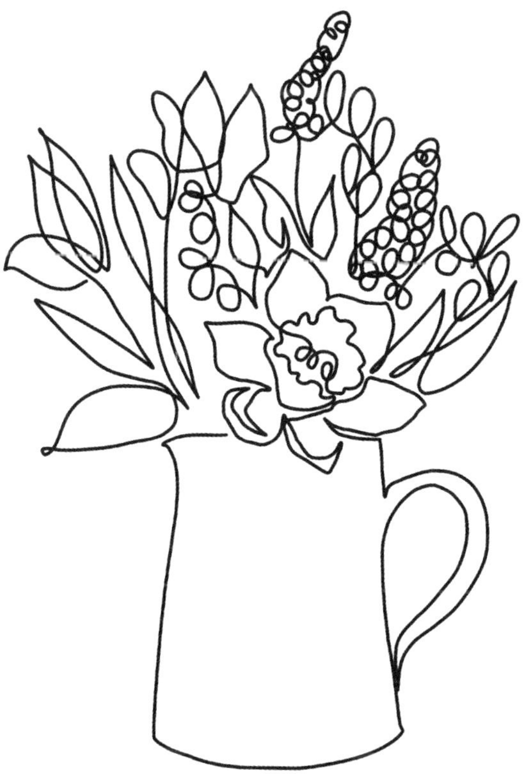

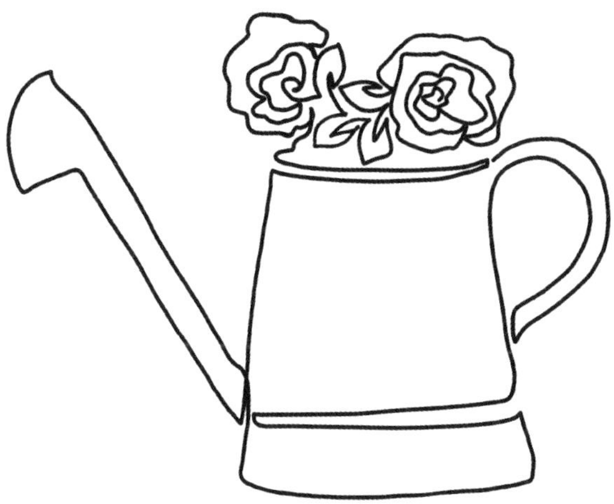

Lieblingsfeste

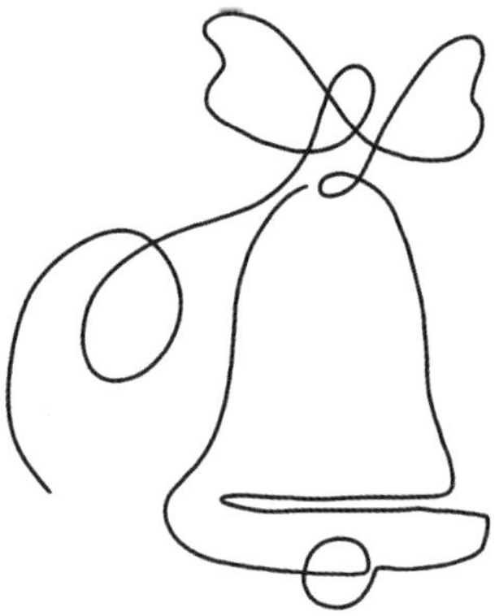

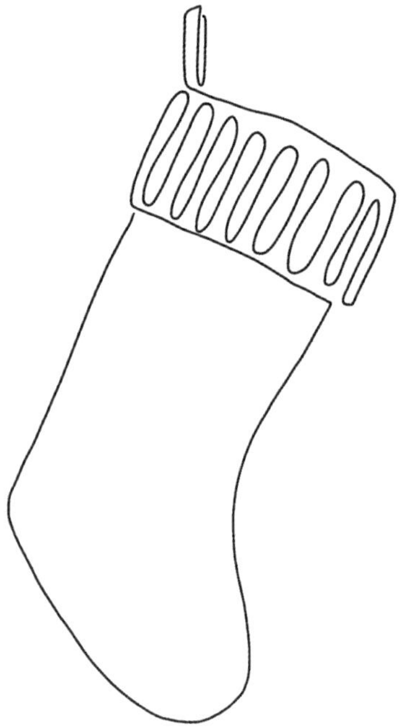

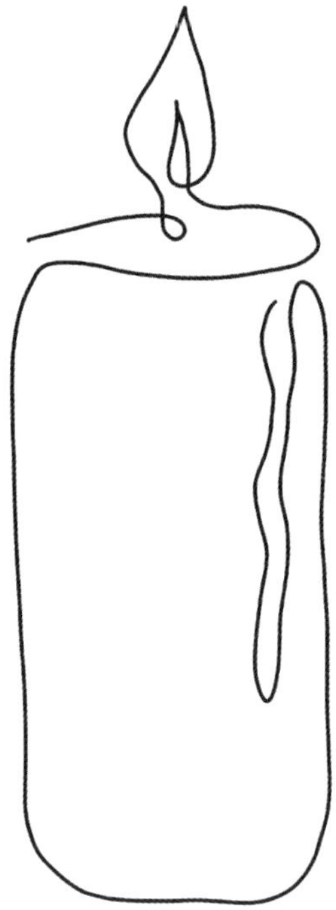

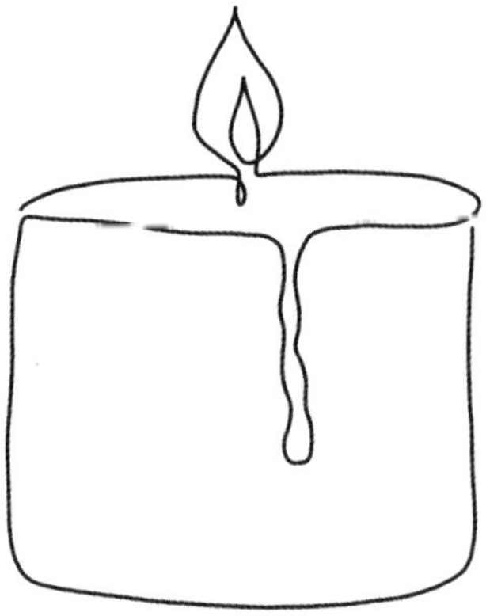

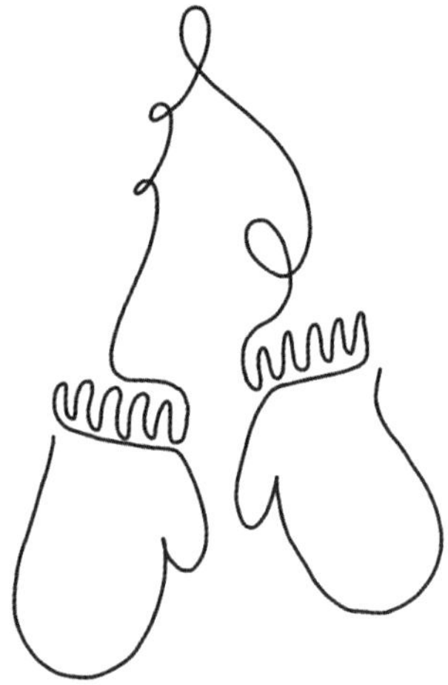

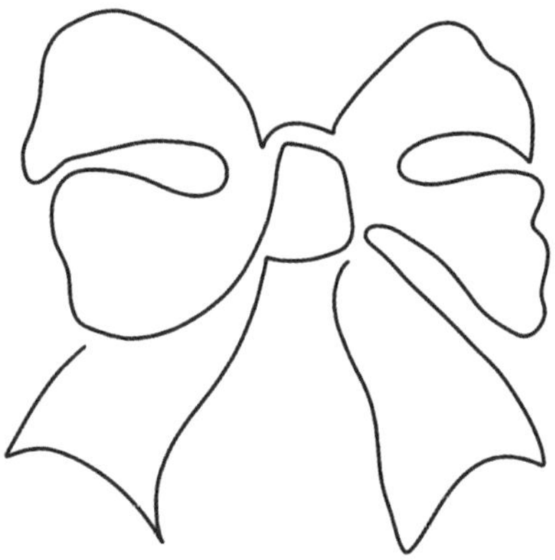

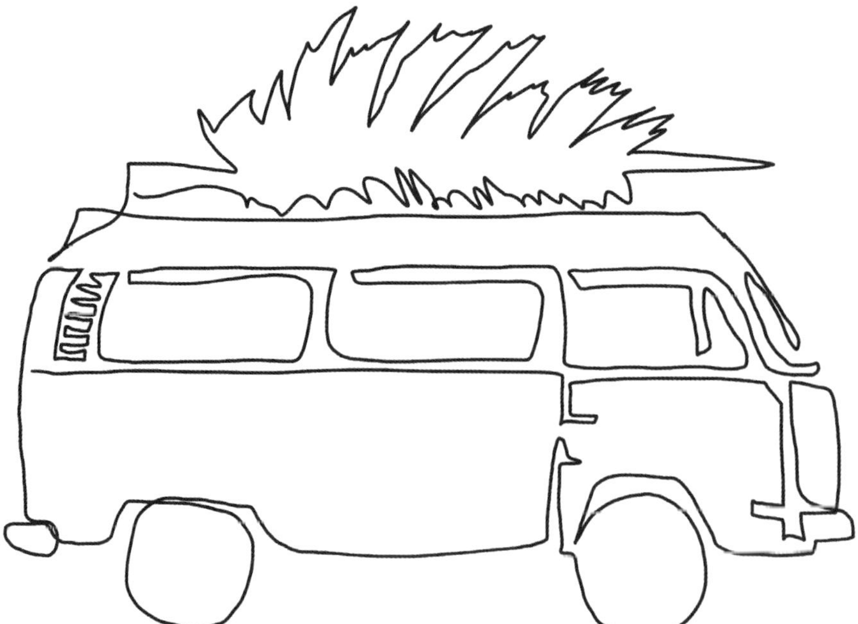

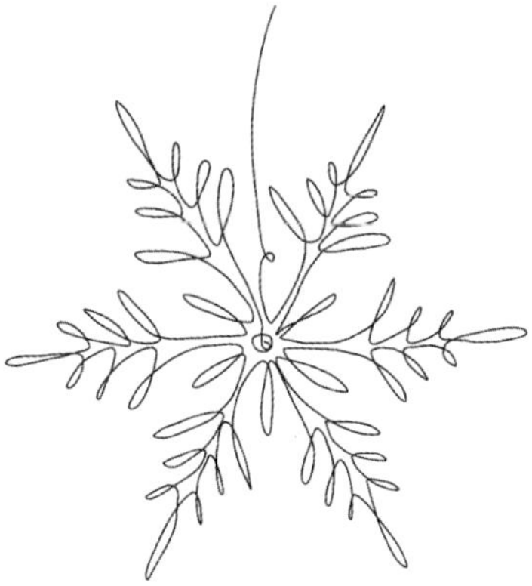
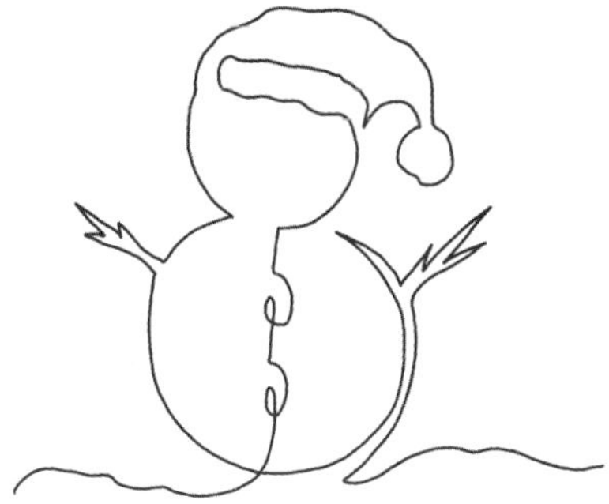
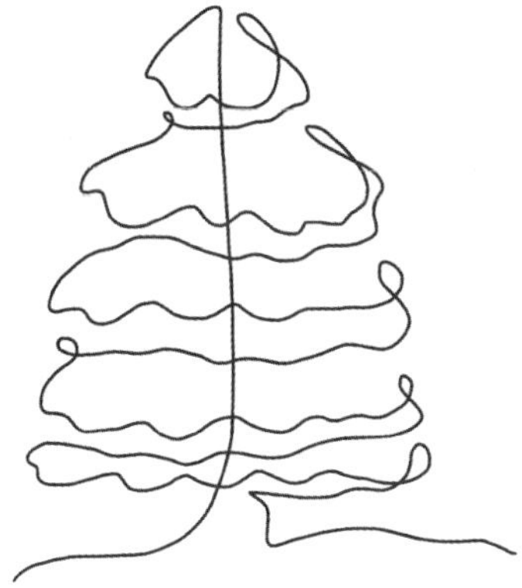
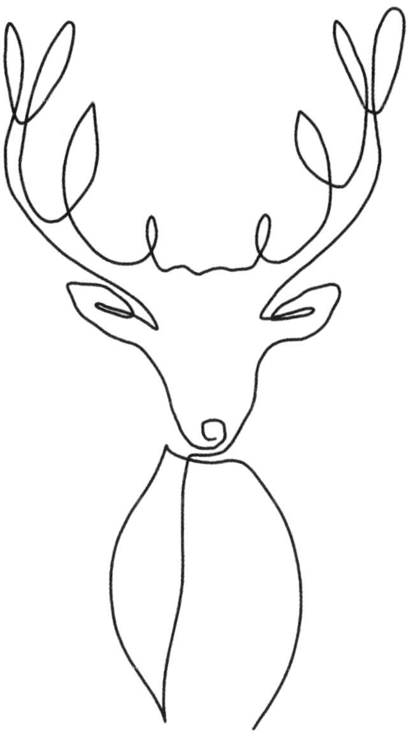
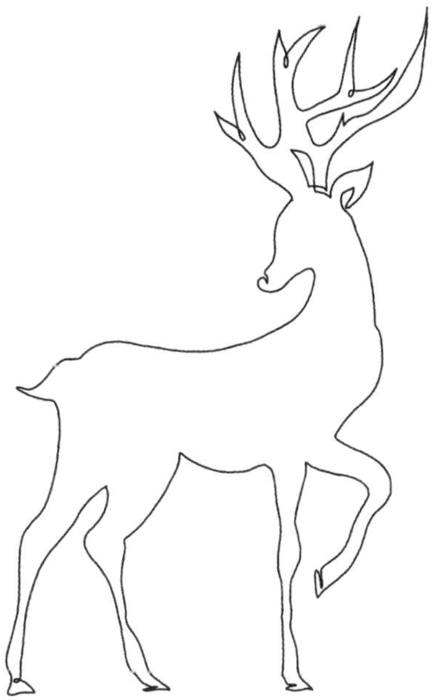
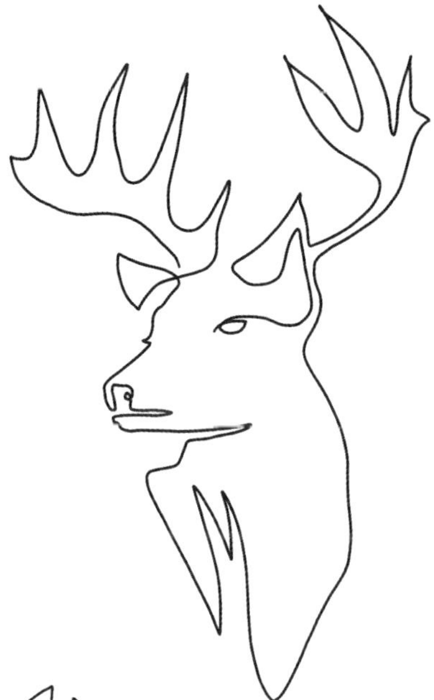
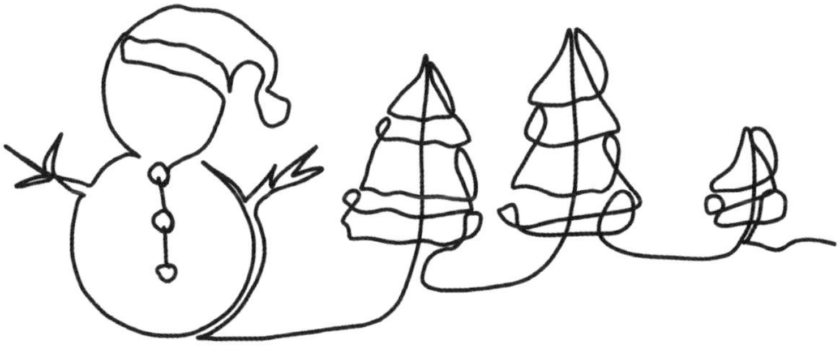
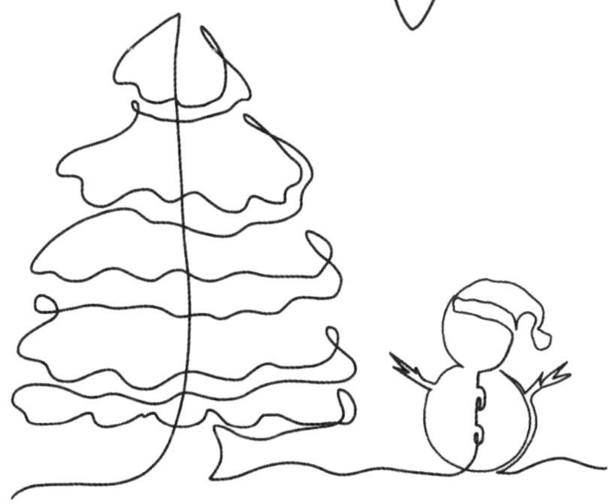

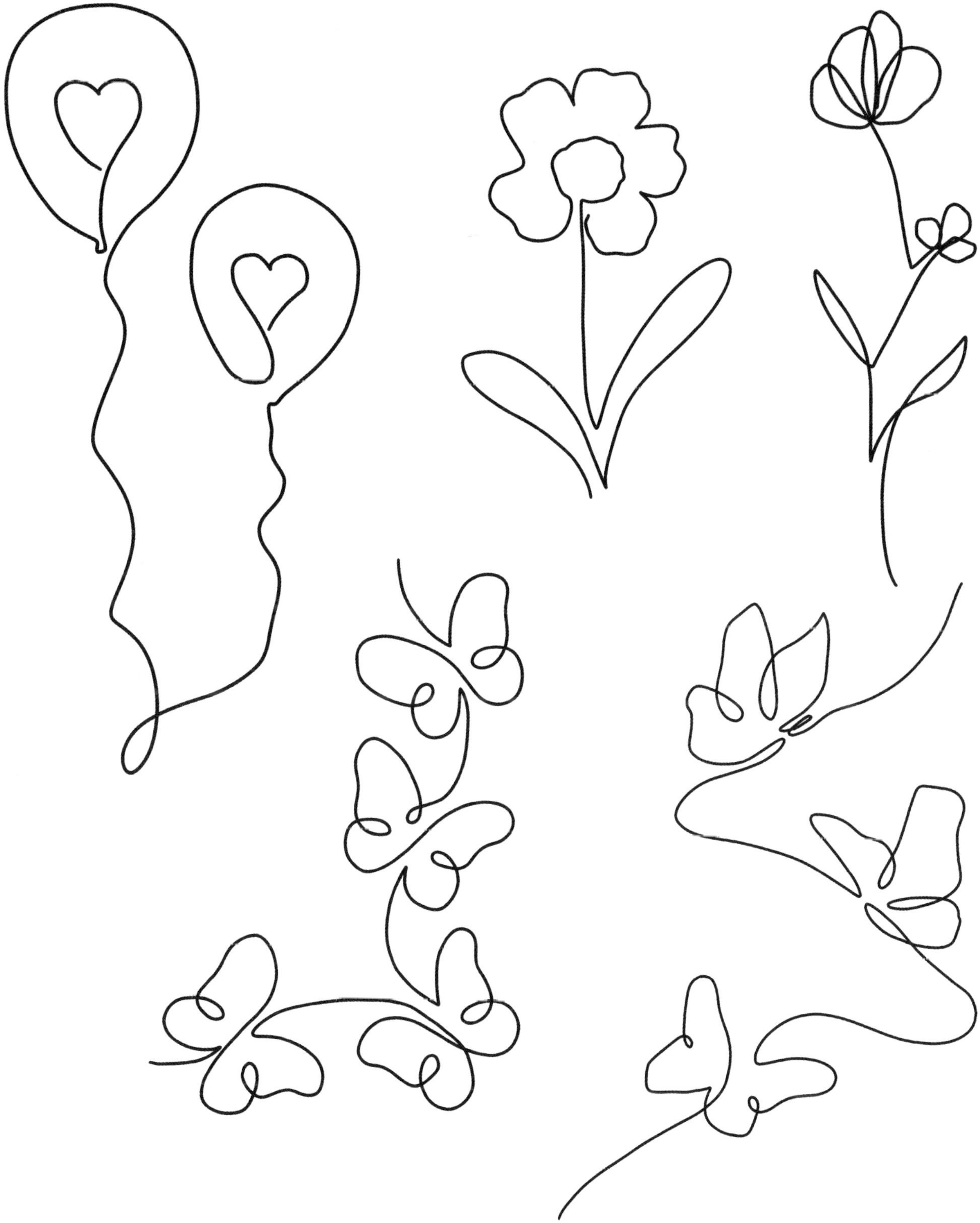

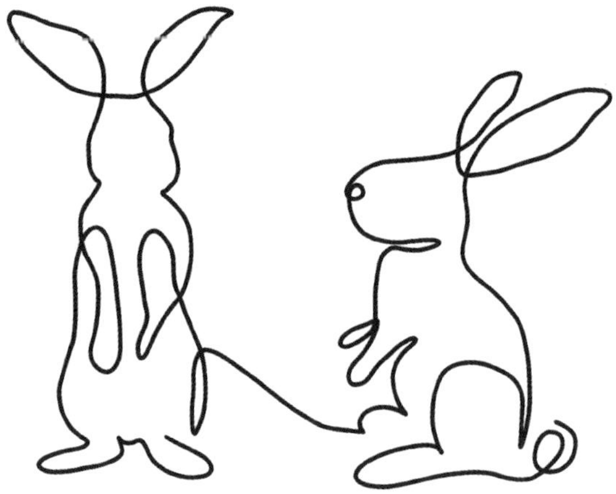
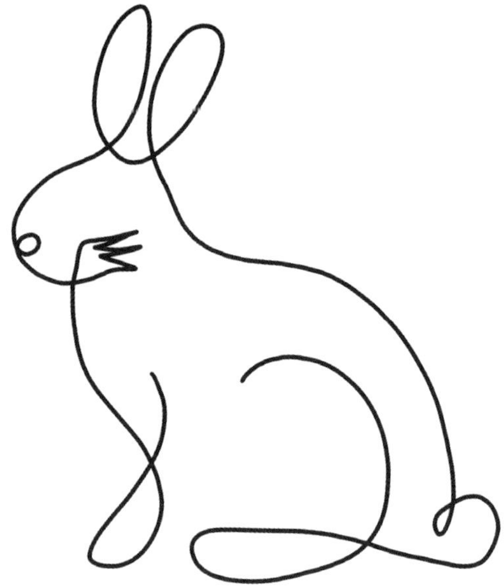
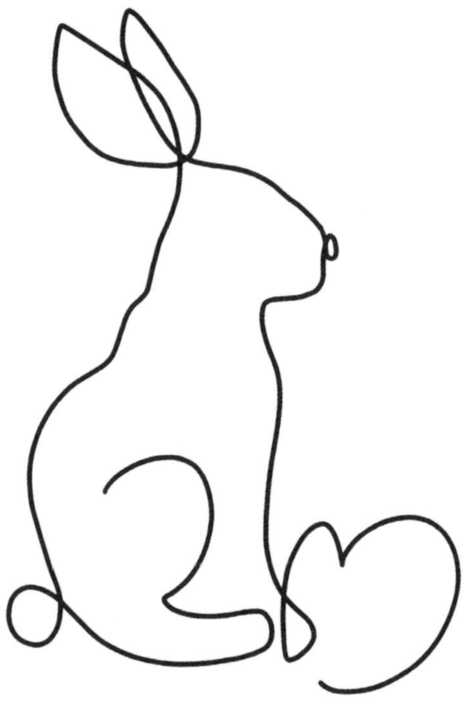
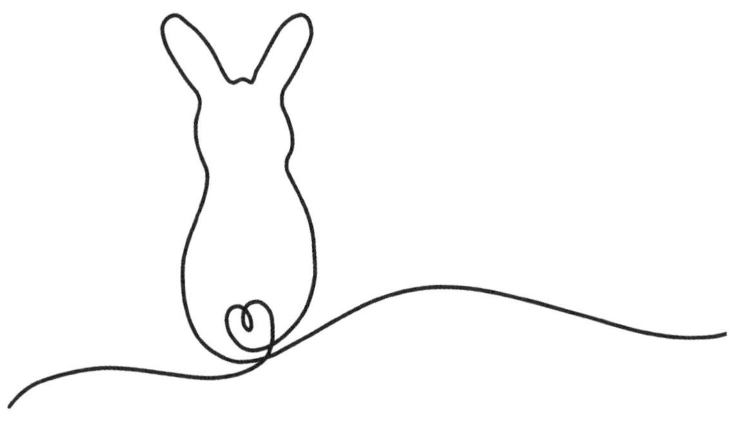

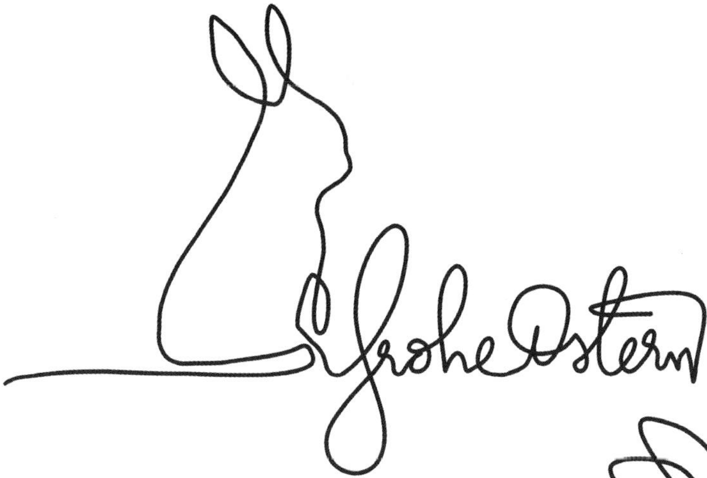
Frohe Ostern

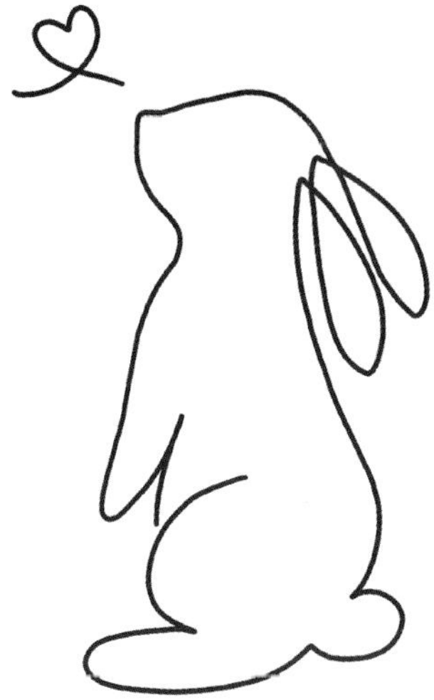

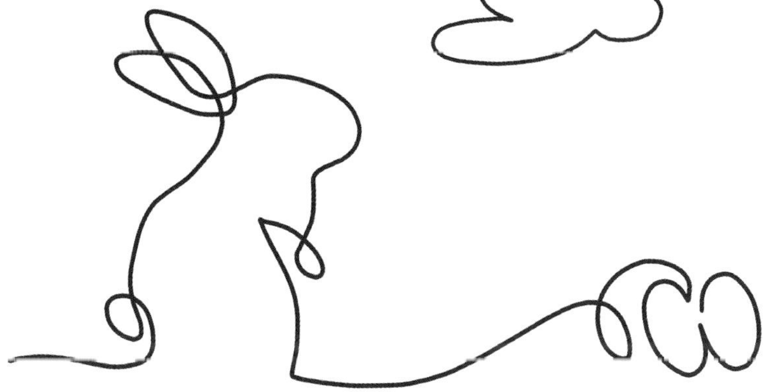

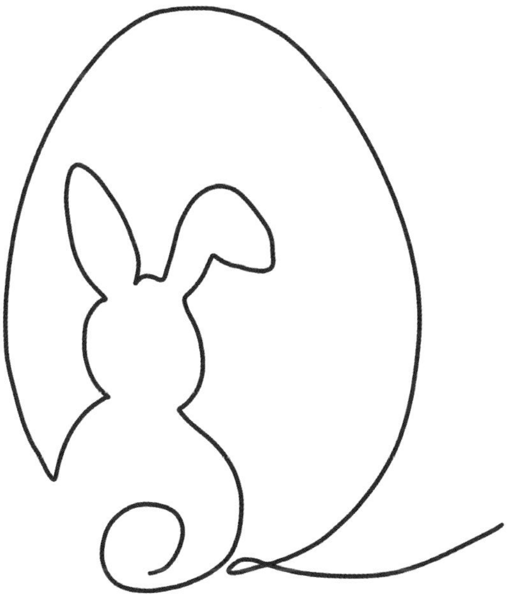

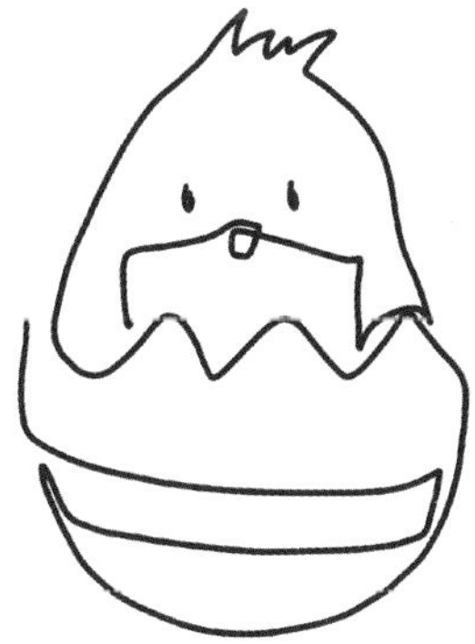

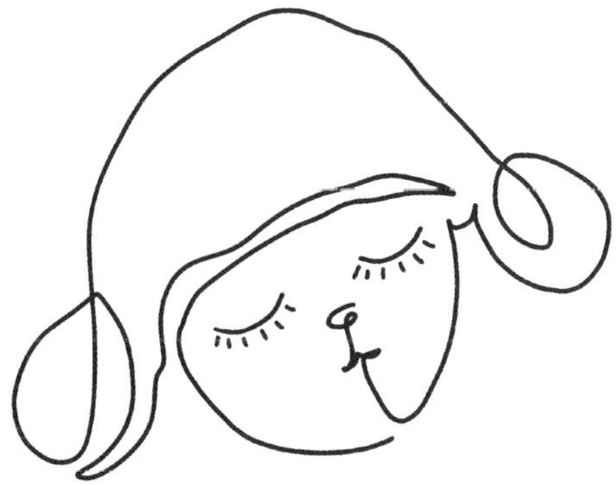

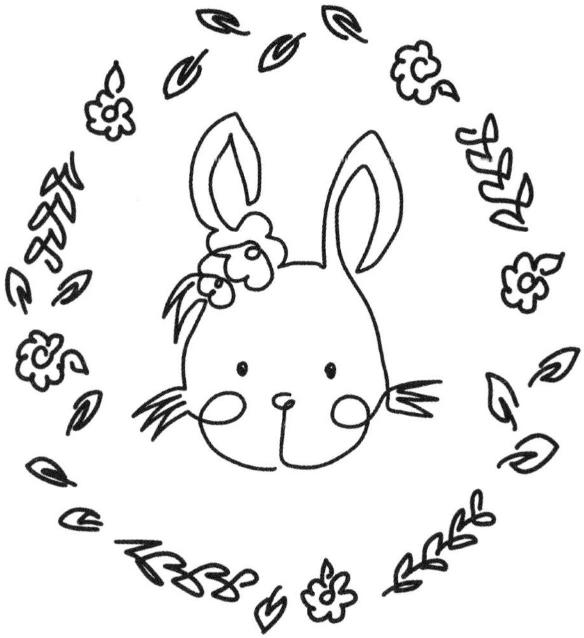

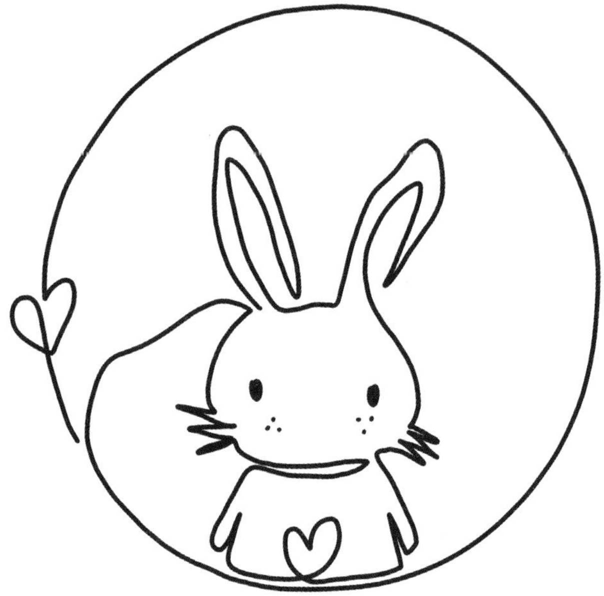

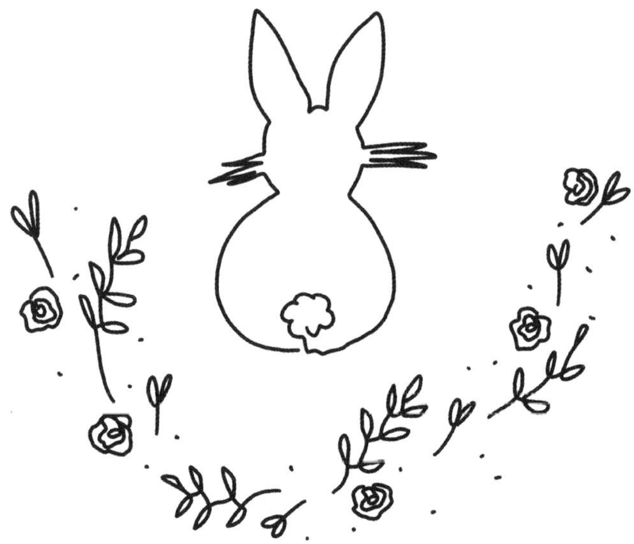

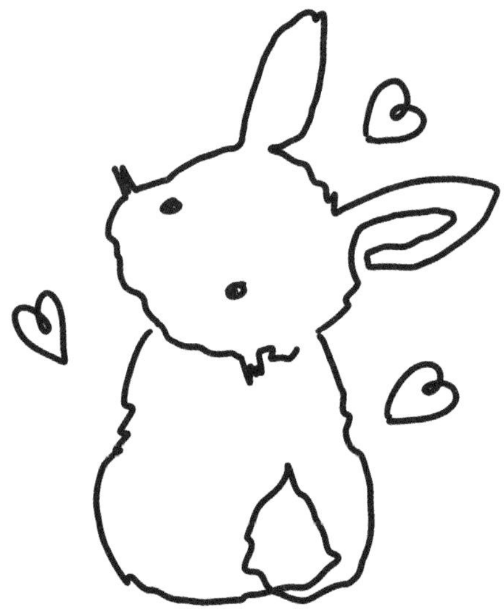

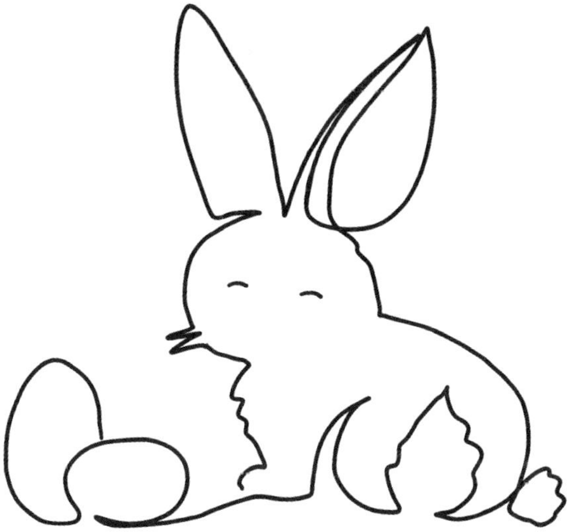

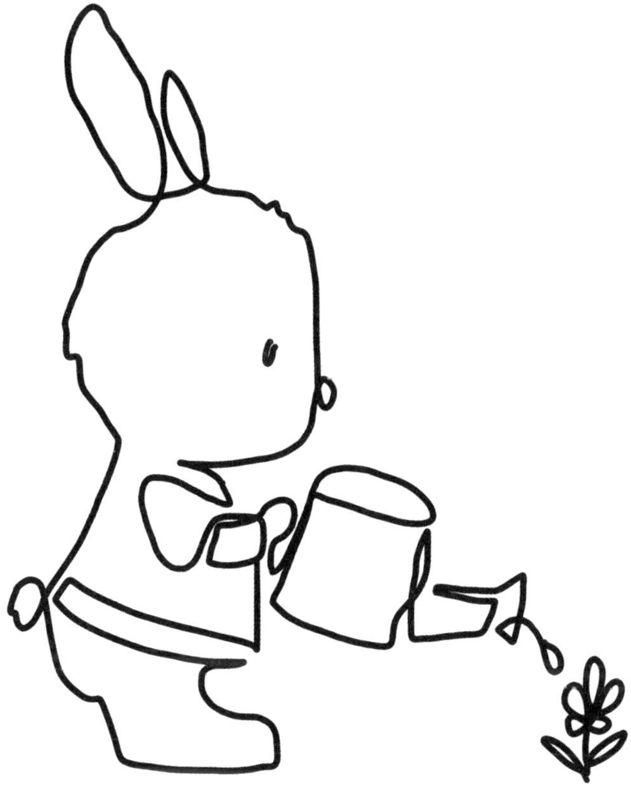

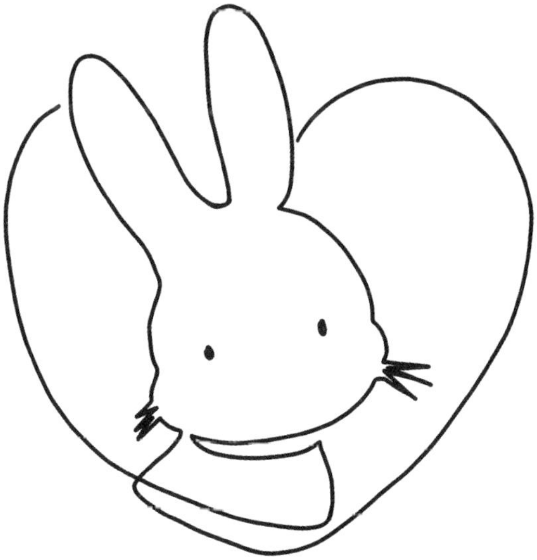

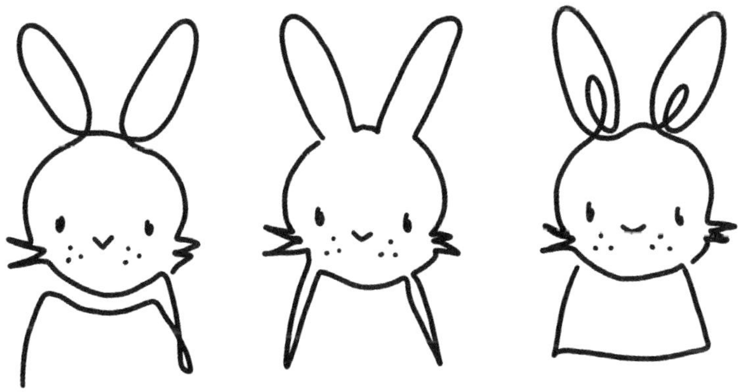

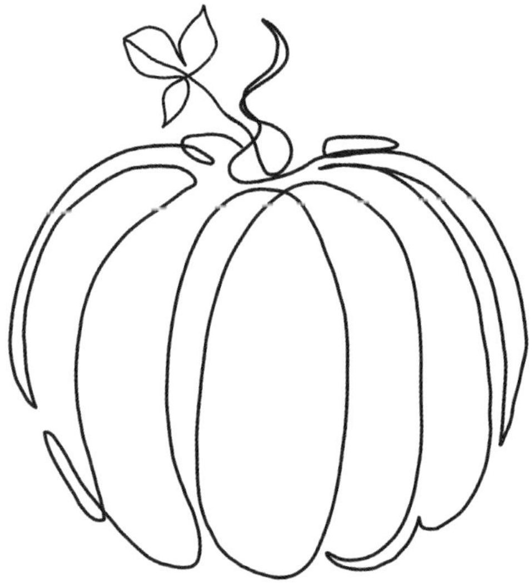
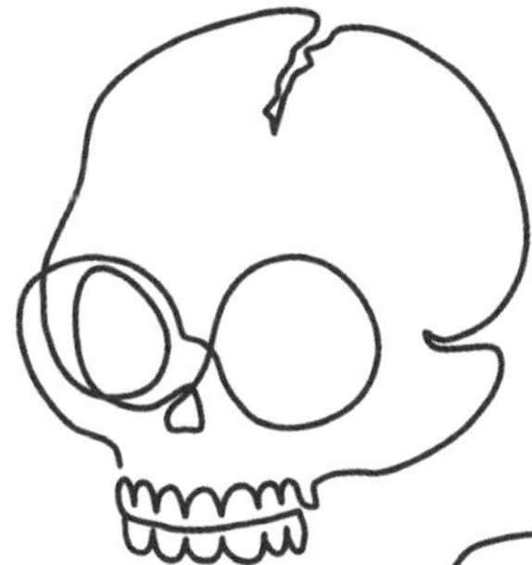
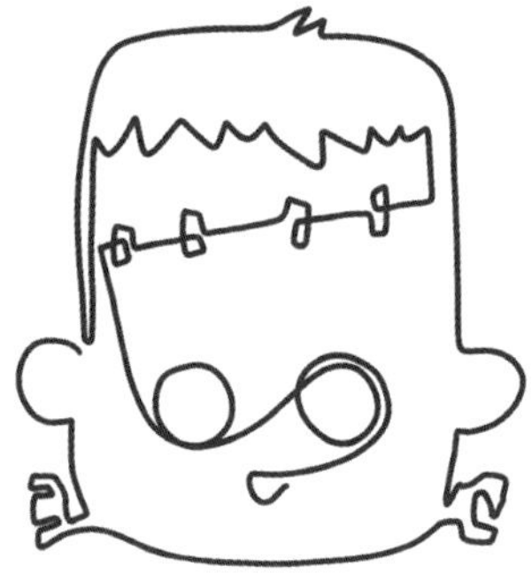
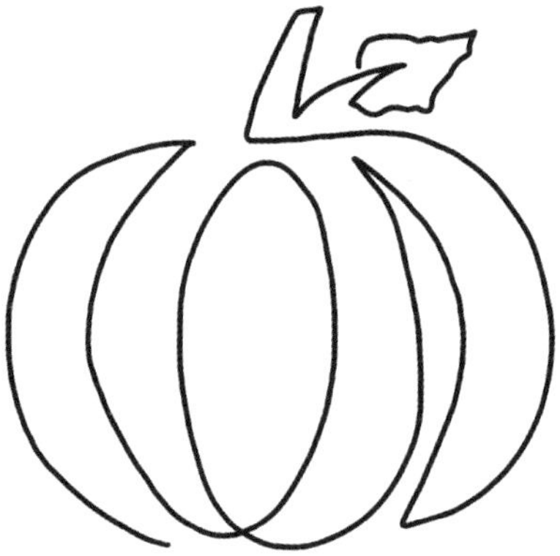
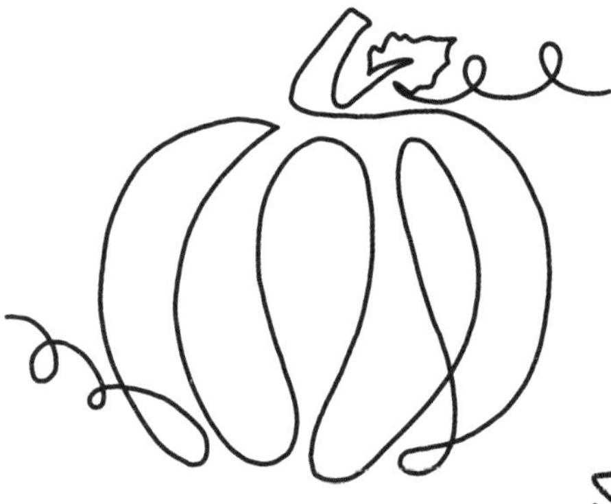
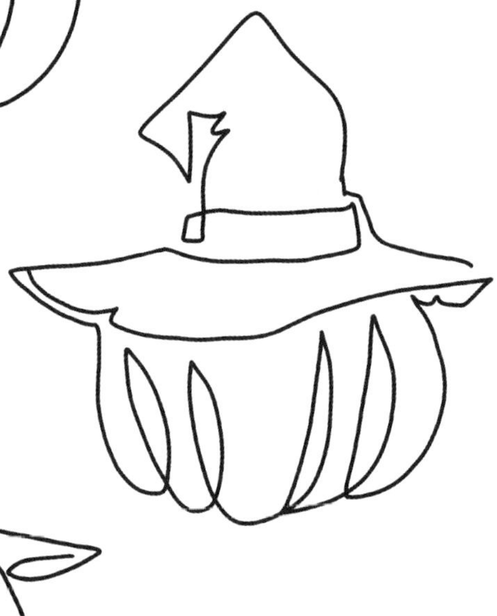
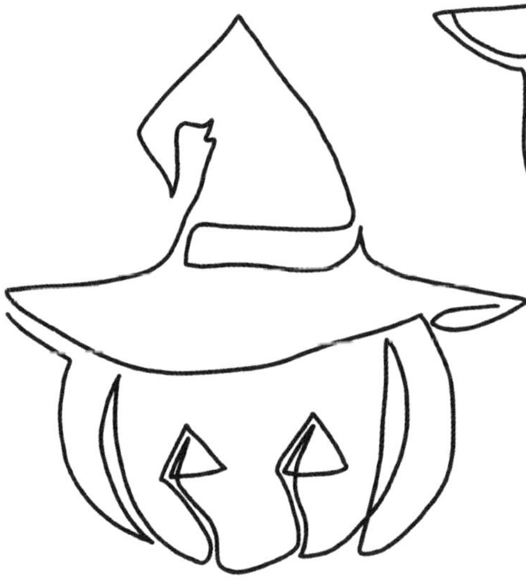

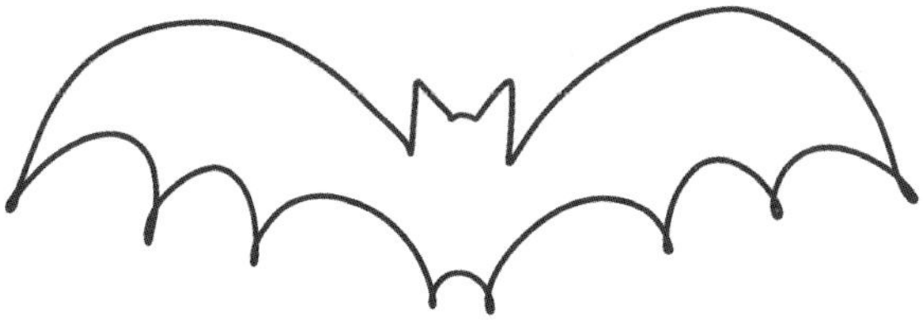

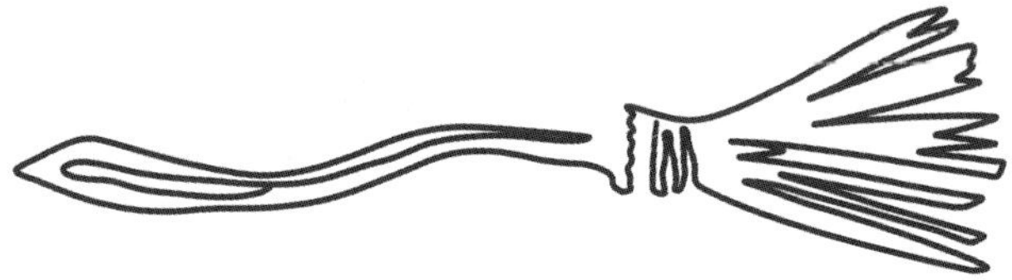

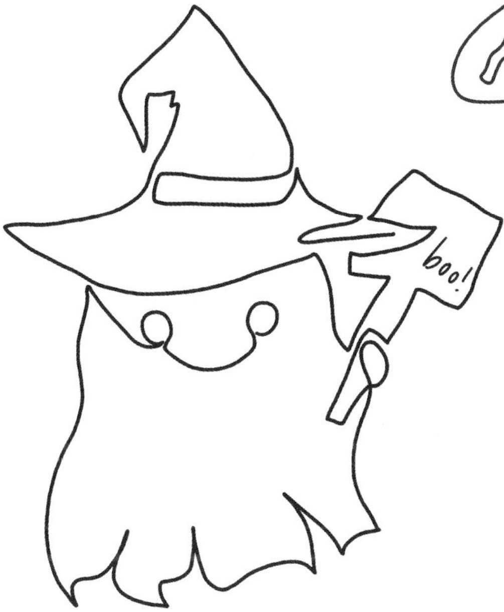
boo!

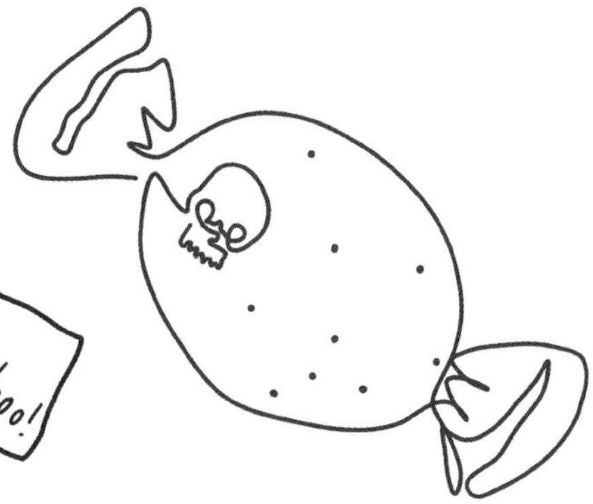

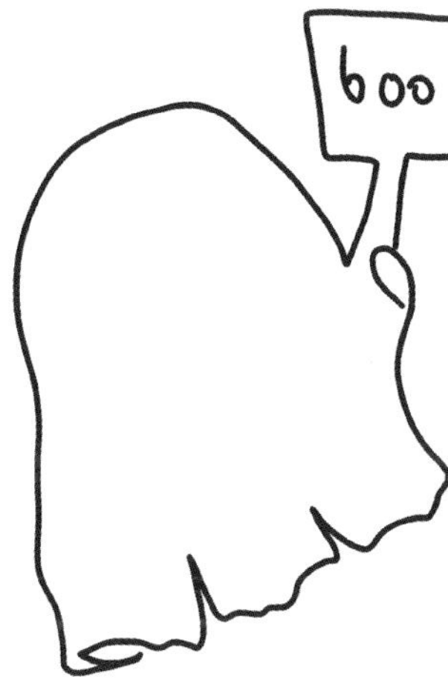
boo

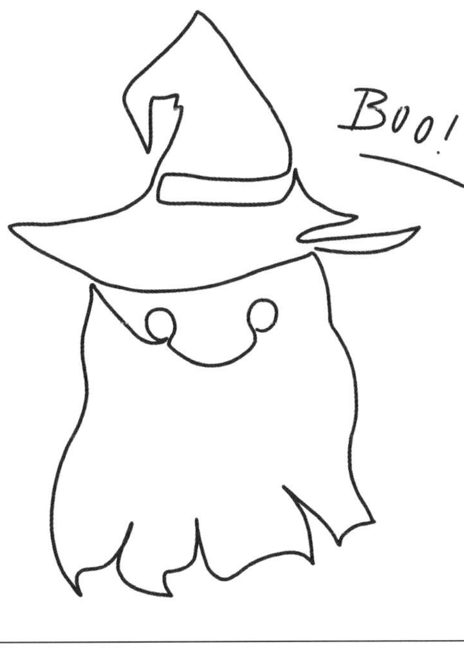
Boo!

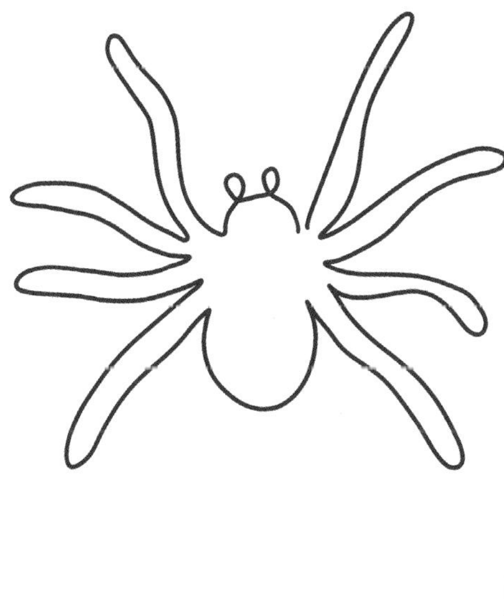

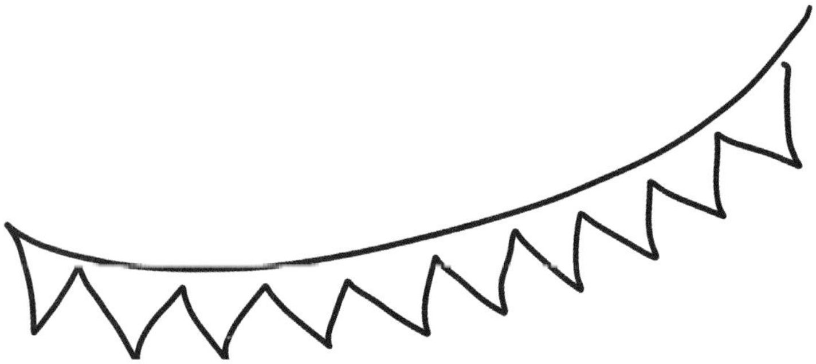
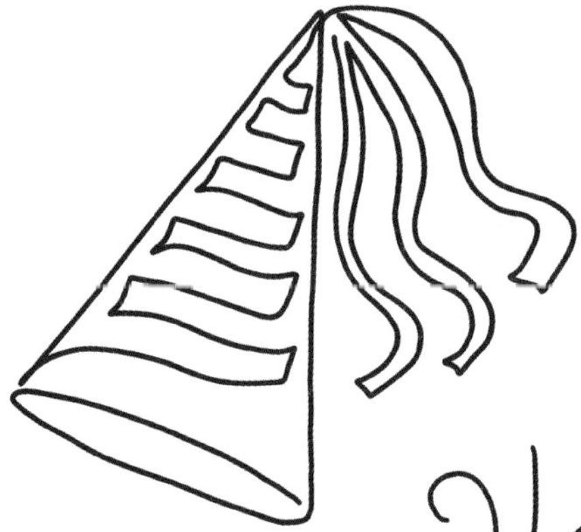
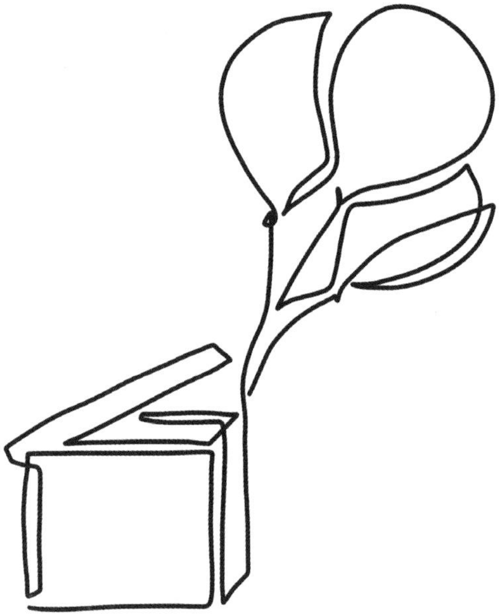
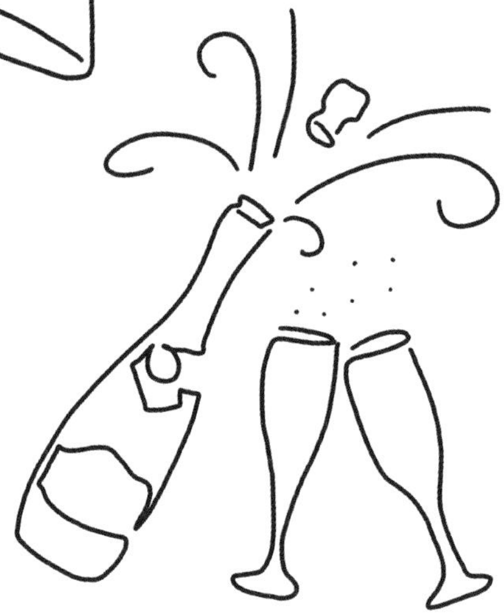

PARTY
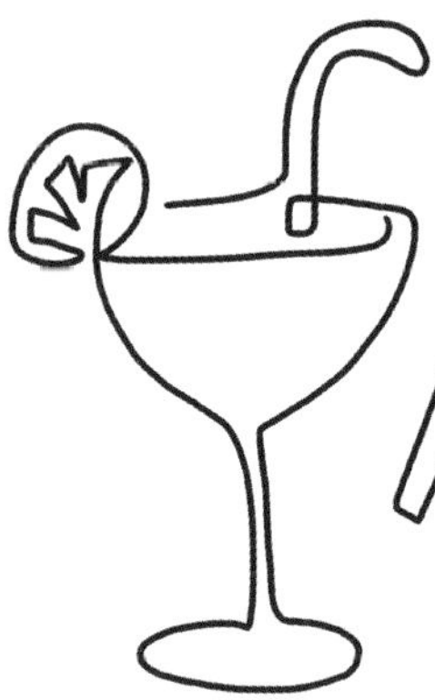
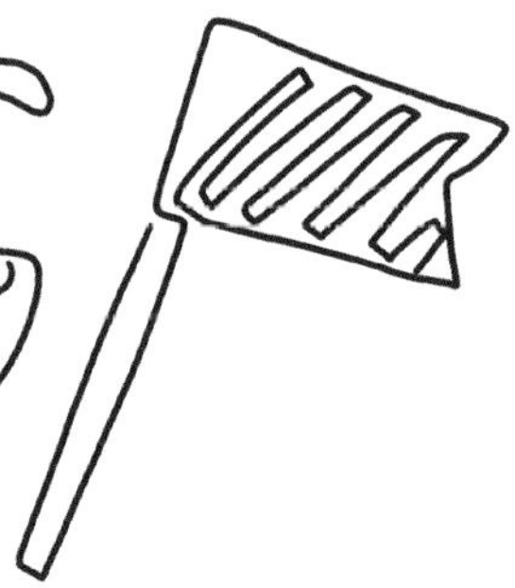
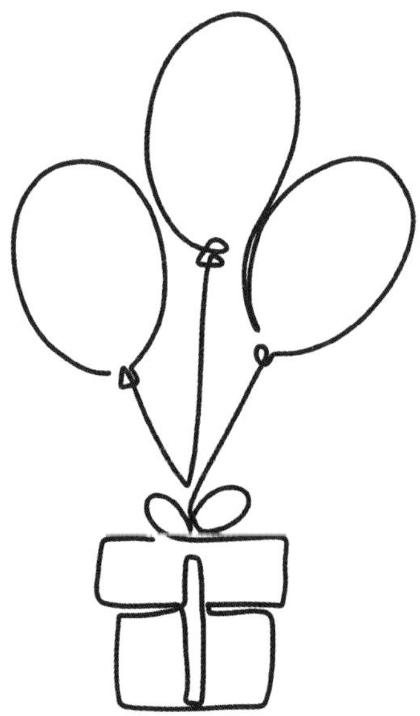
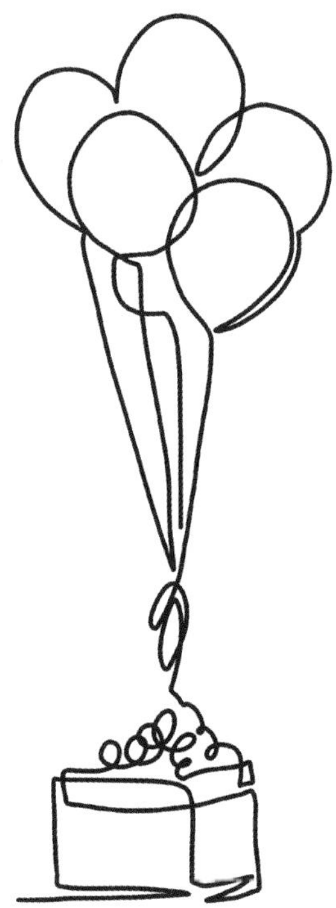

Häuser und Landschaften

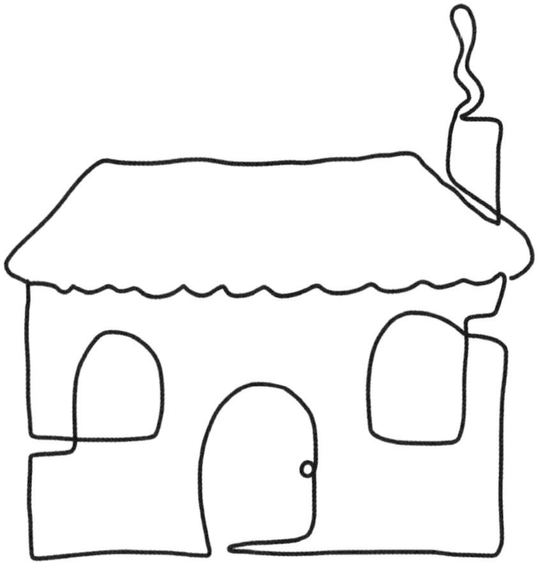

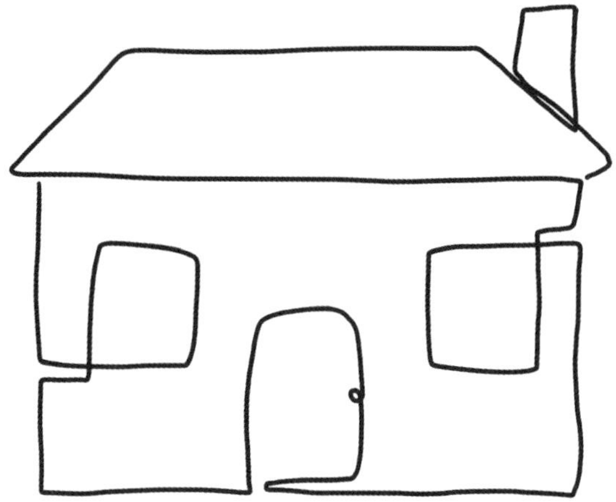

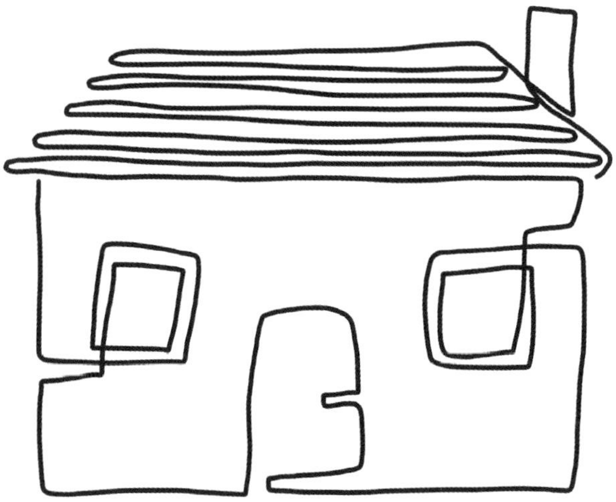

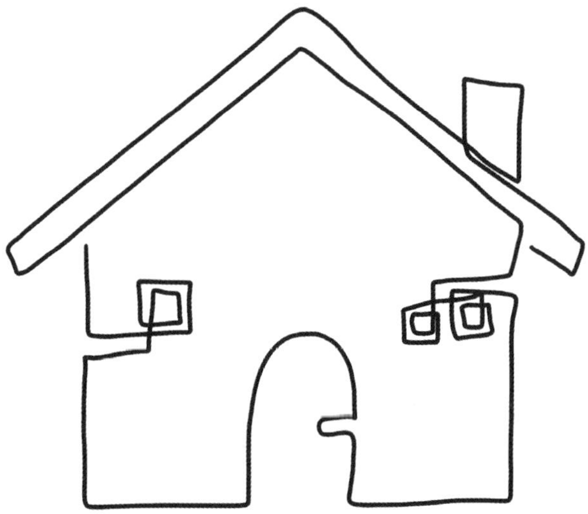

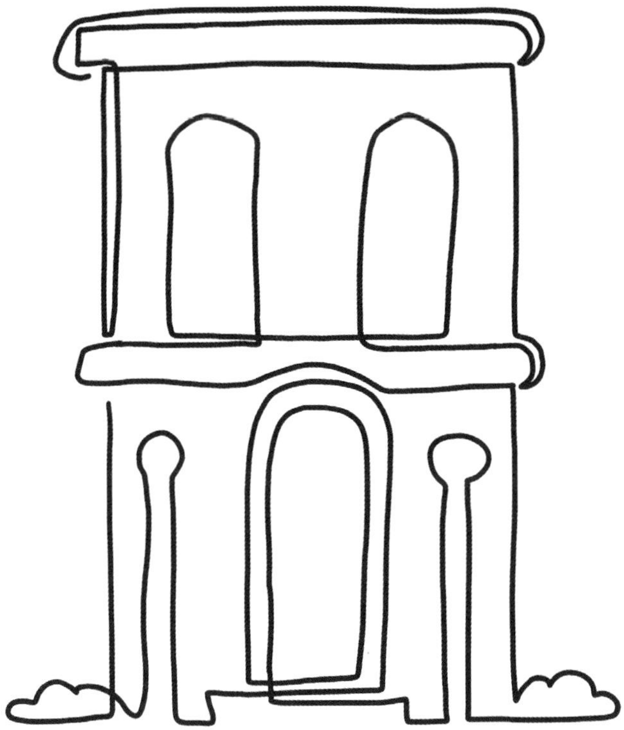

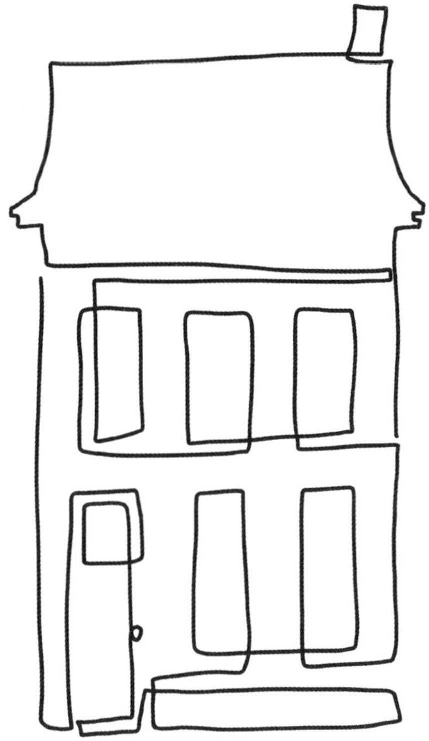

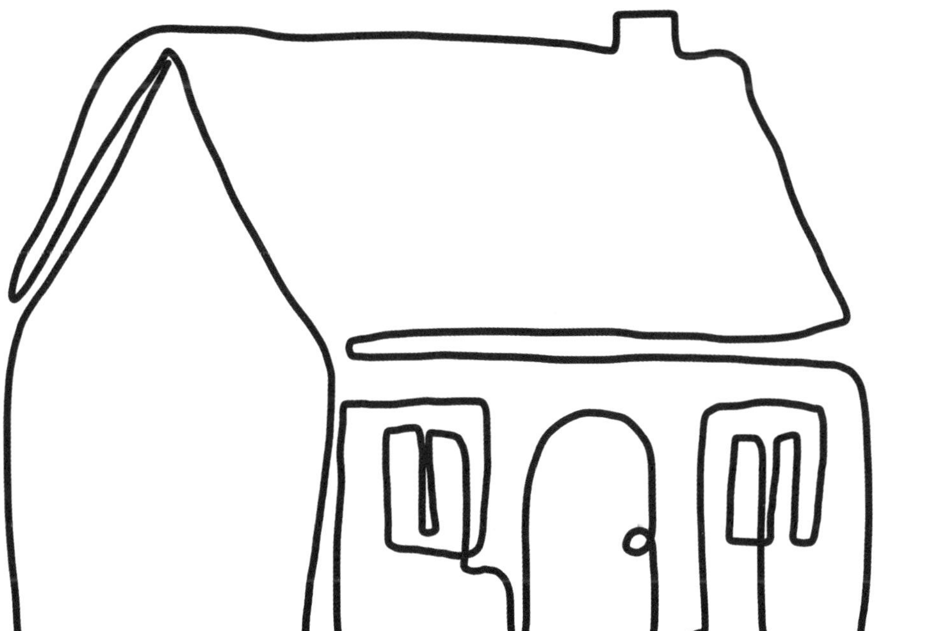

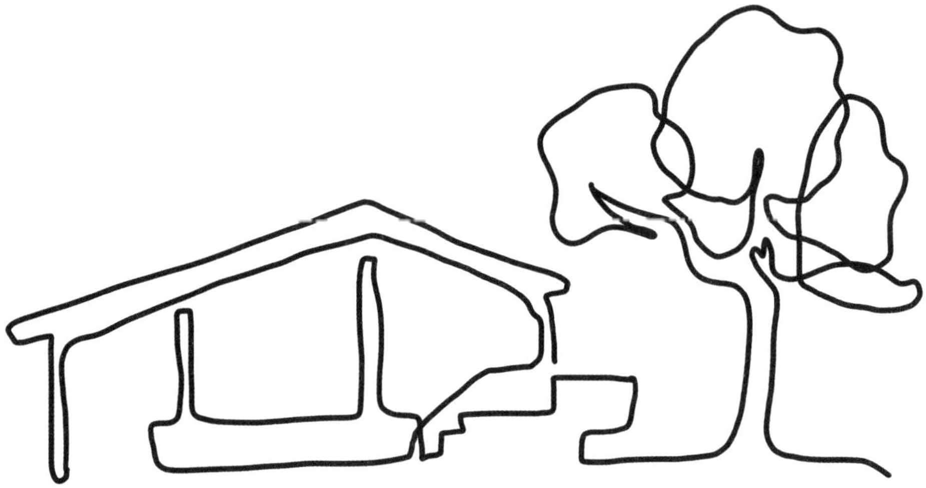

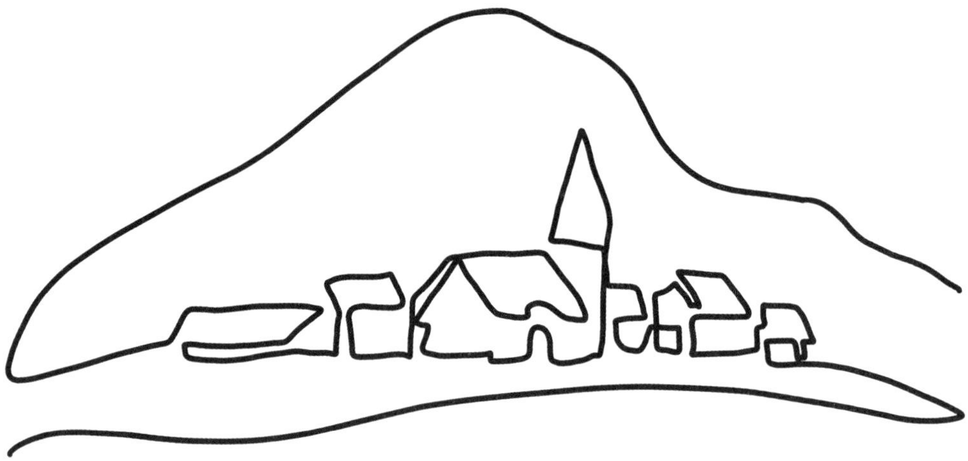

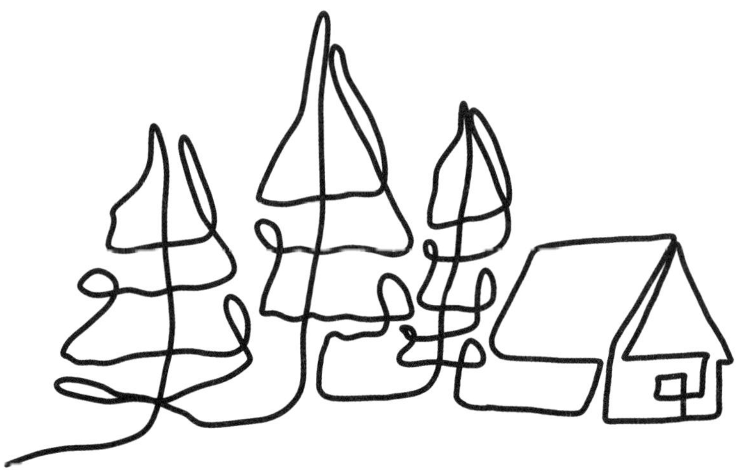

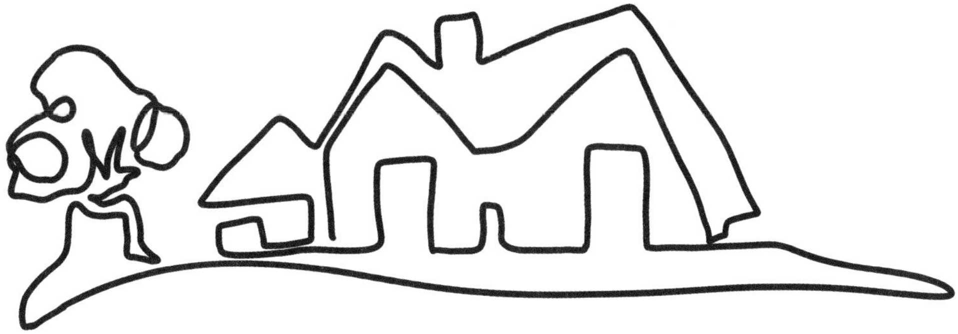

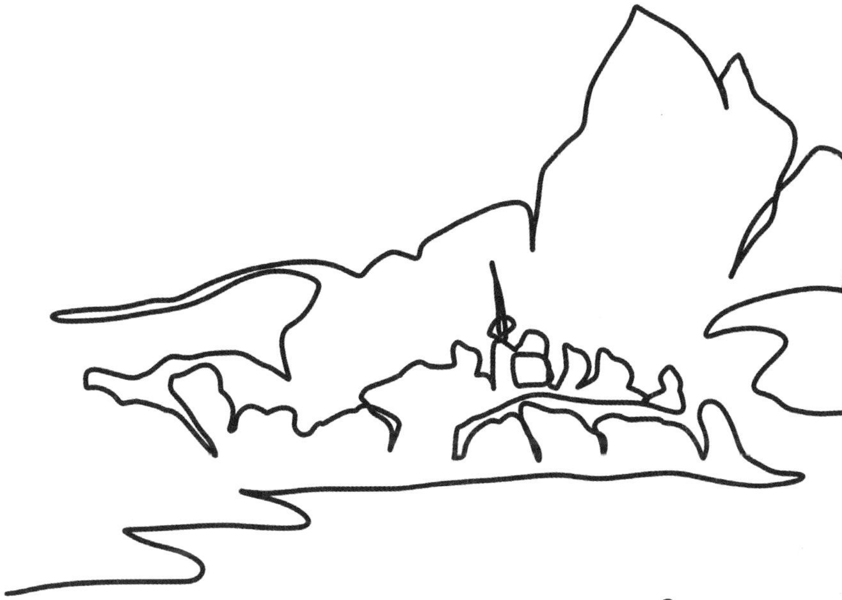

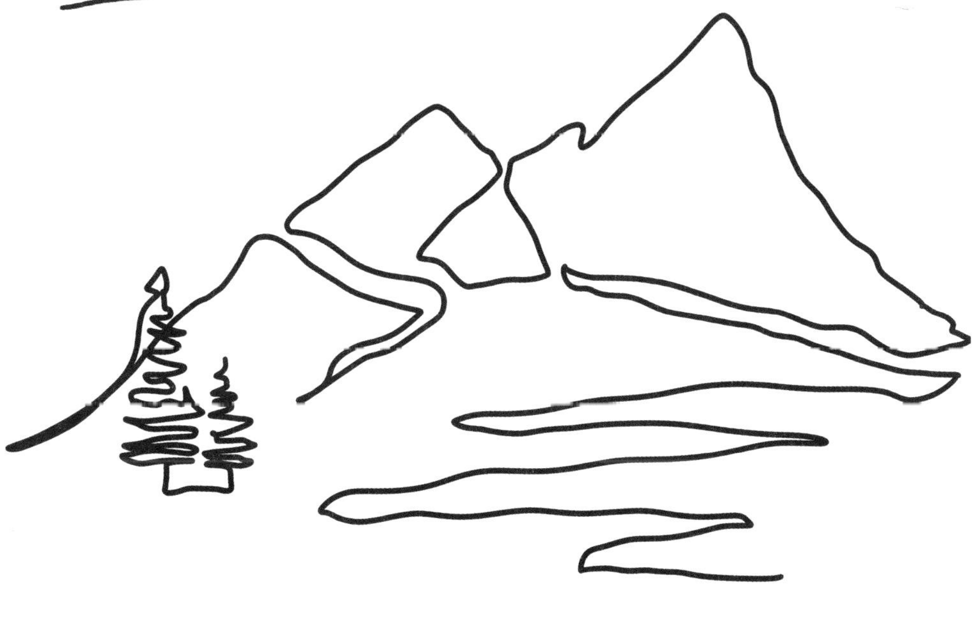

Bäume

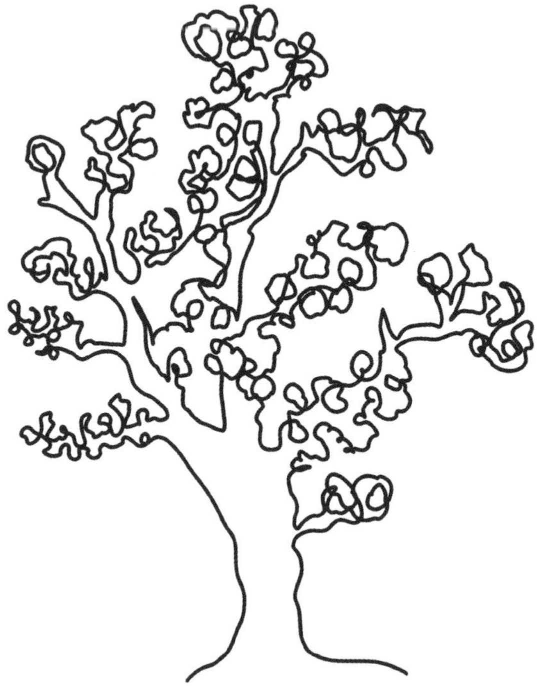

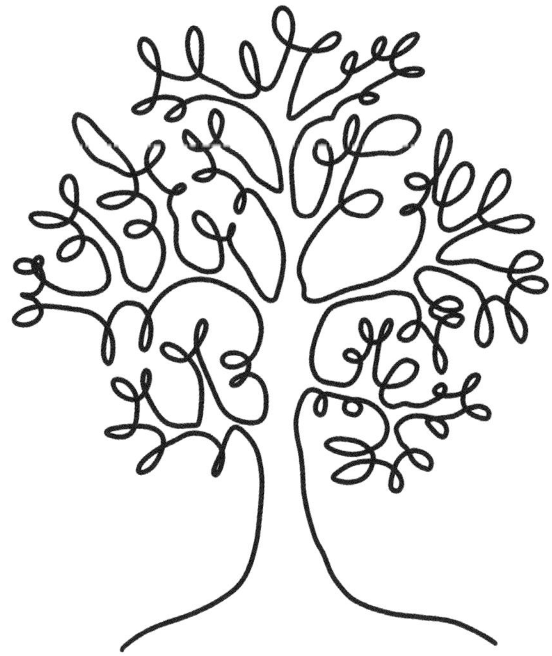

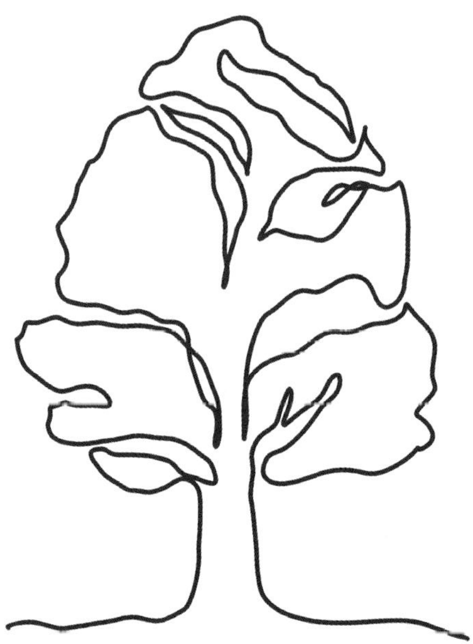

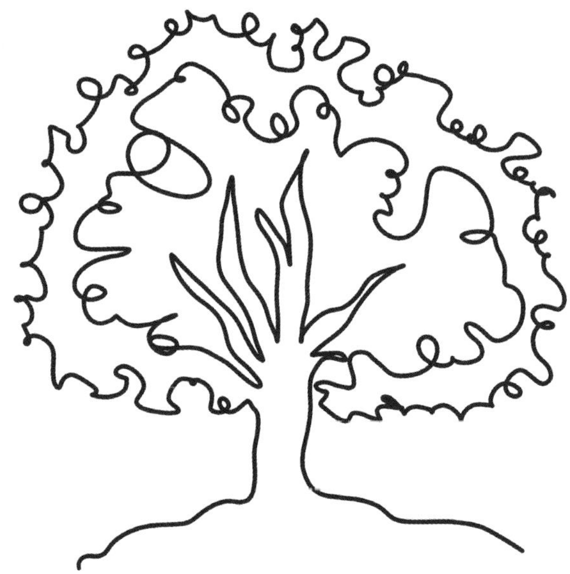

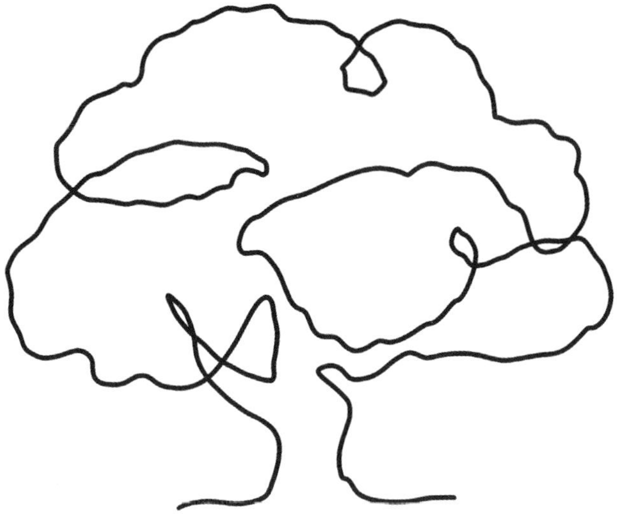

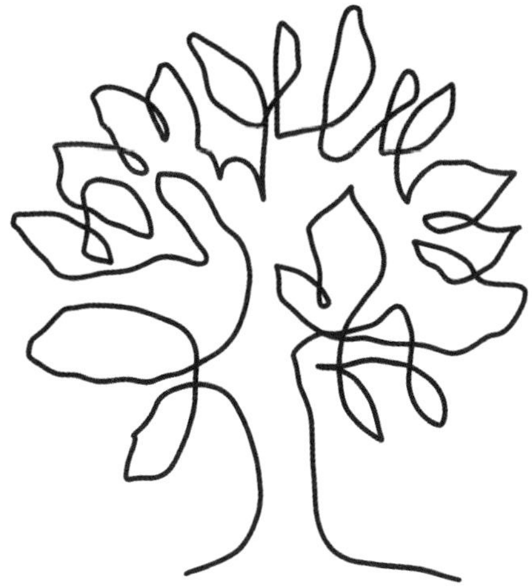

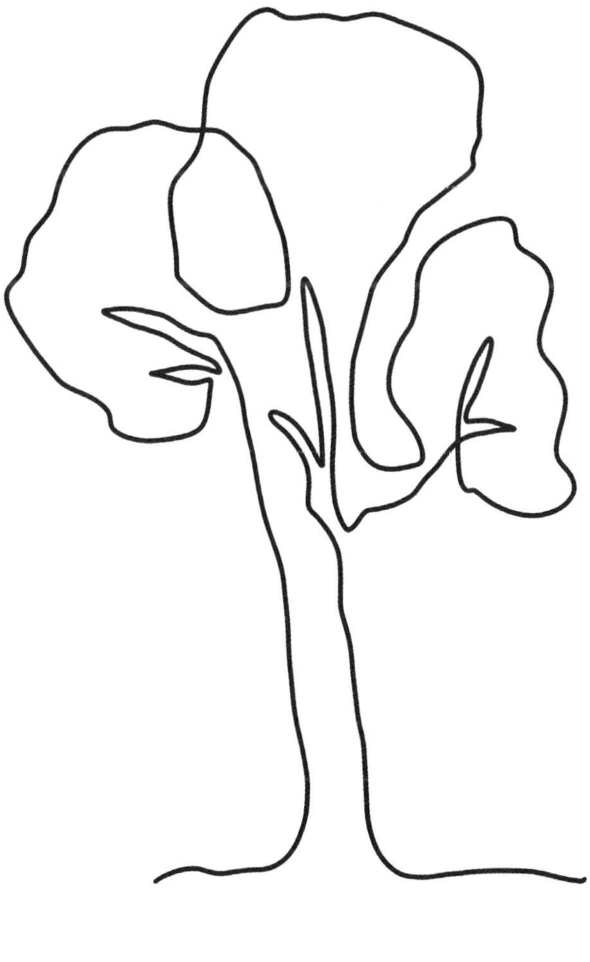

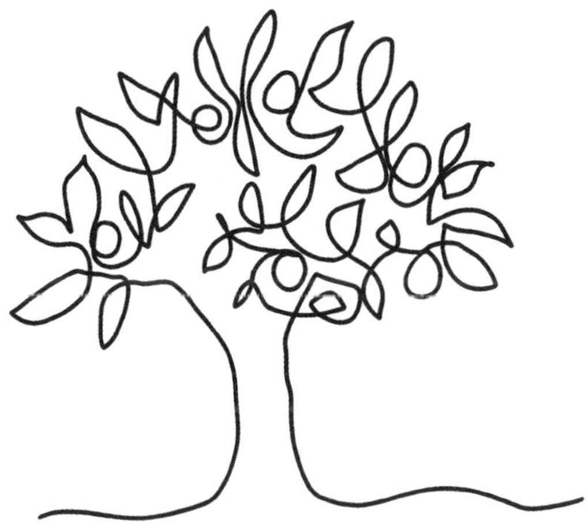

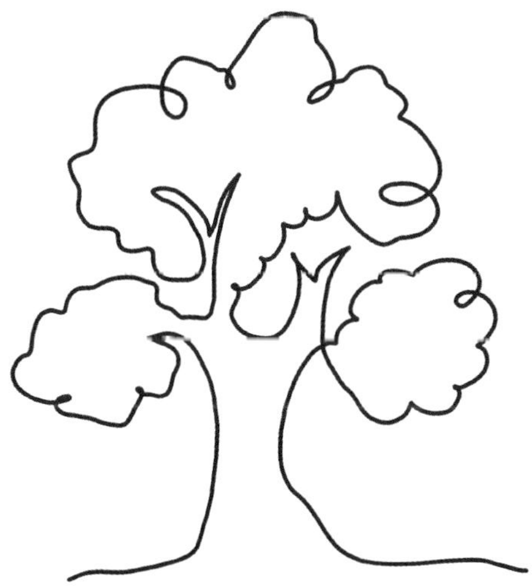

Reisen

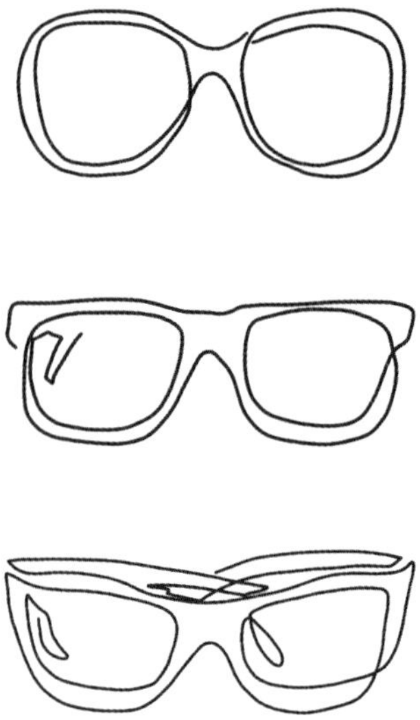

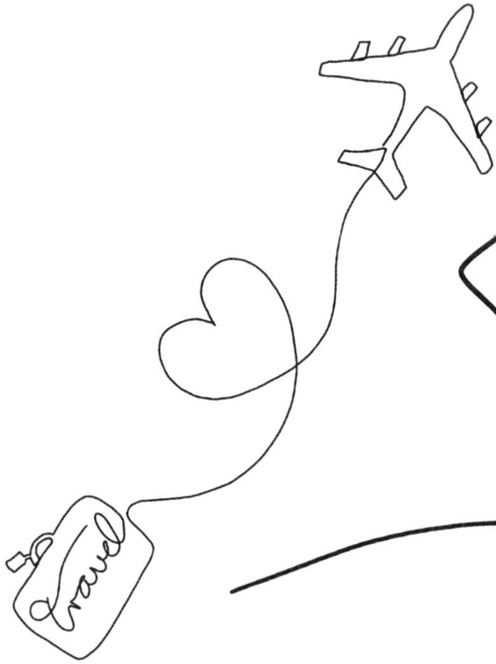

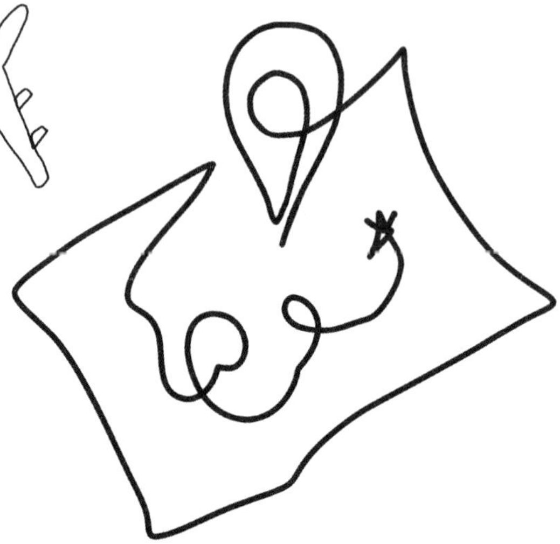

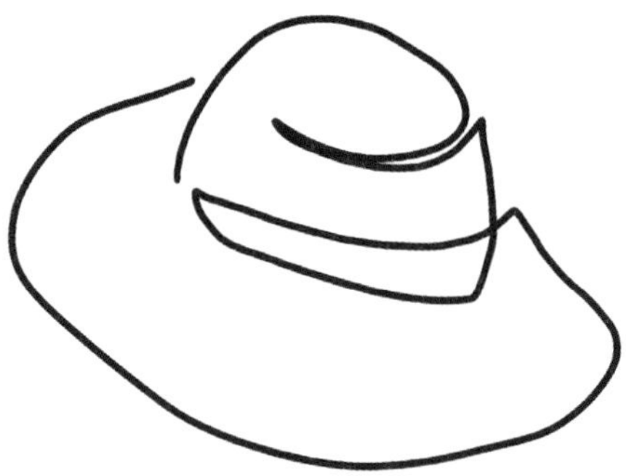

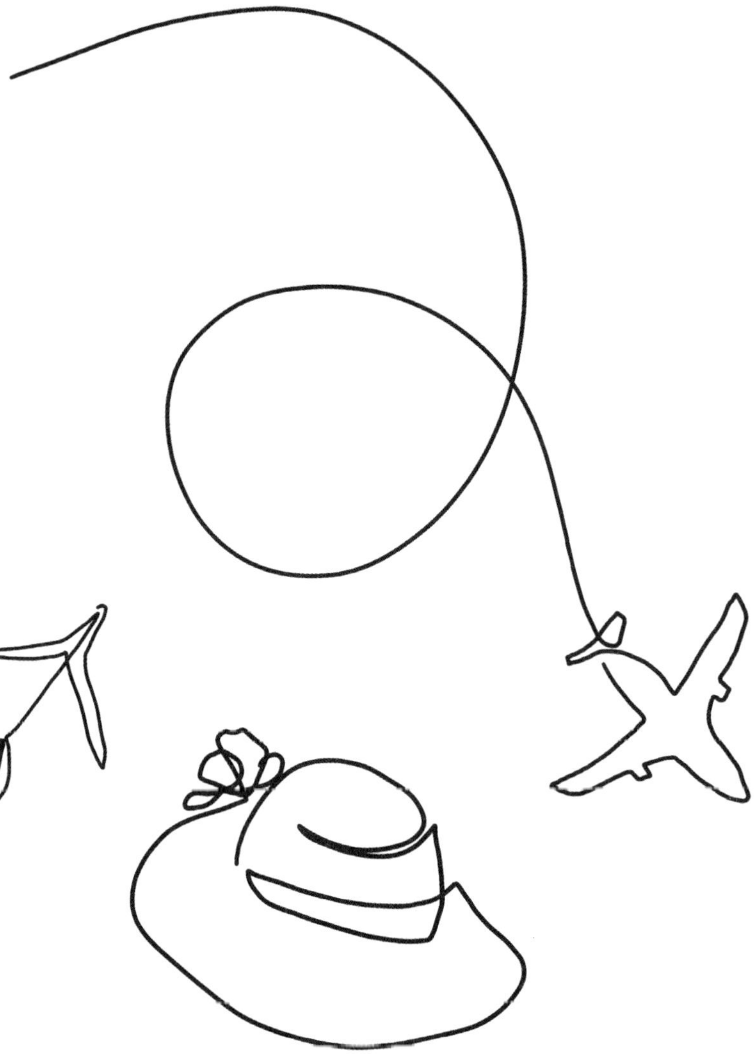

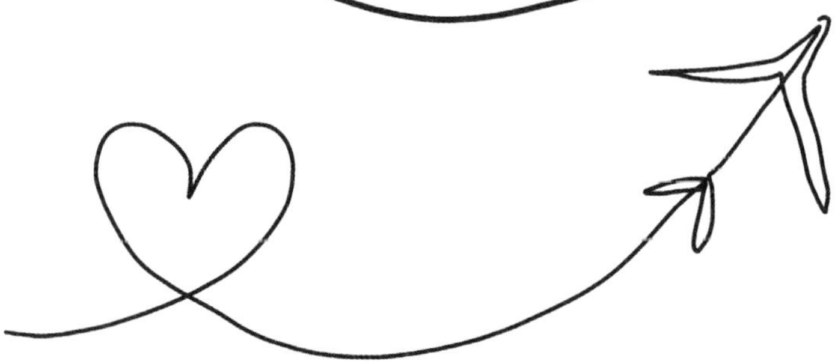

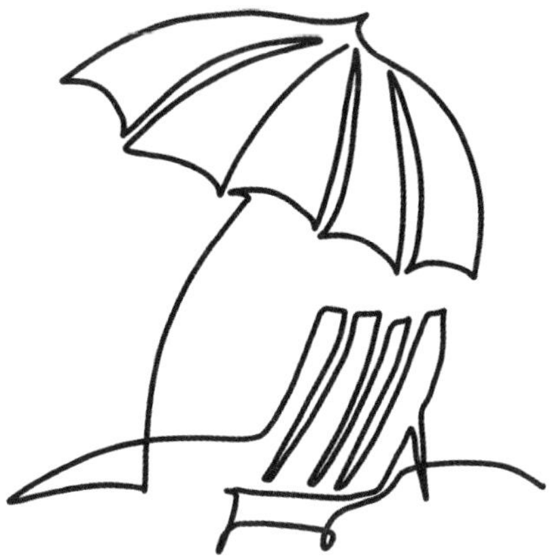
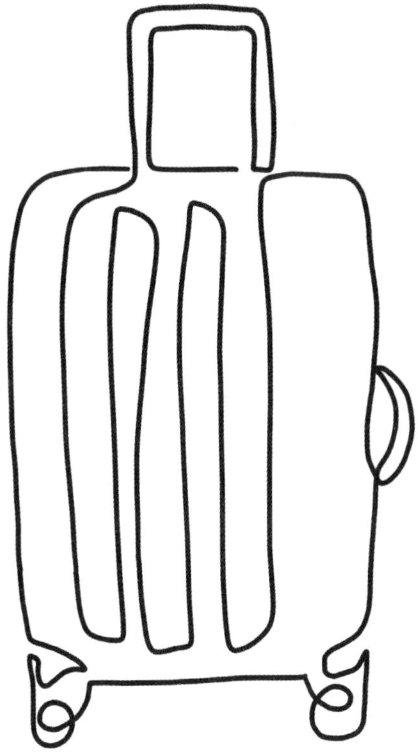
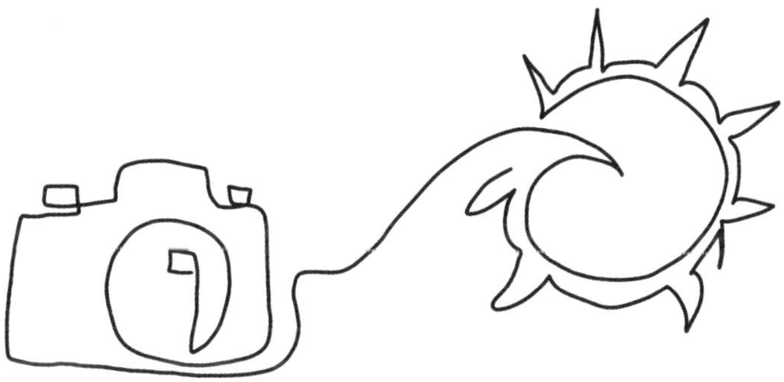
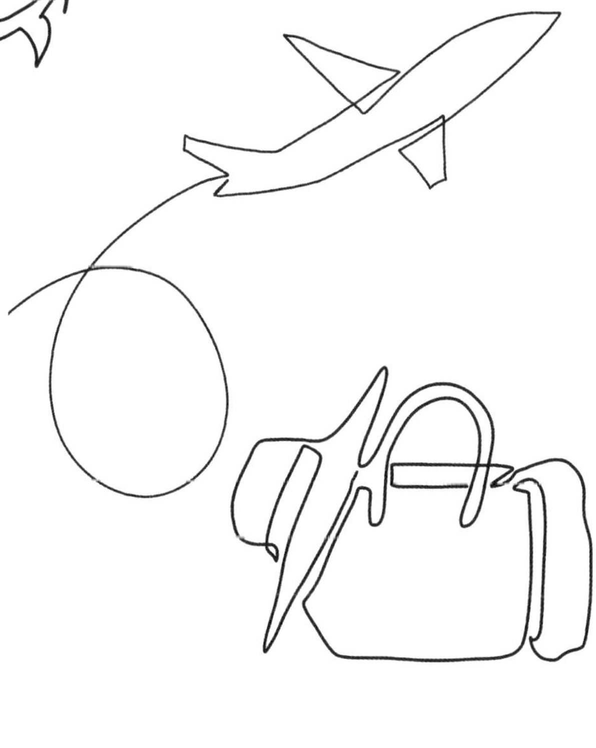
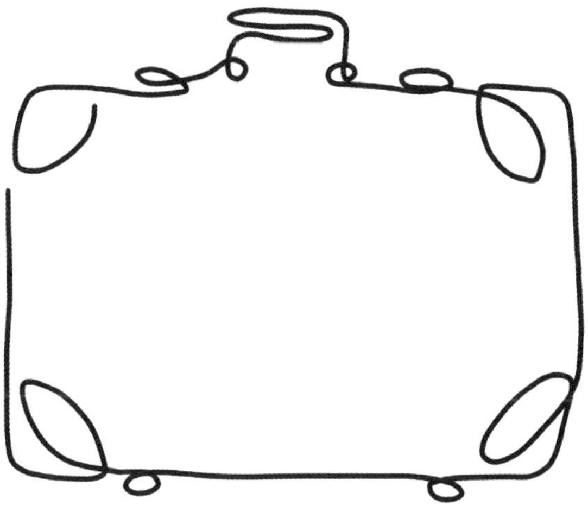

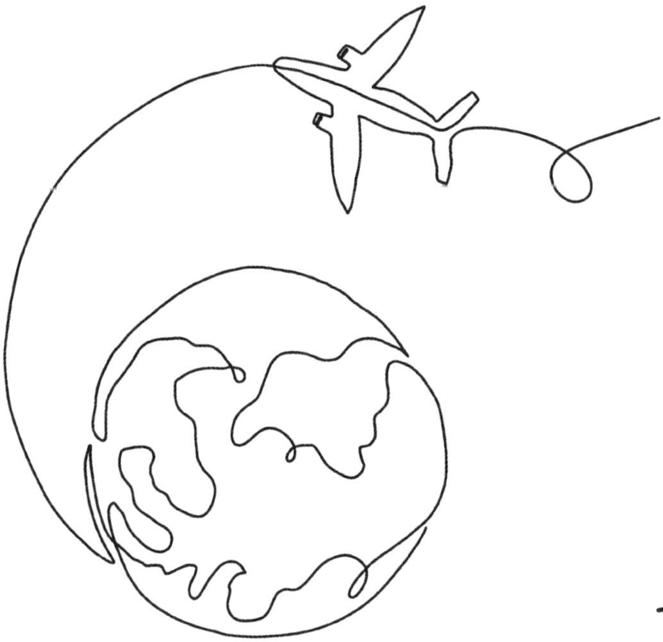

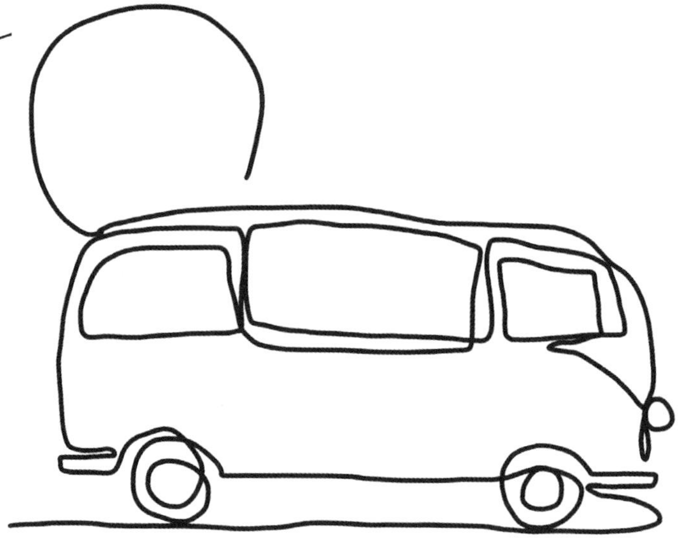

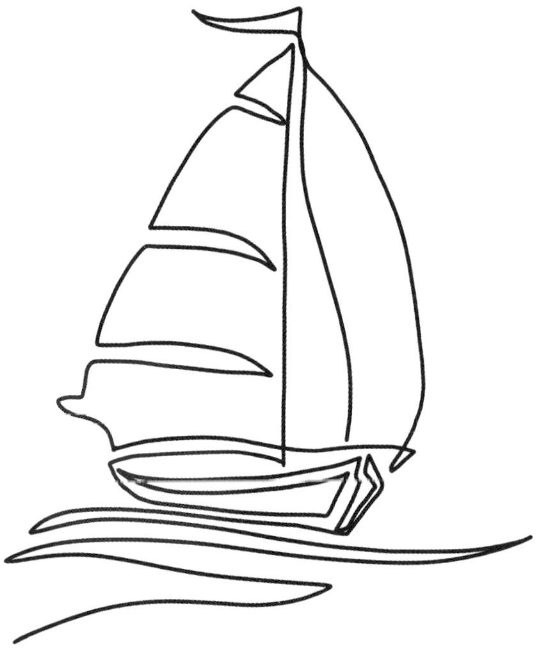

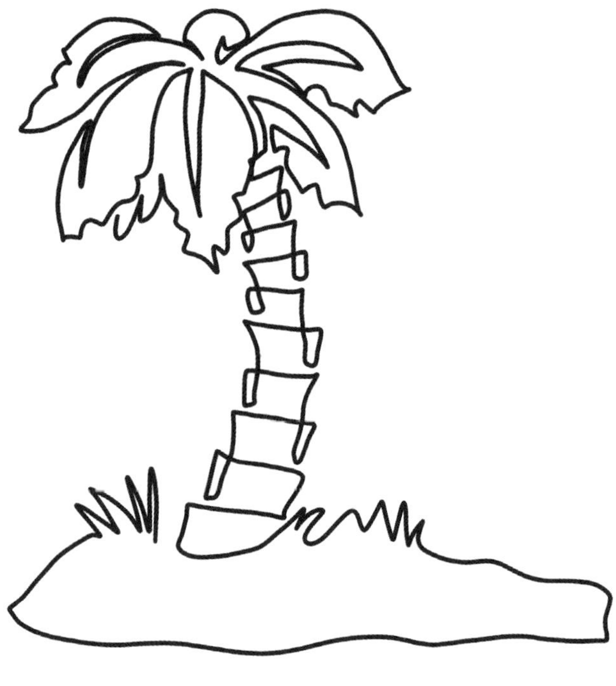

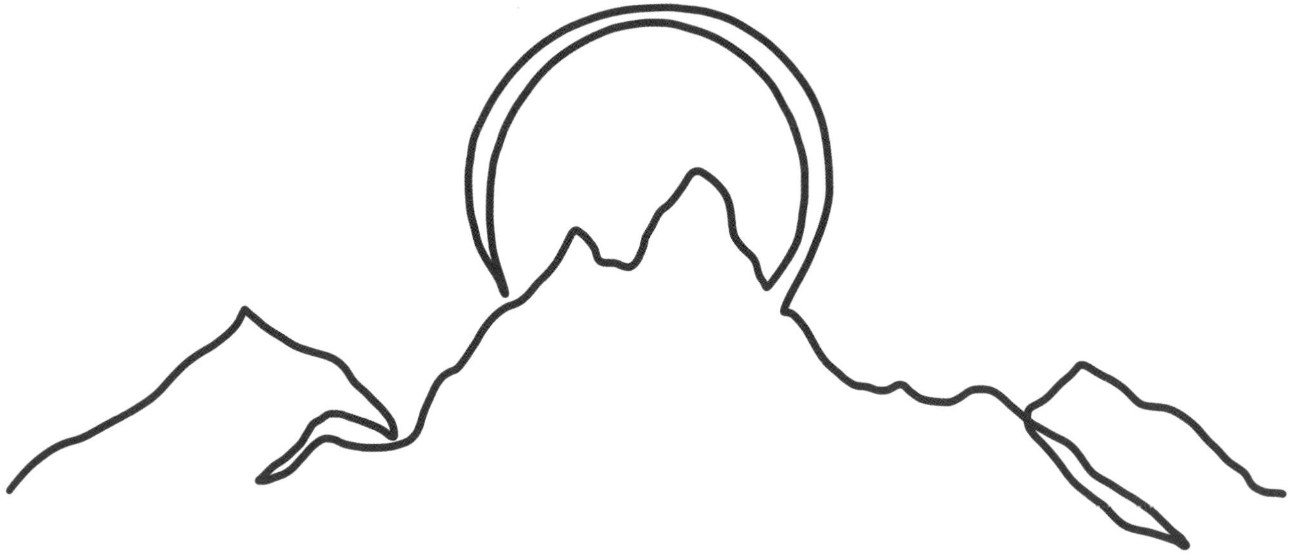

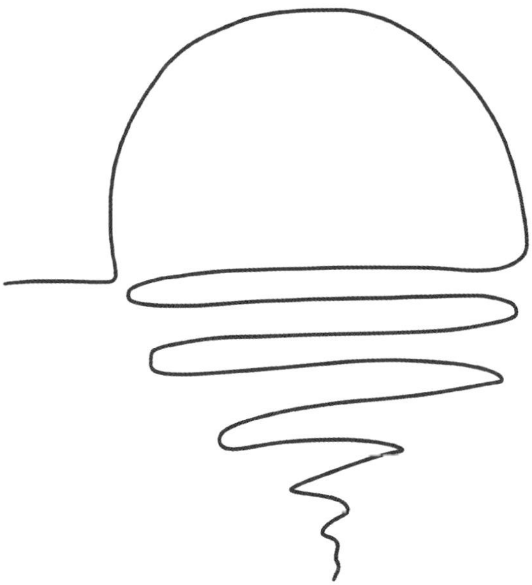

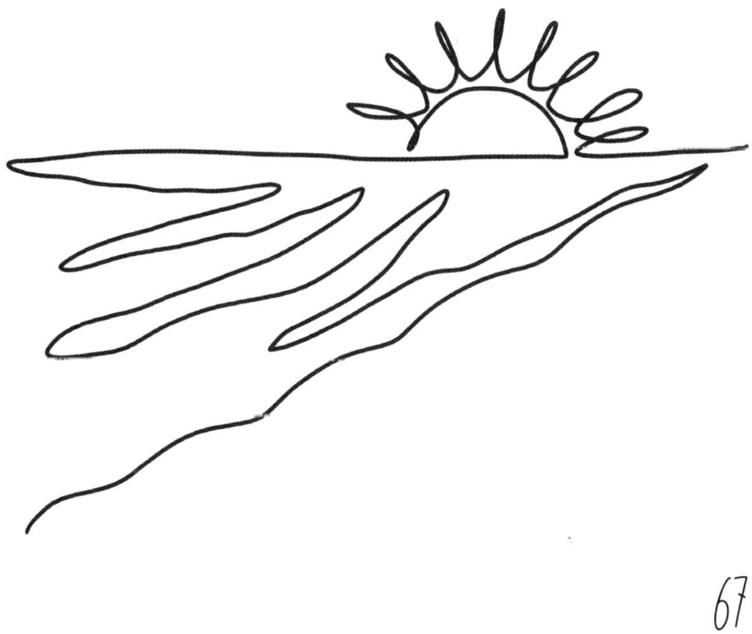

Unterwasserwelt

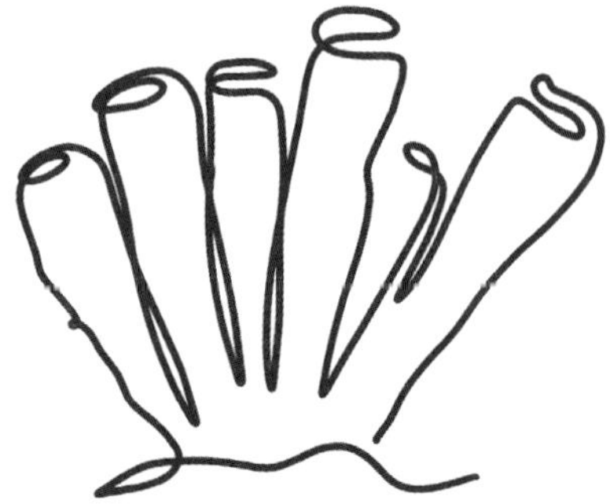

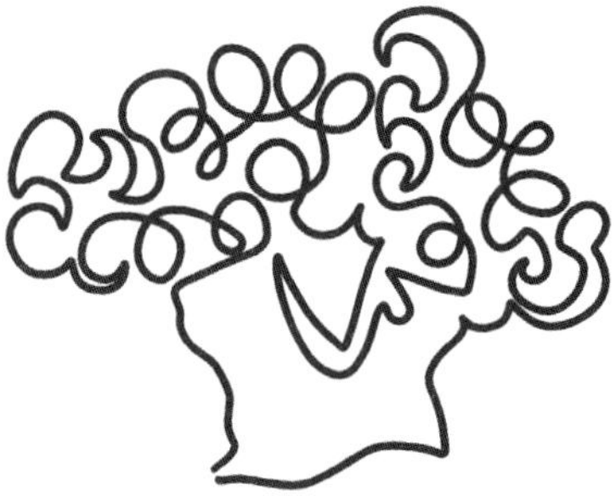

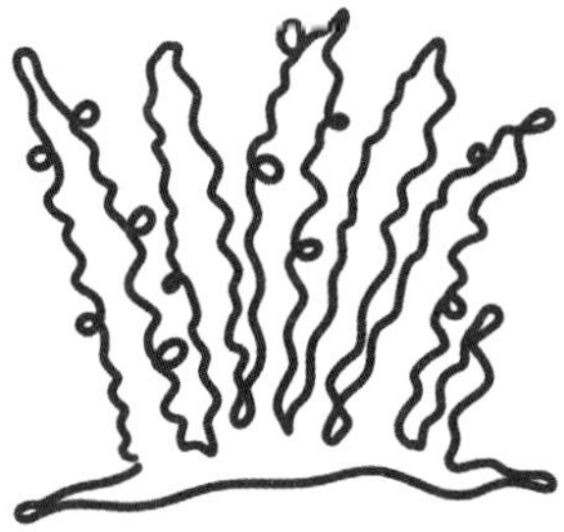

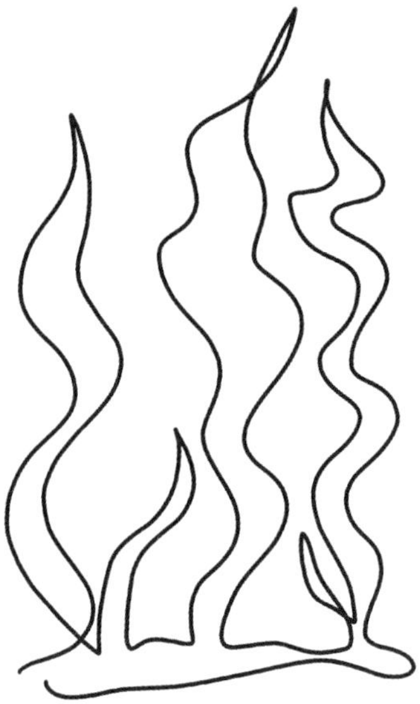

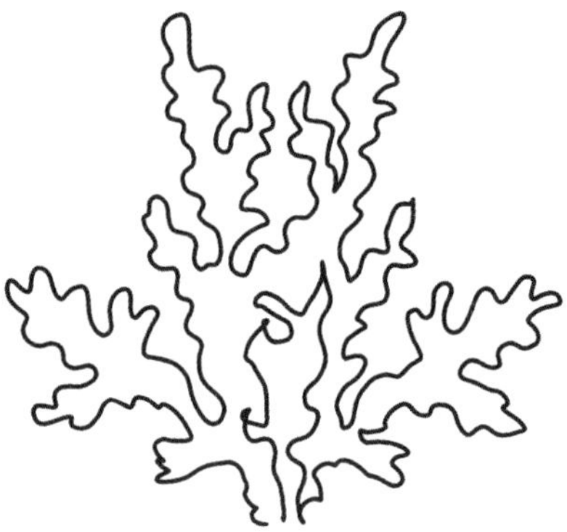

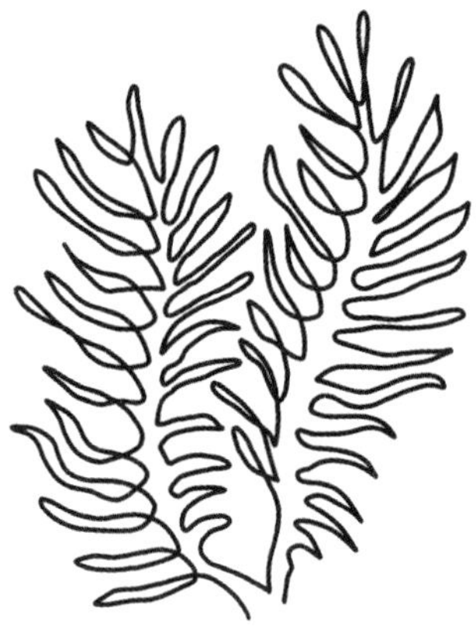

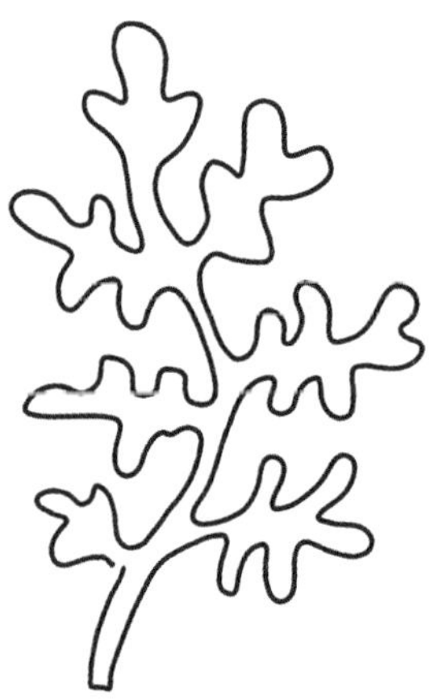

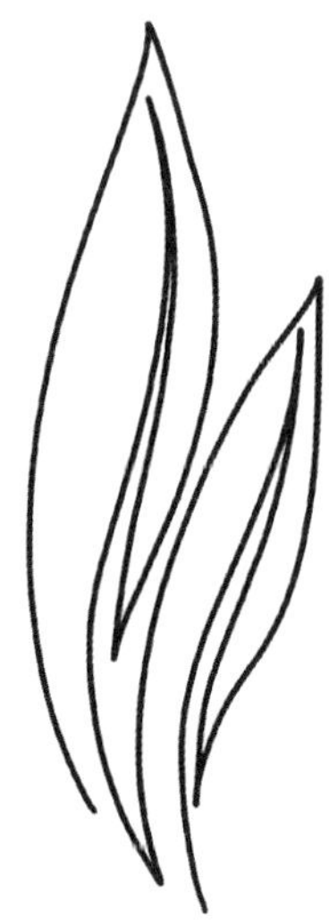

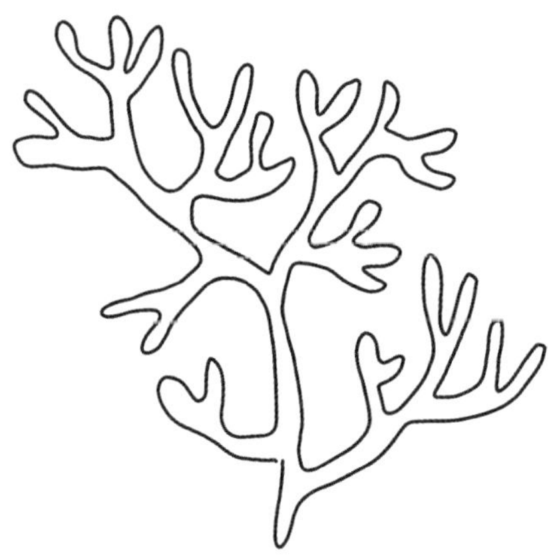

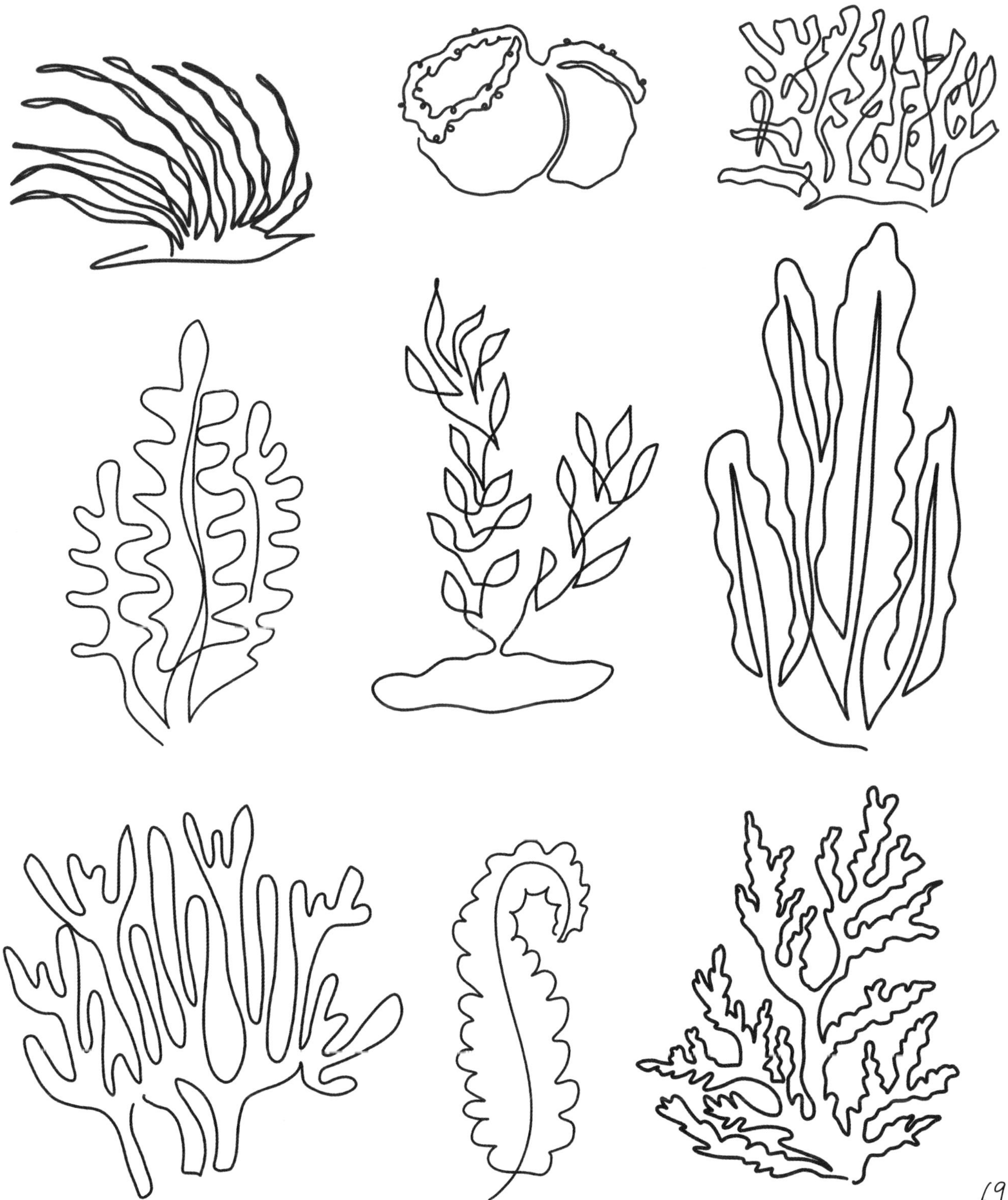

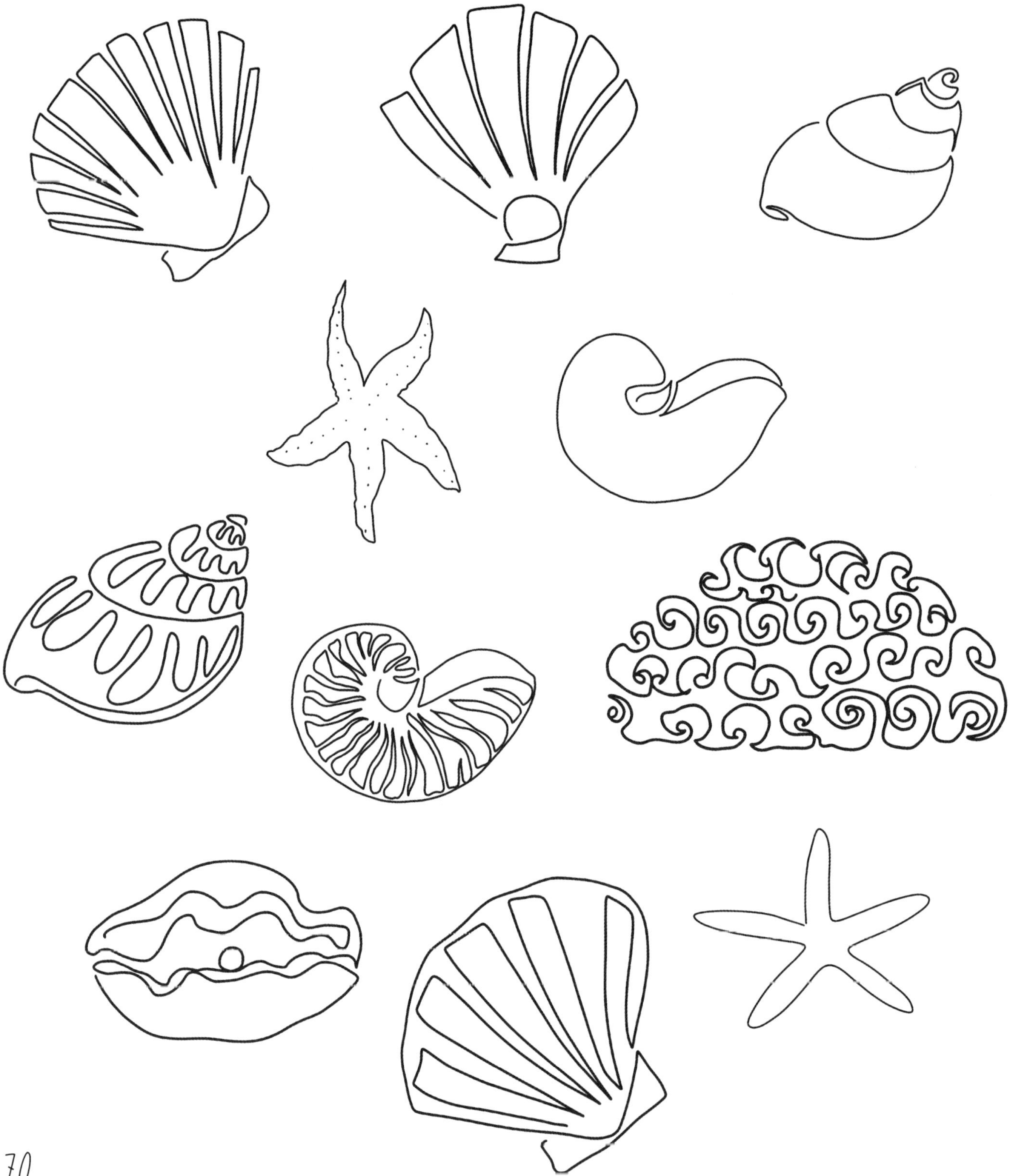

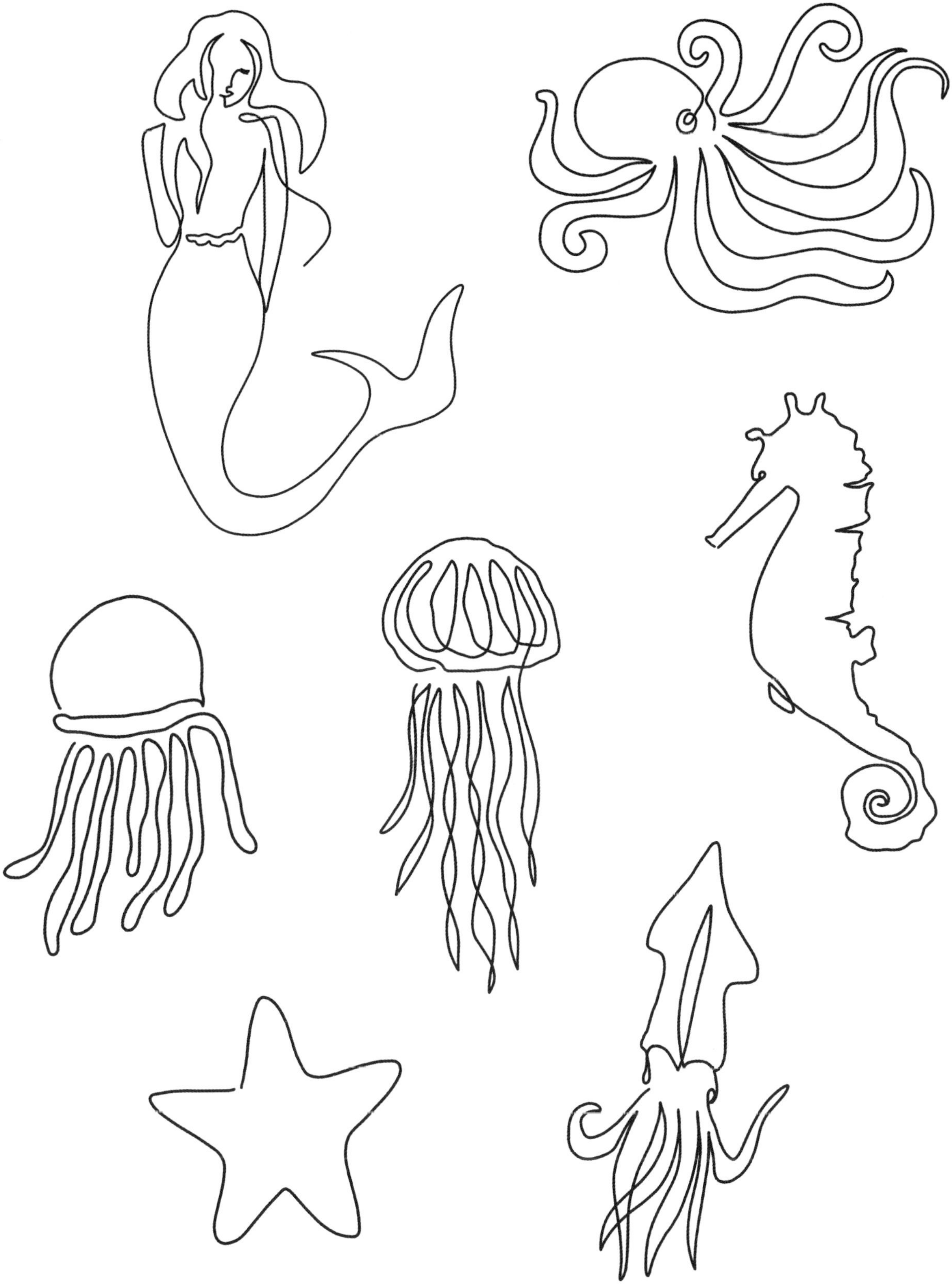

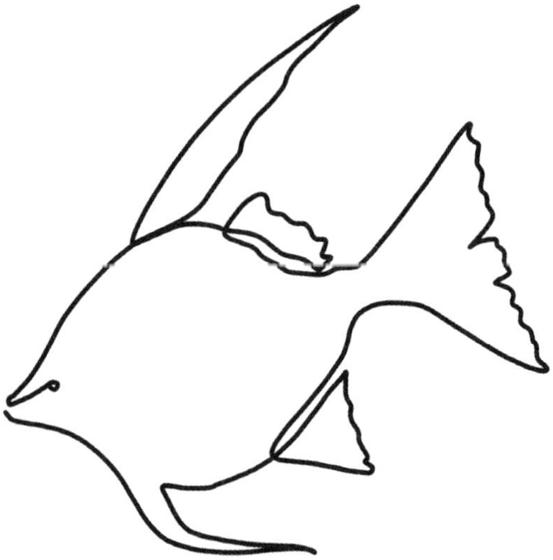
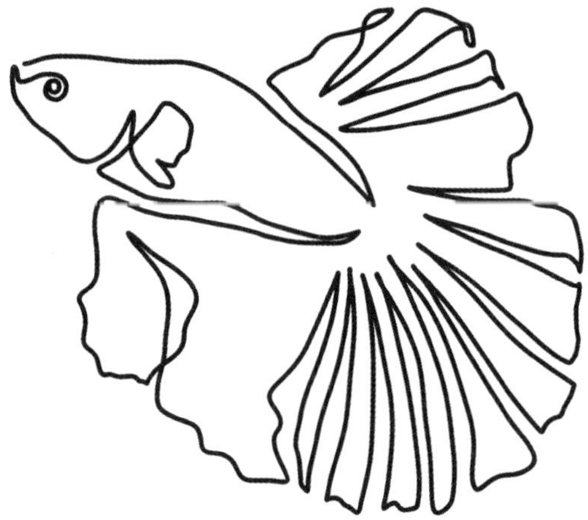
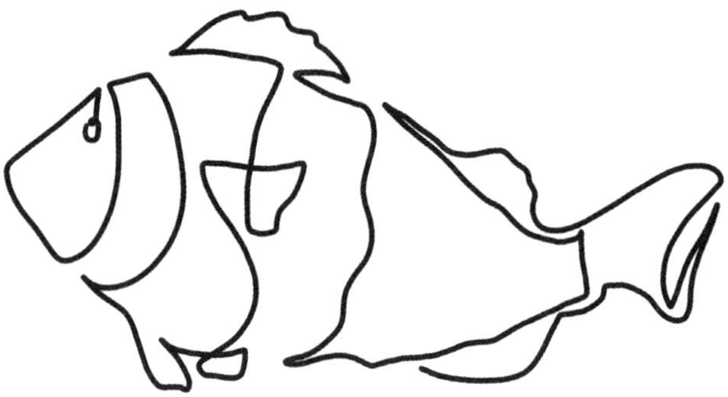
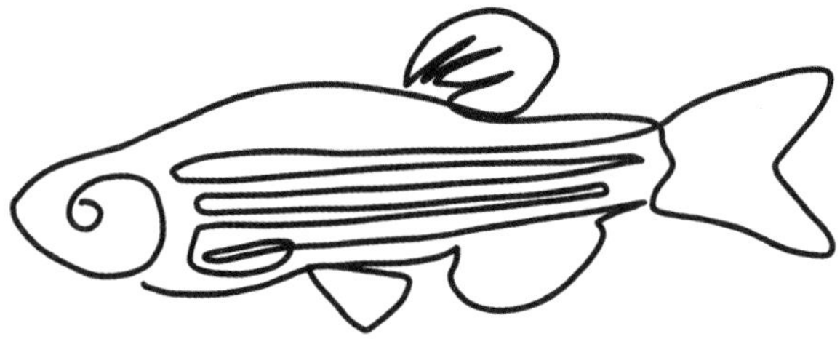
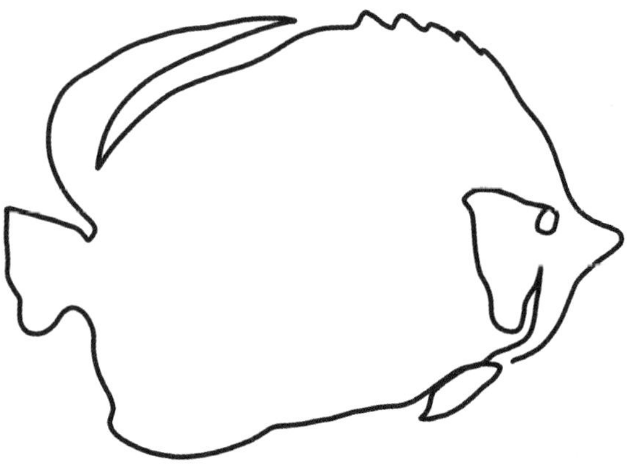
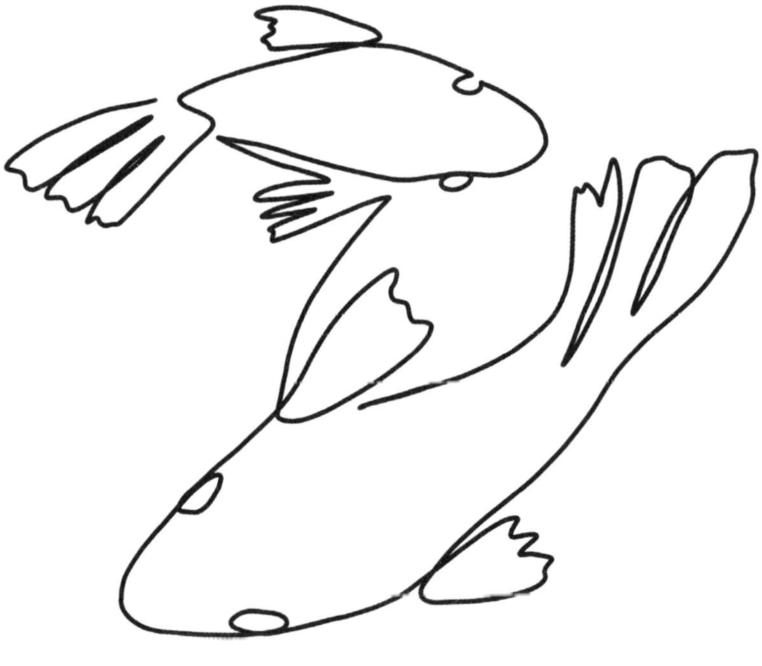

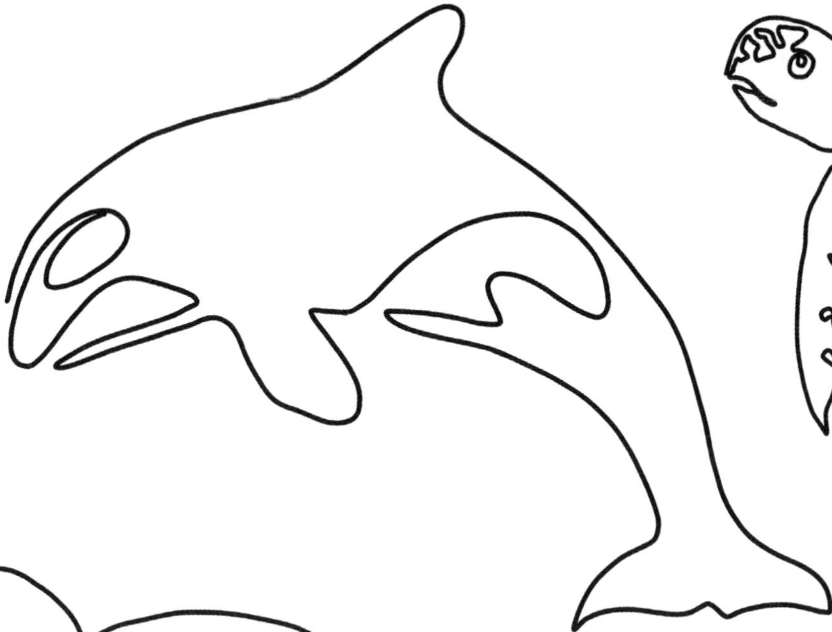
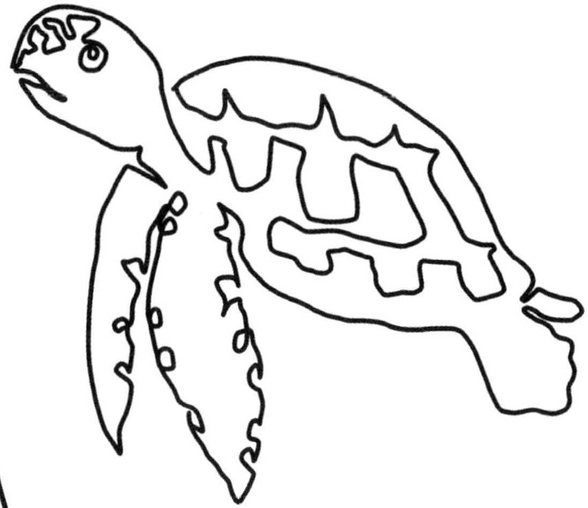
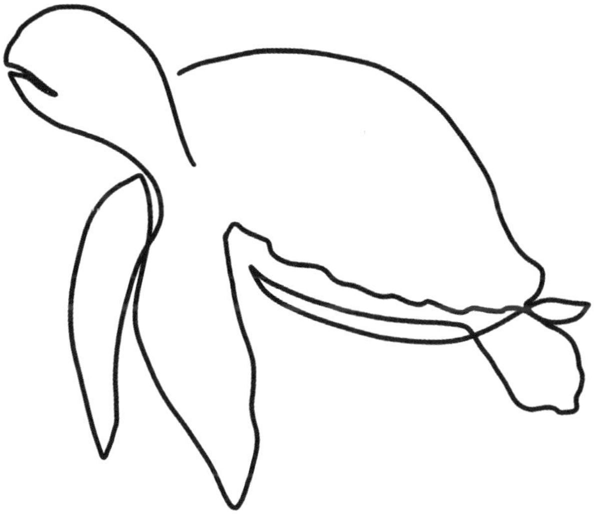
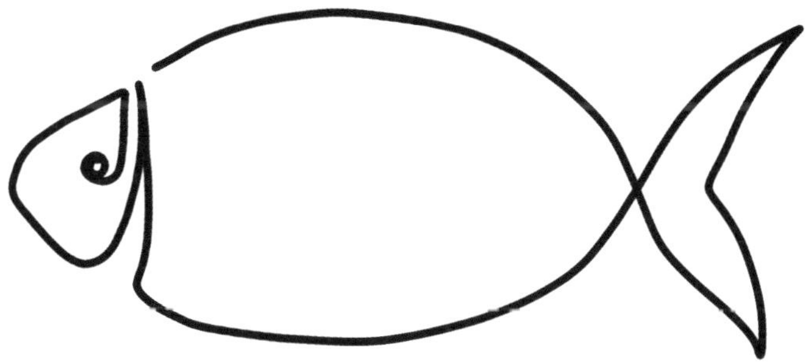
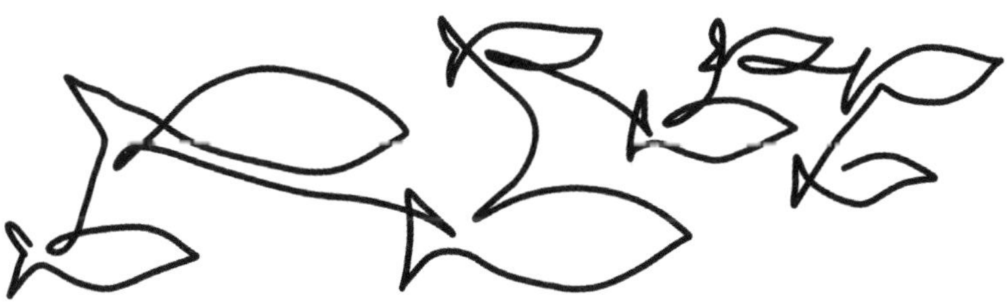
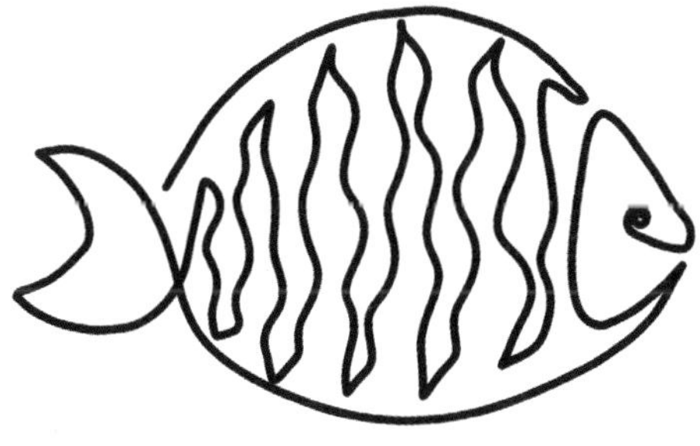

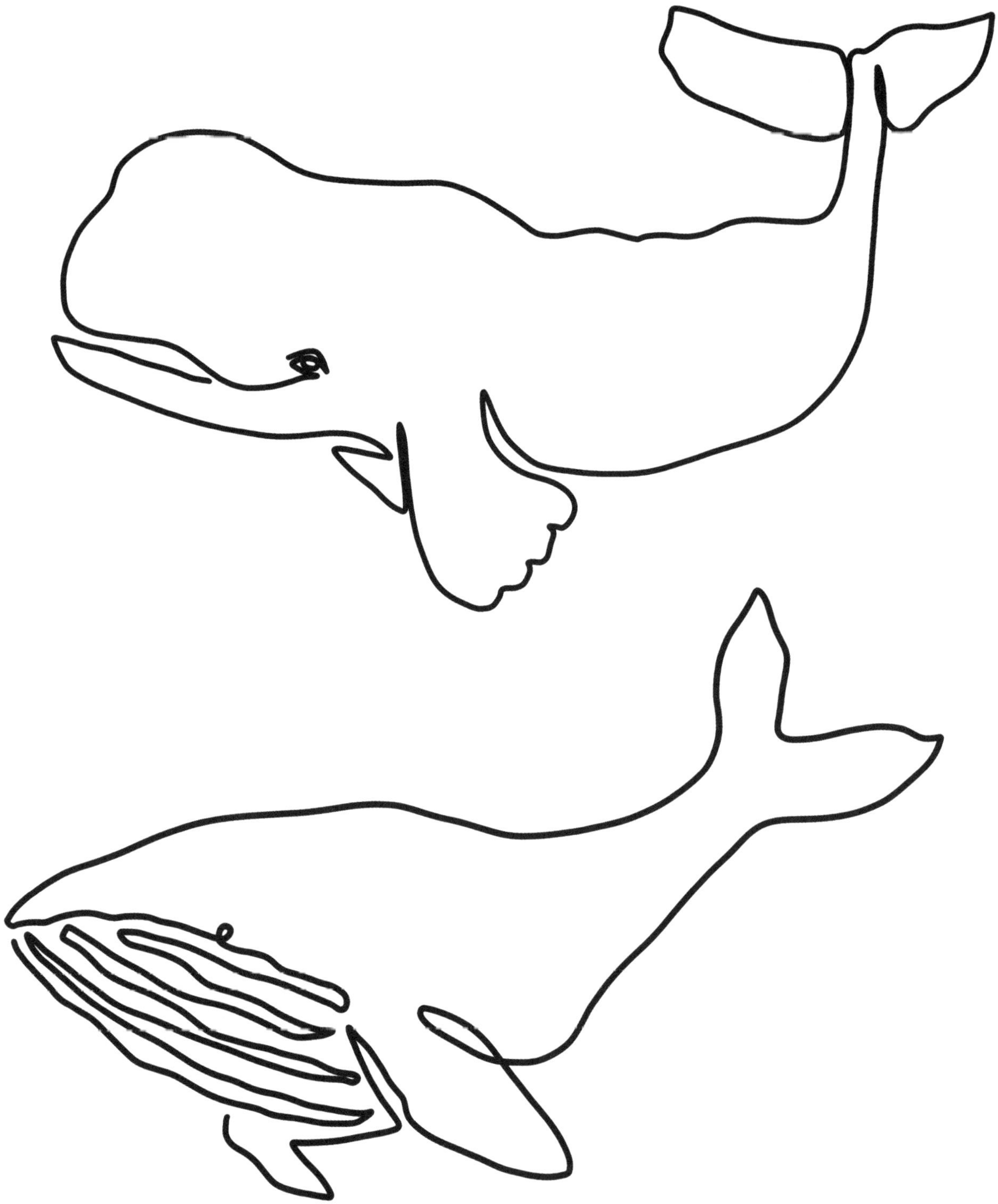

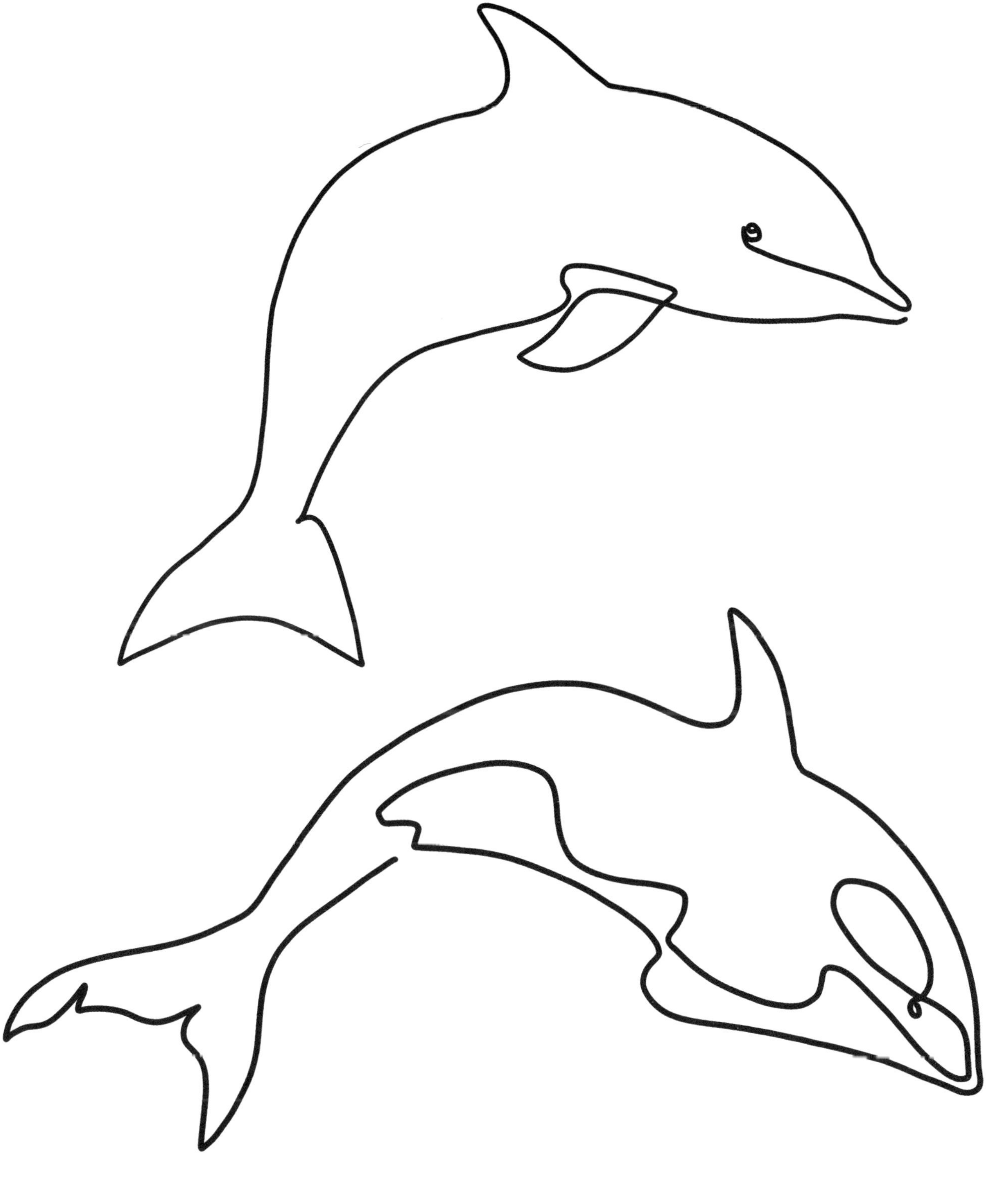

Tiere

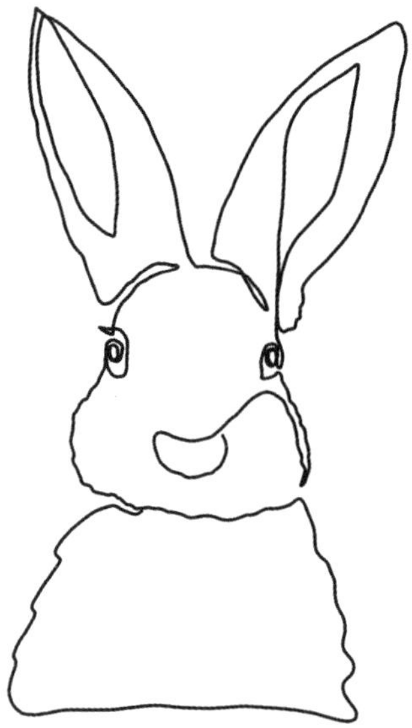

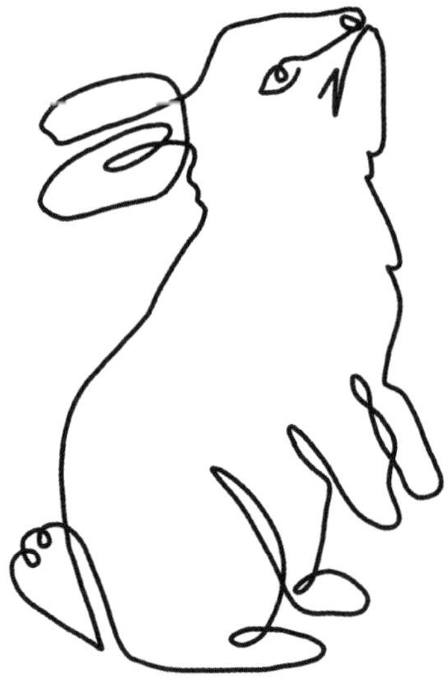

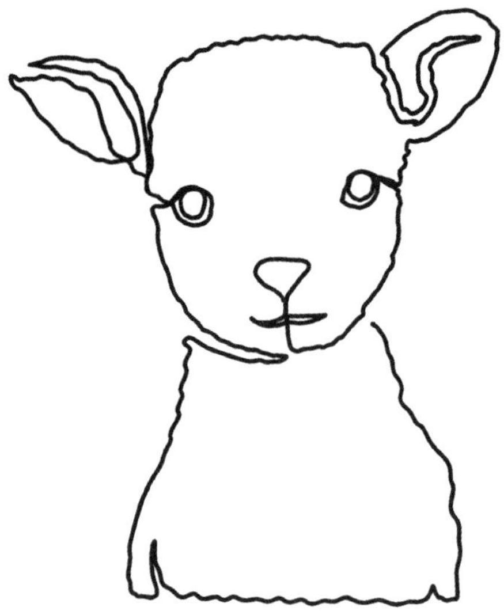

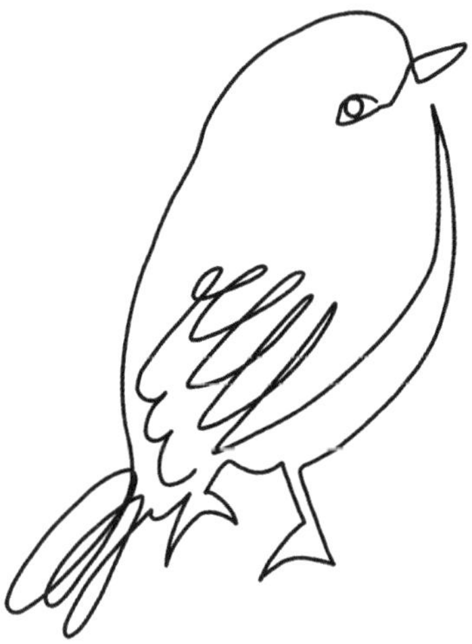

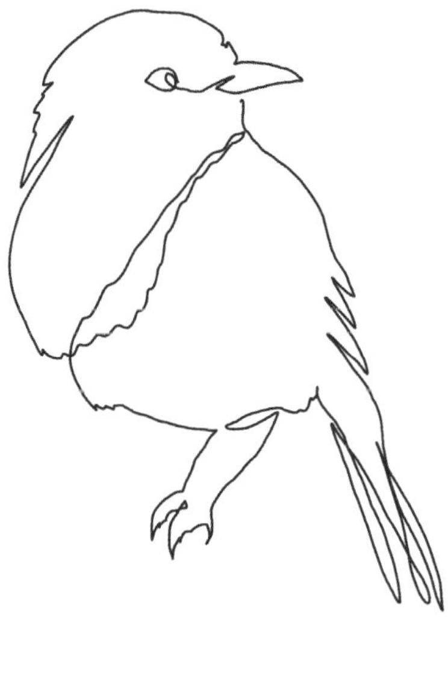

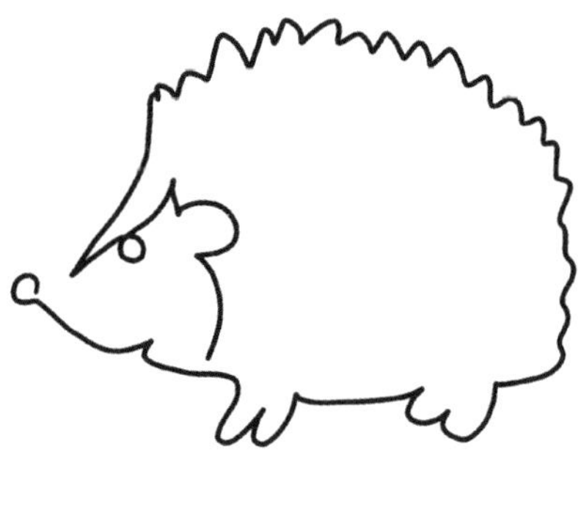

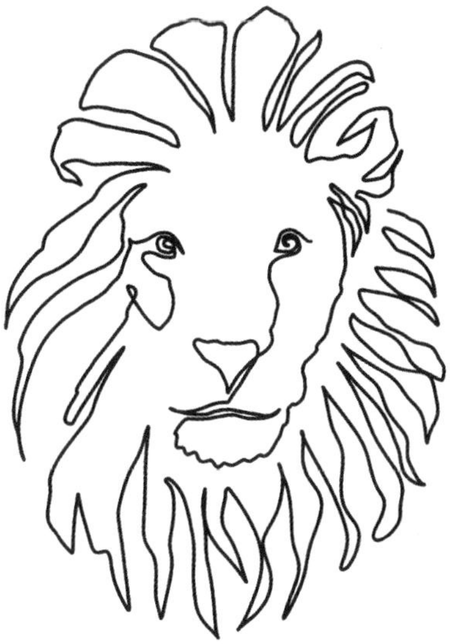
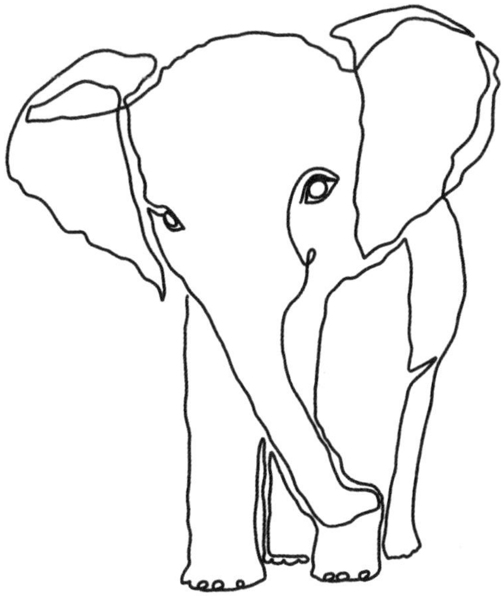
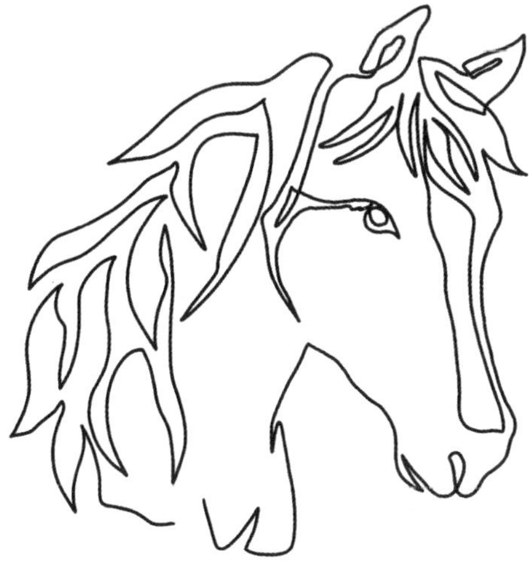
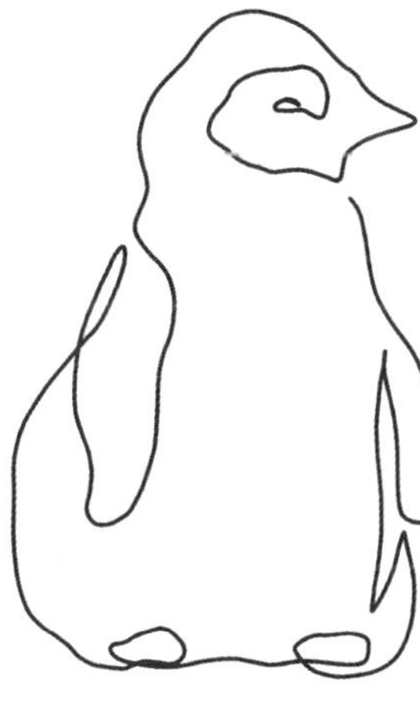
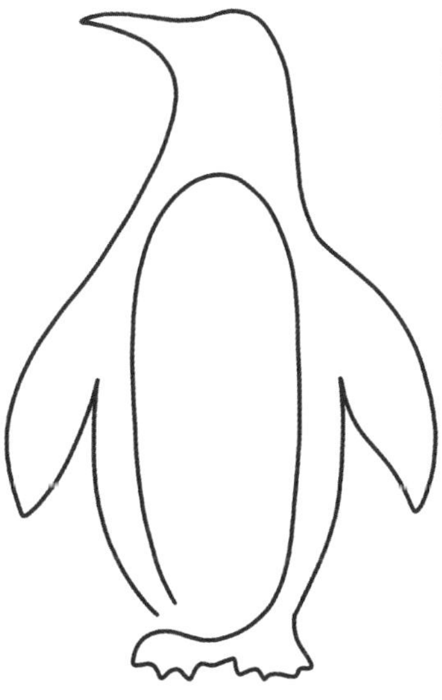
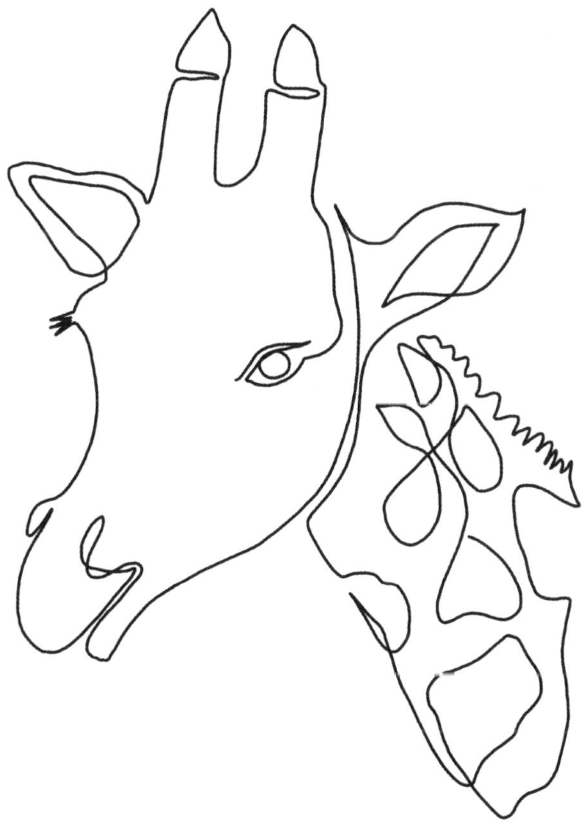

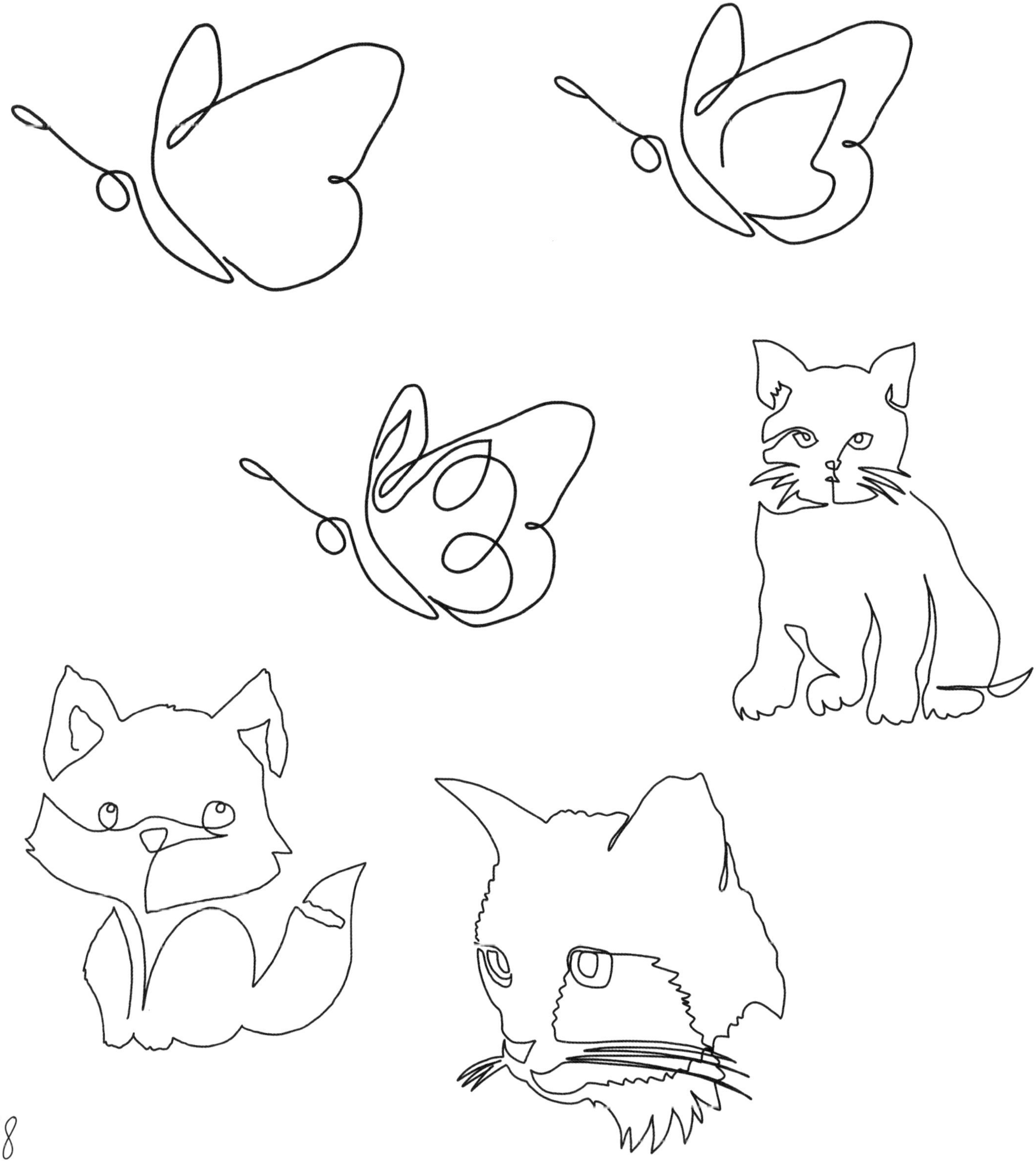

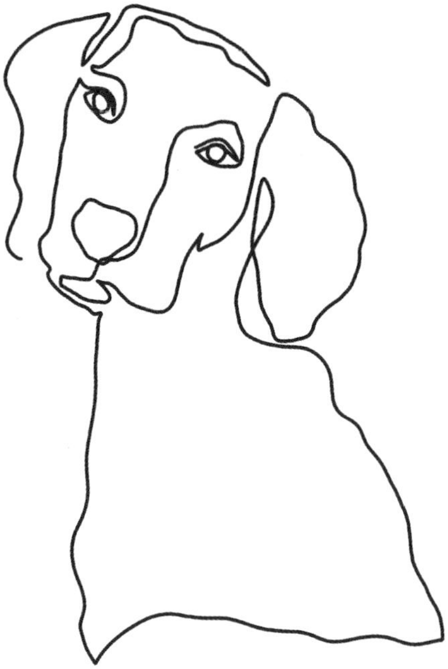

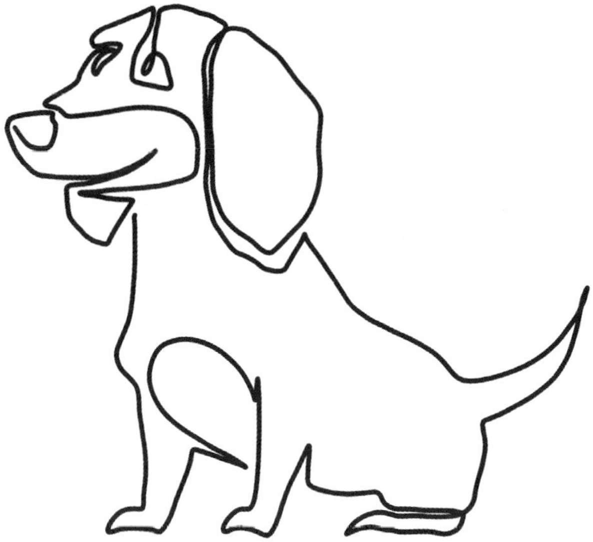

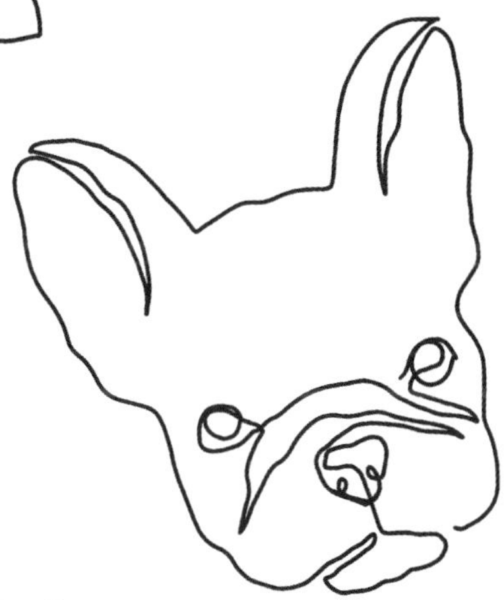

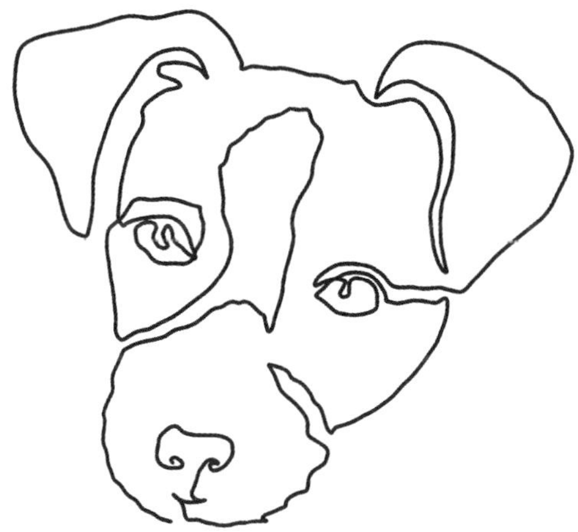

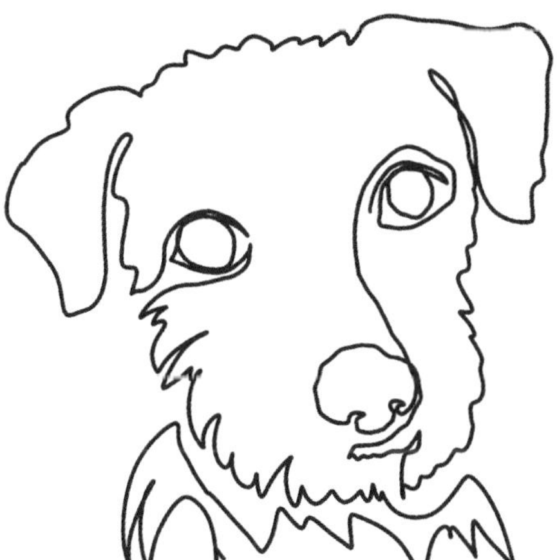

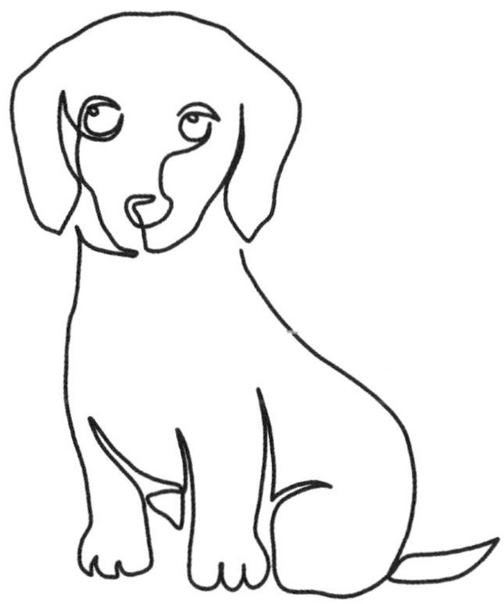

Porträts

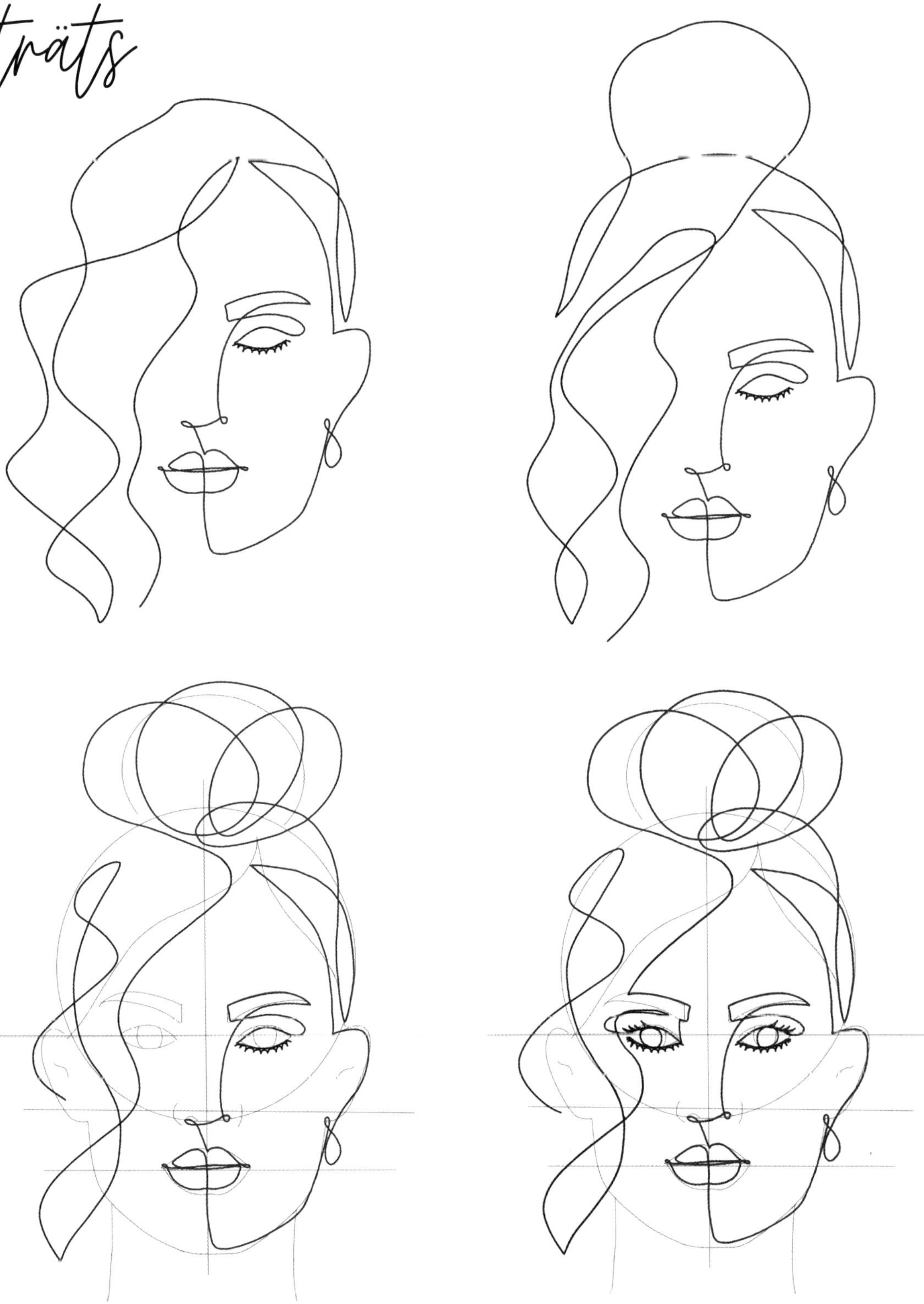

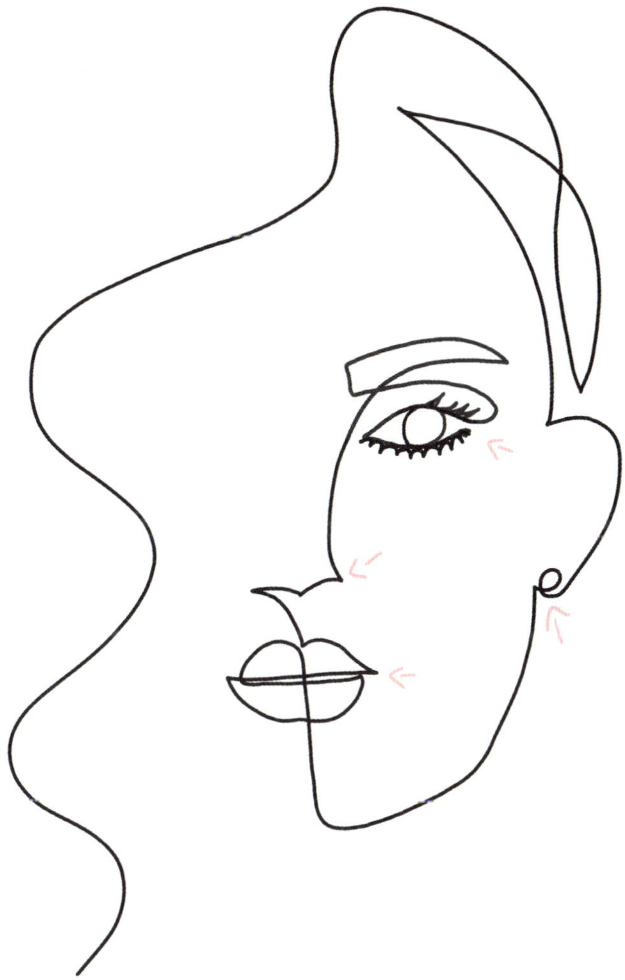

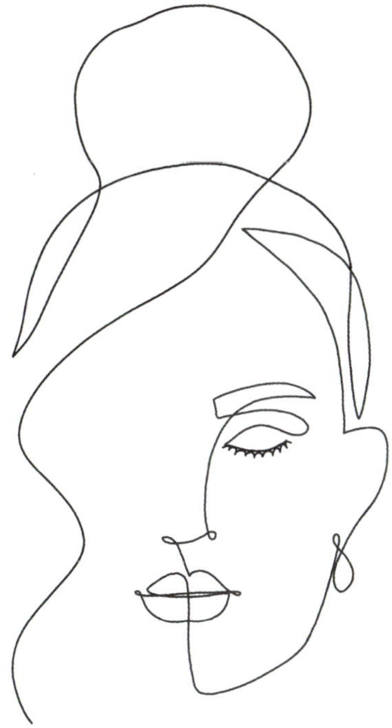

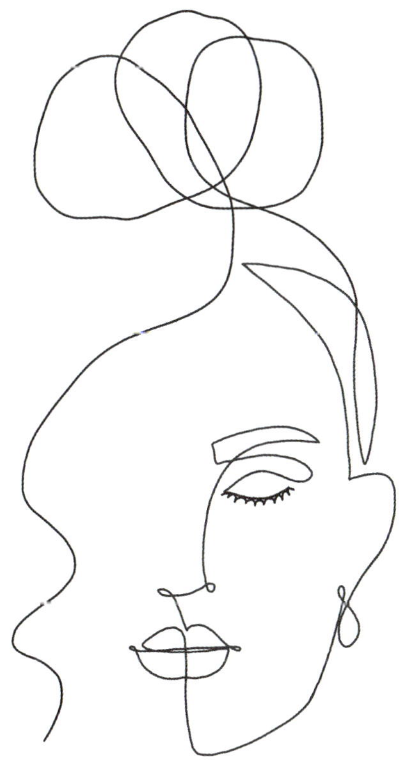

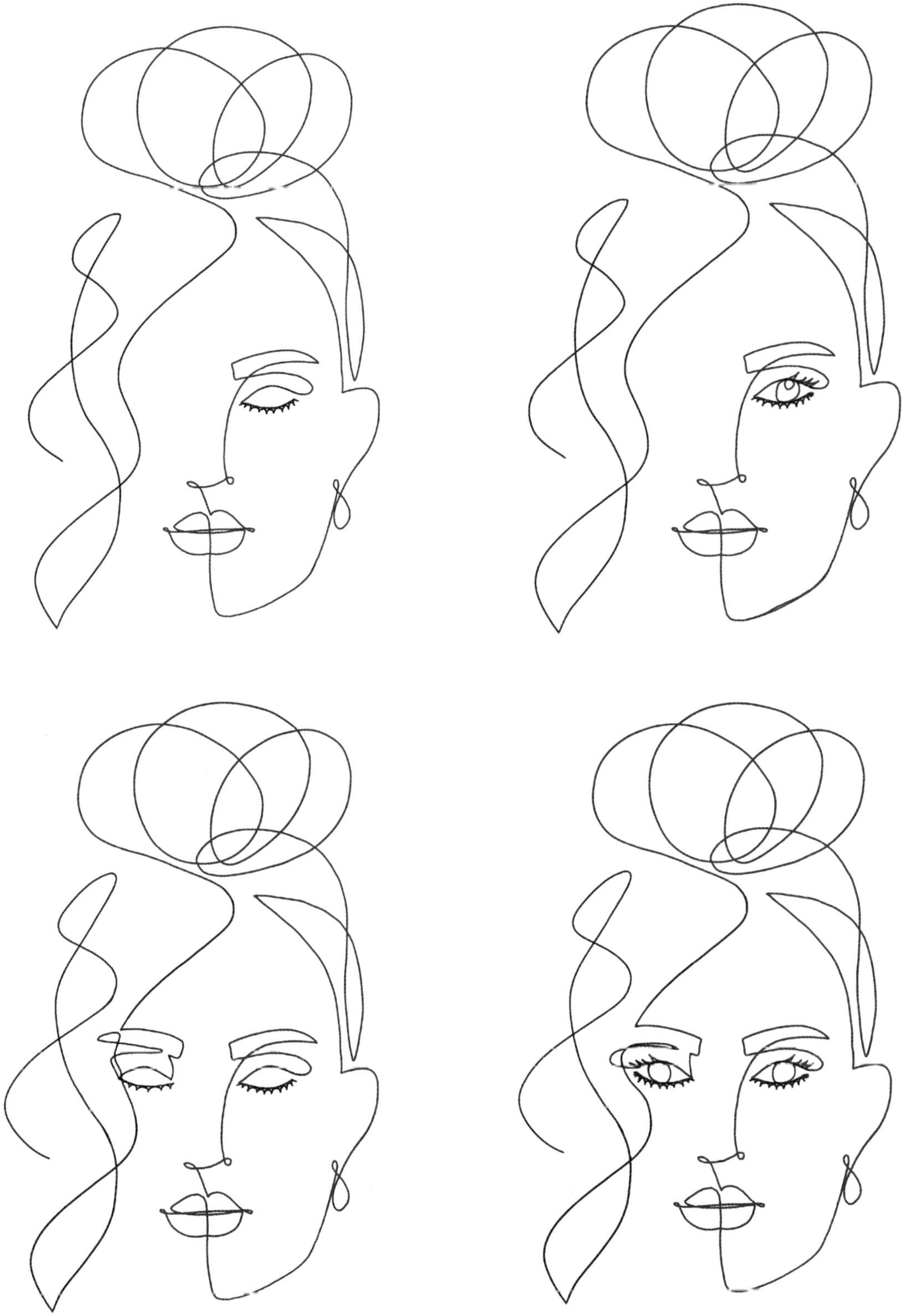

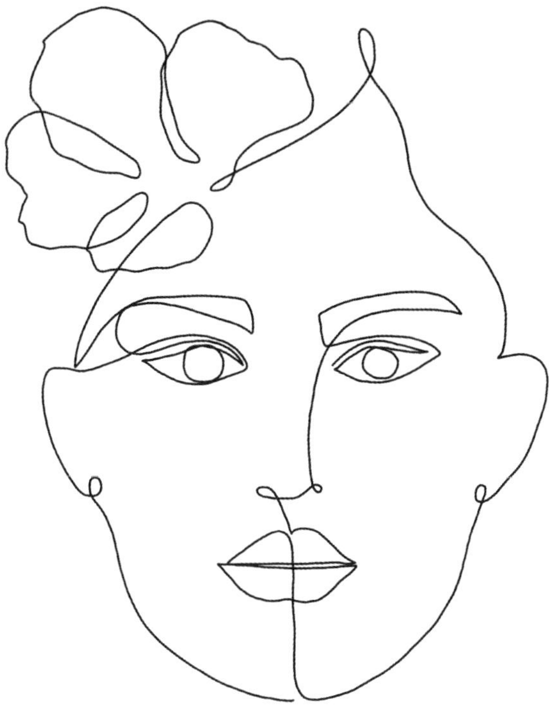

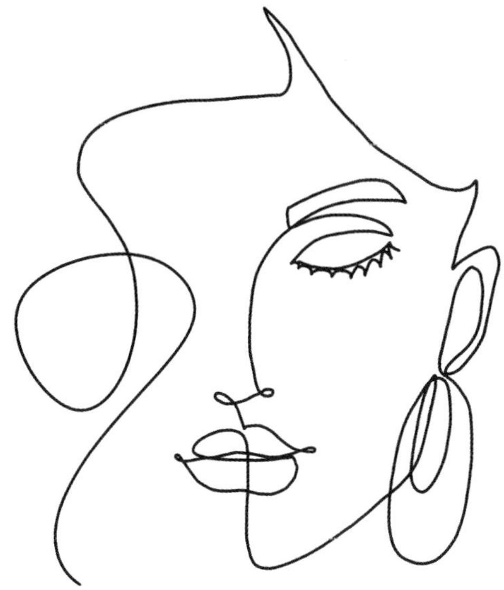

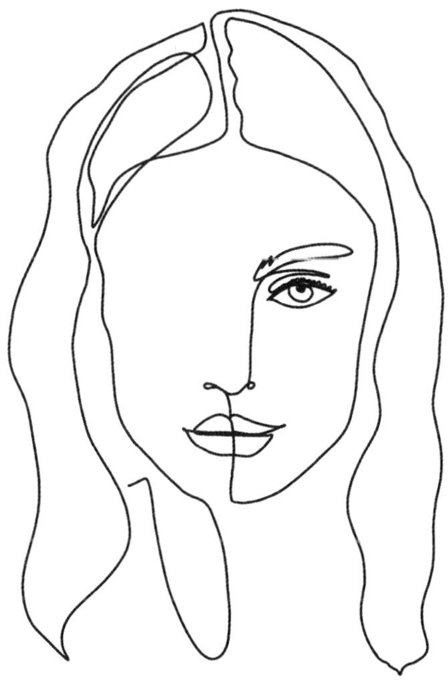

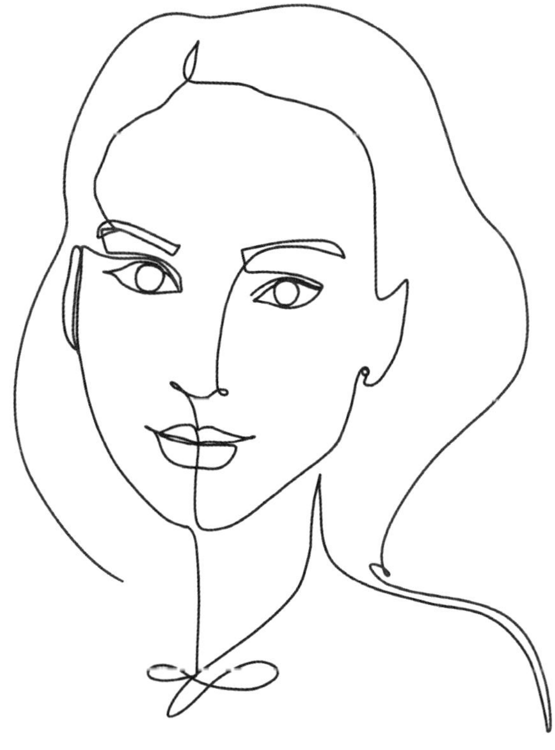

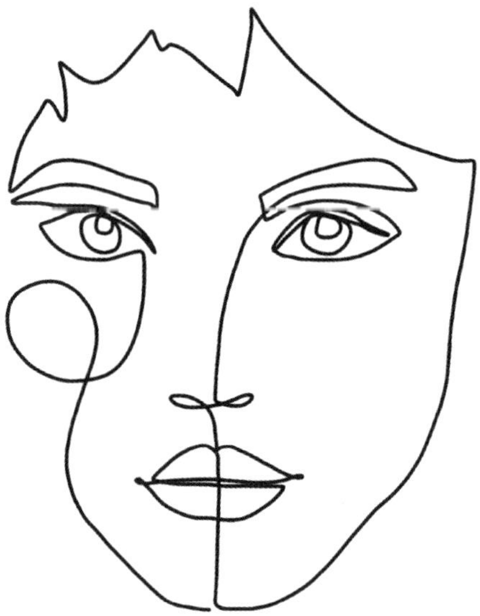

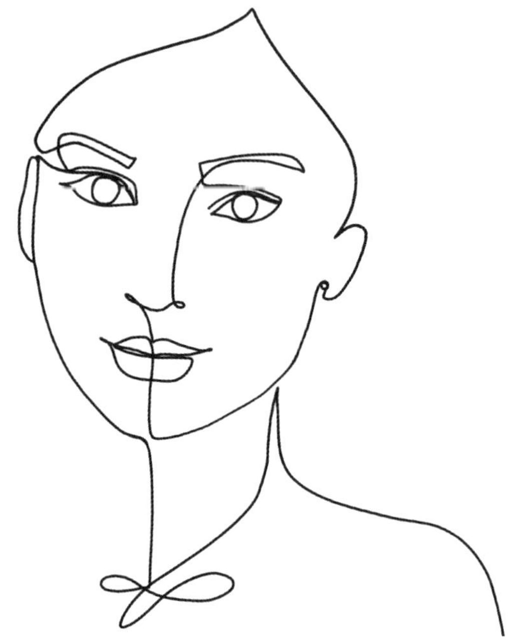

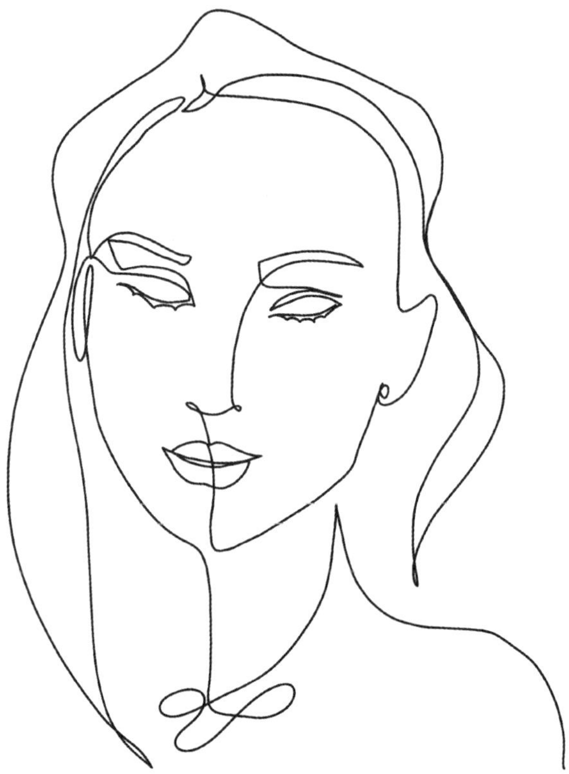

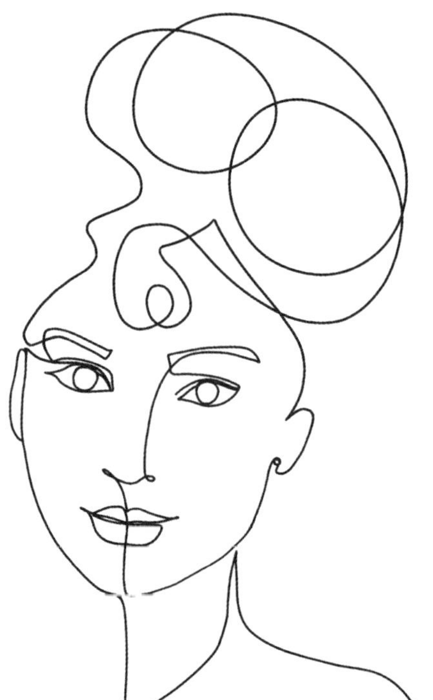

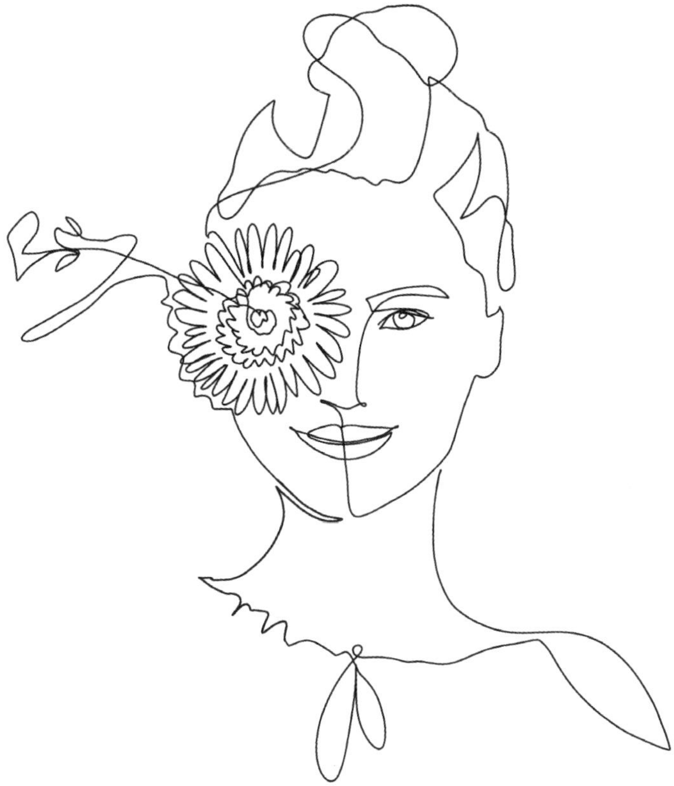
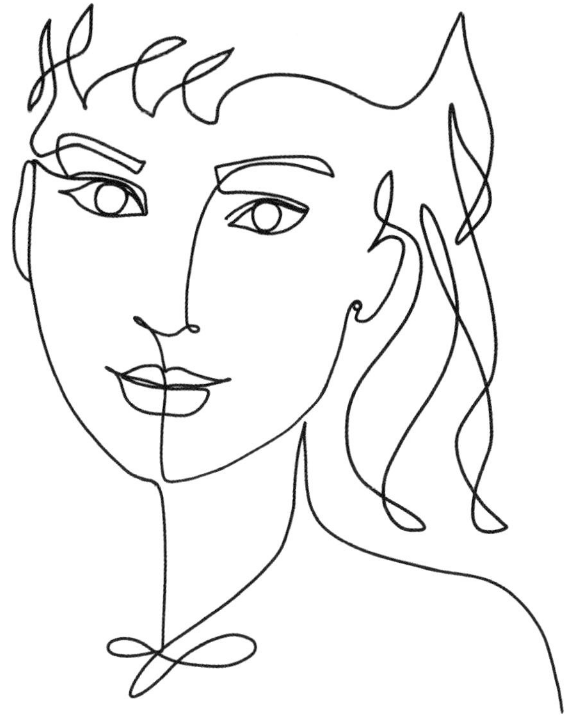
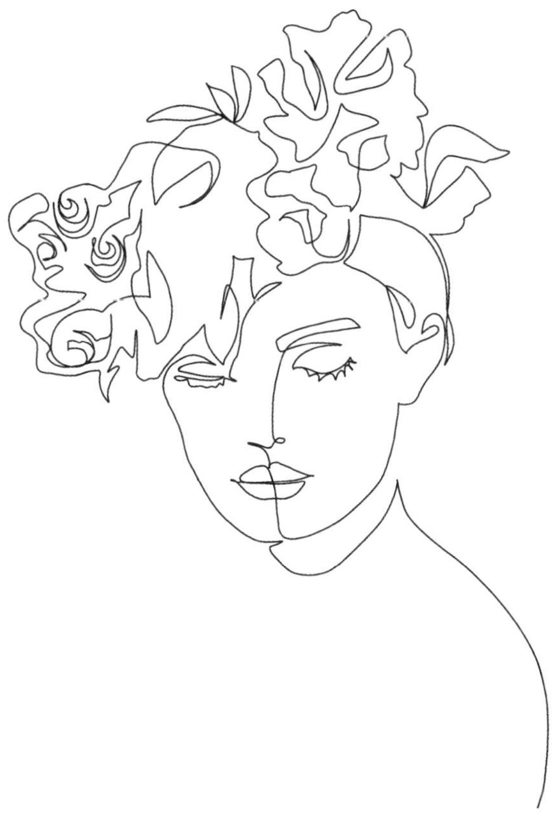
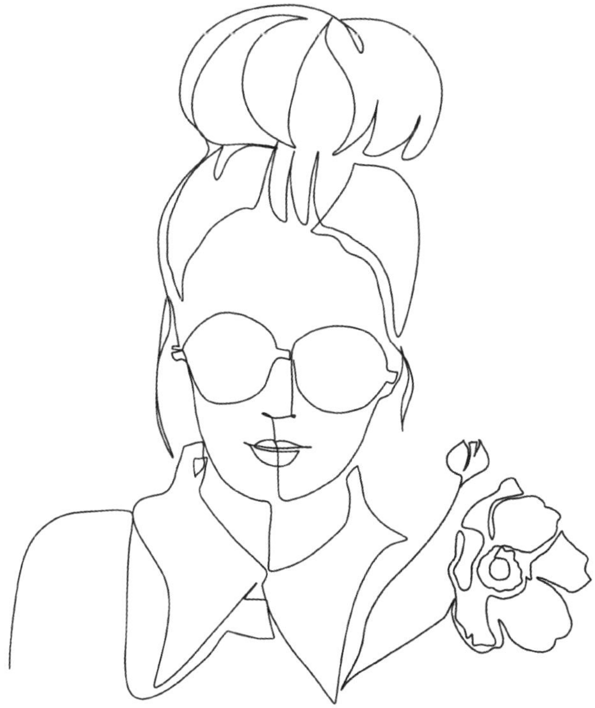

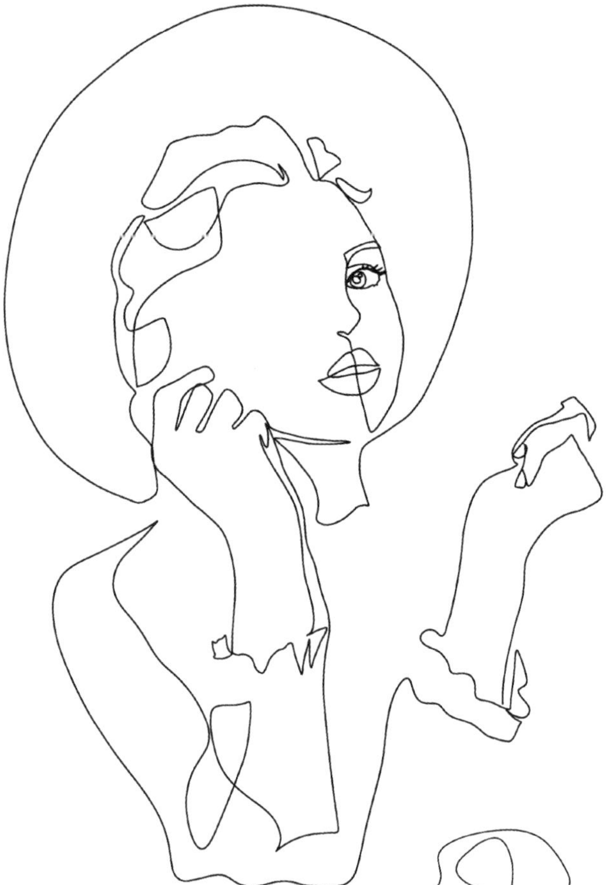

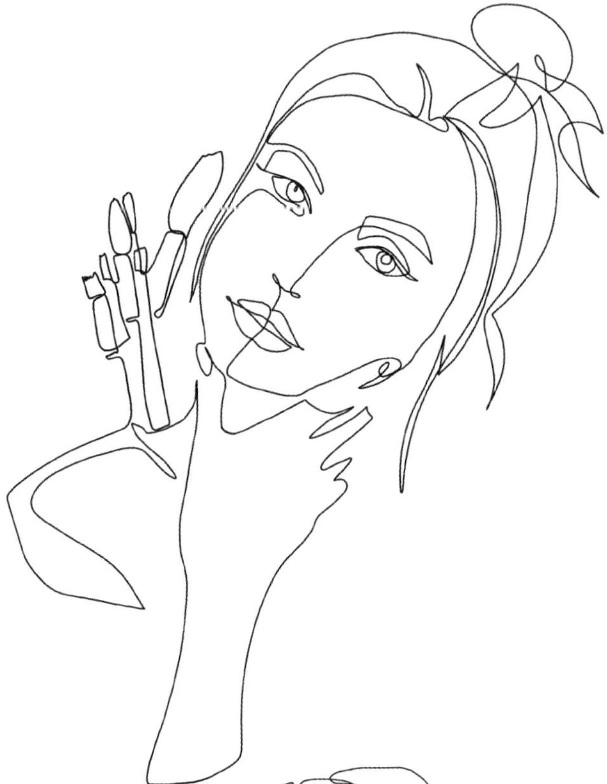

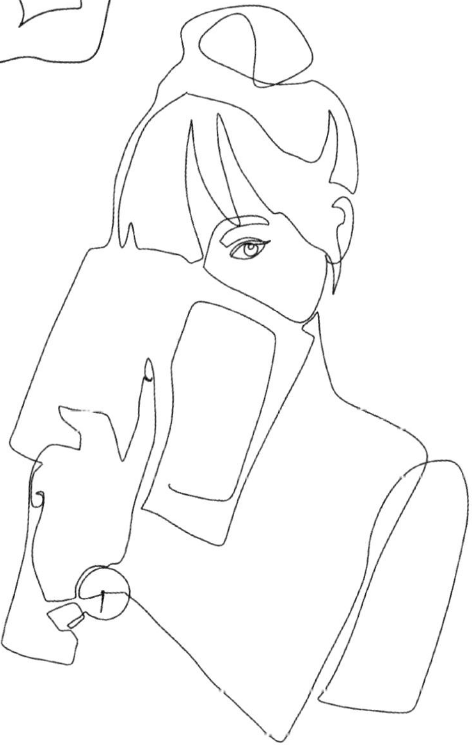

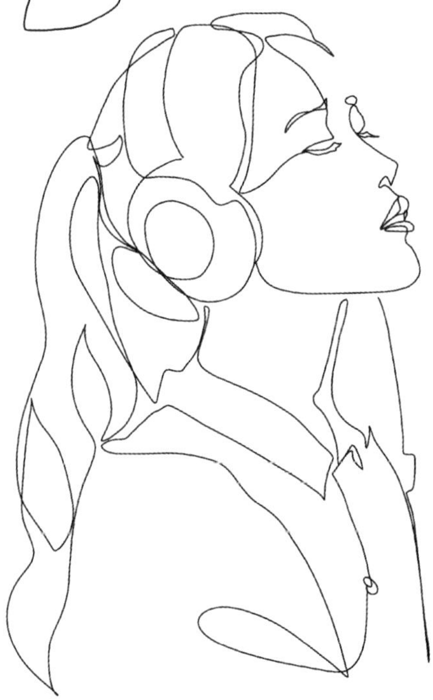

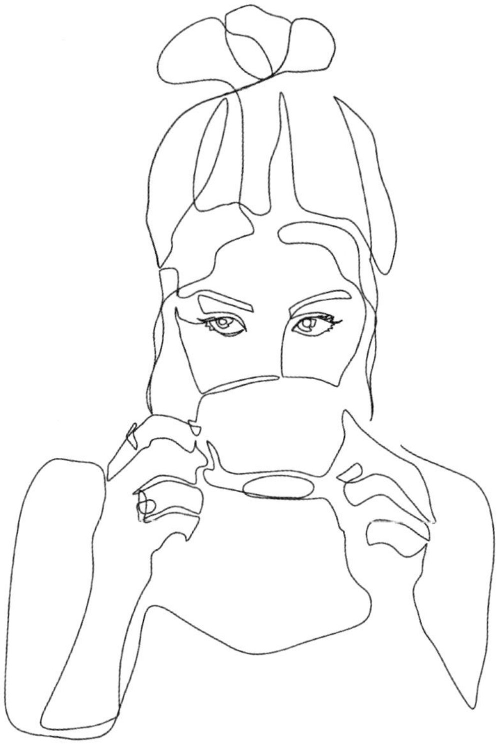

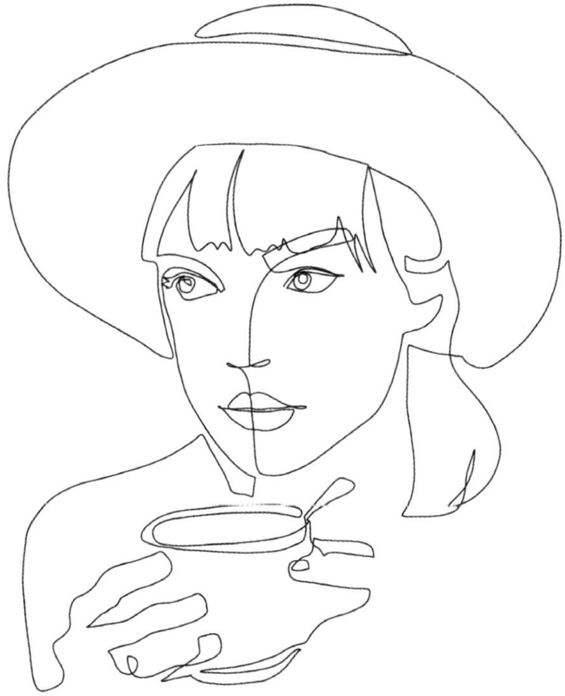

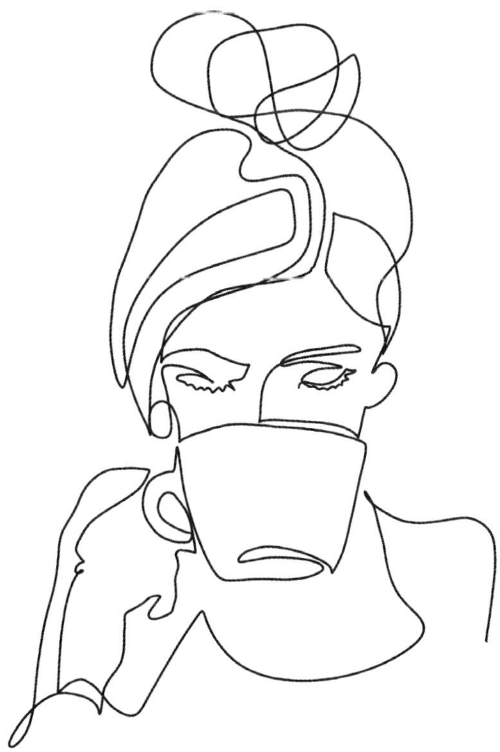

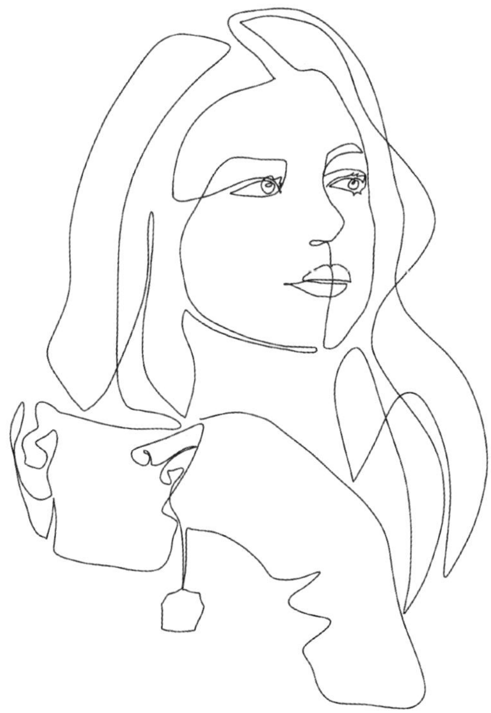

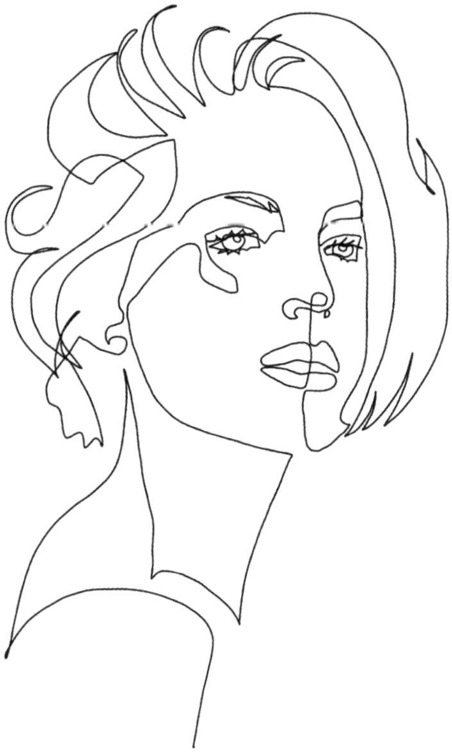

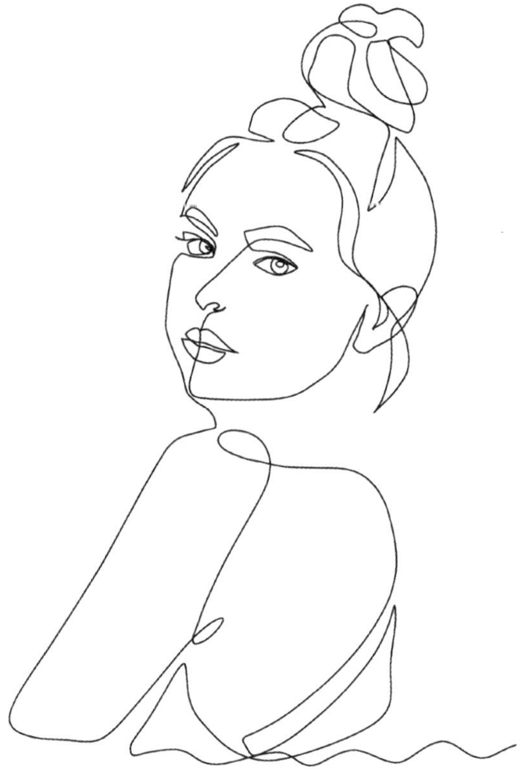

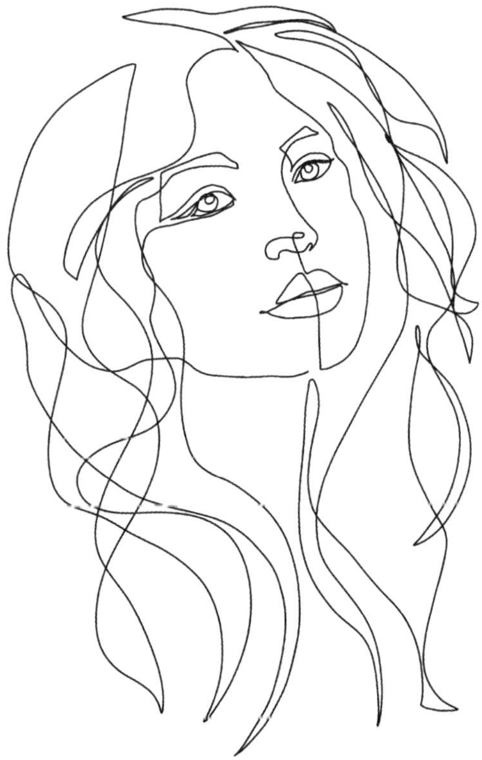

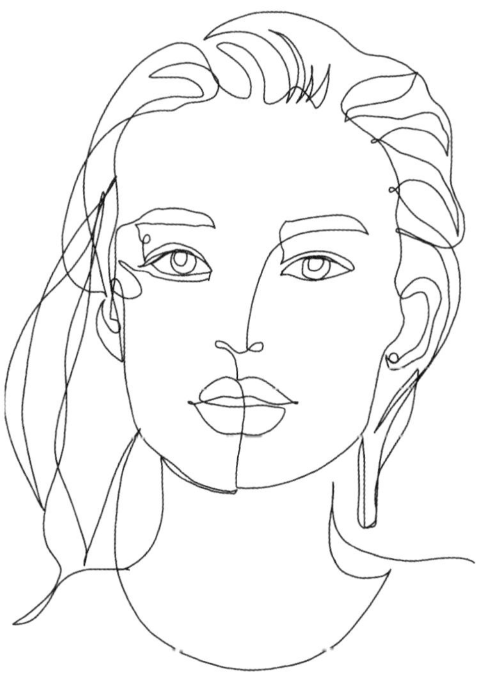

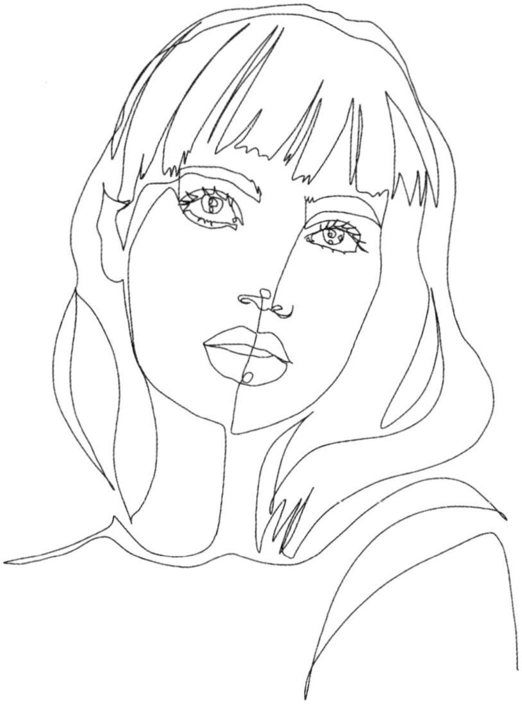
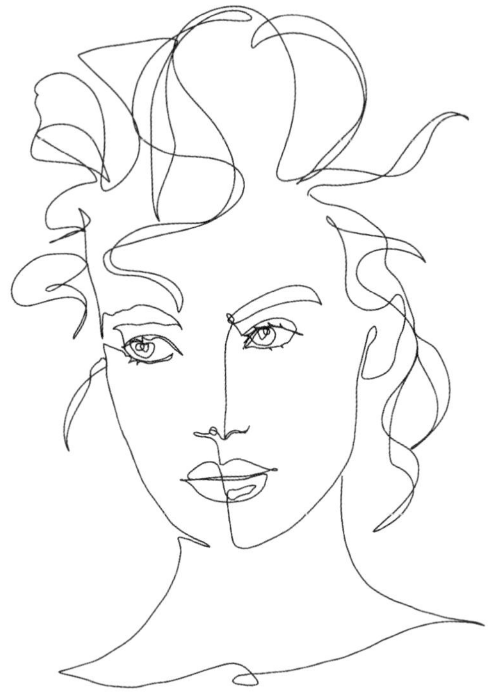
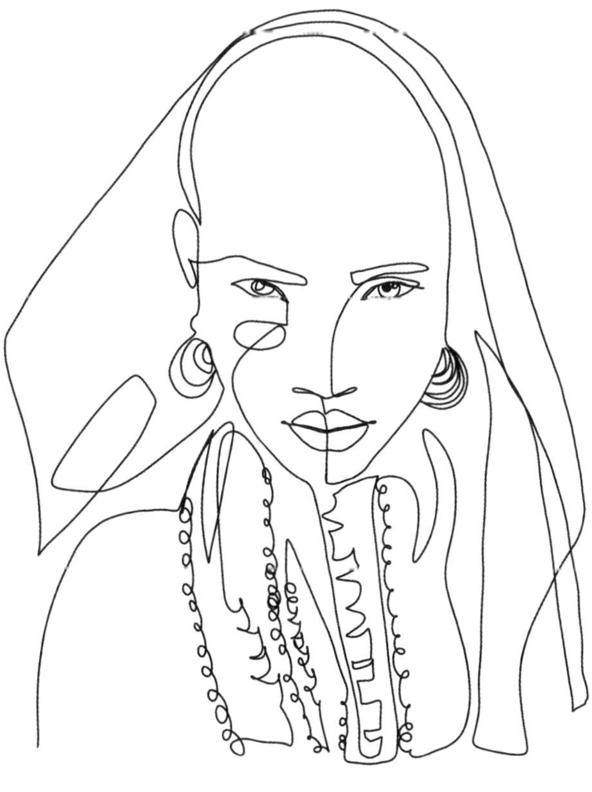
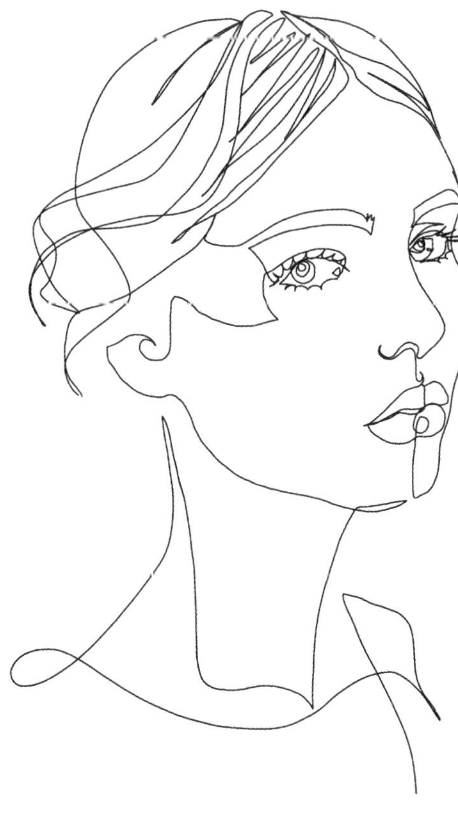

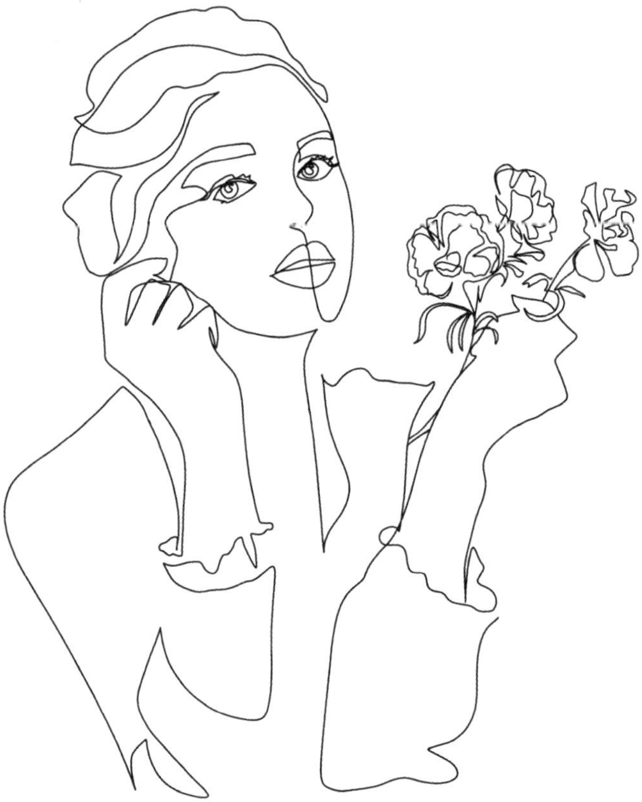
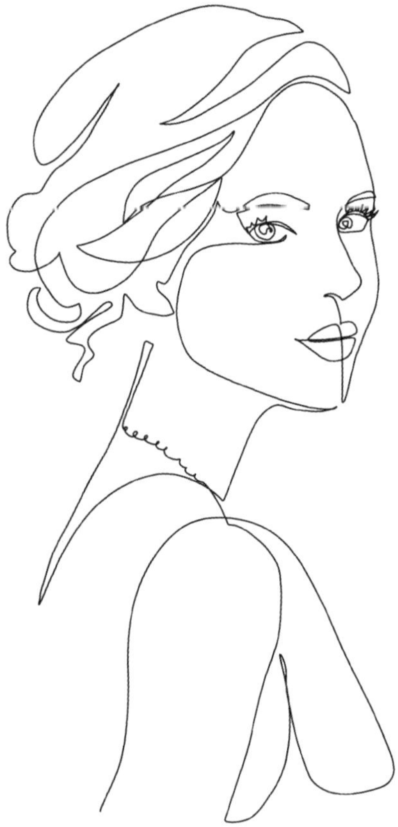
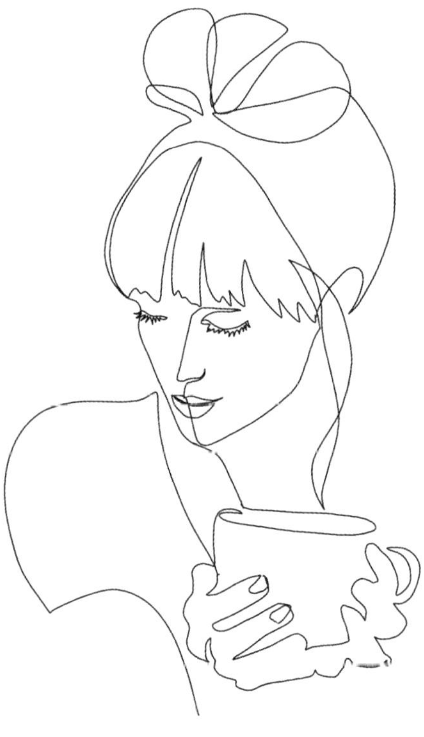
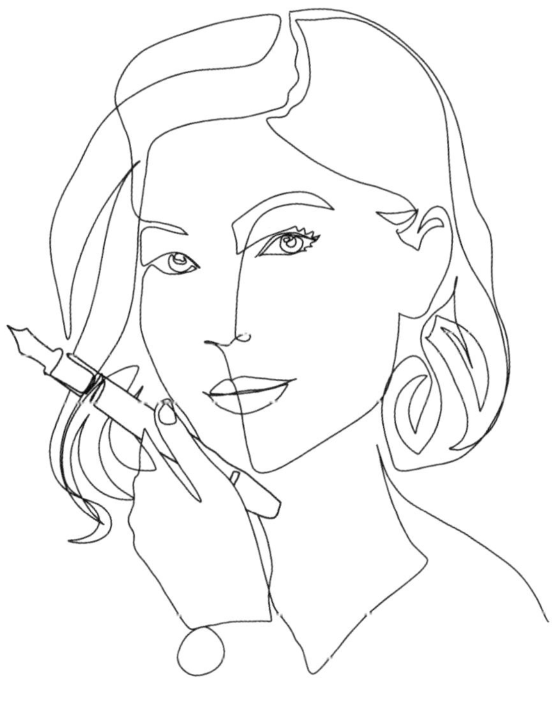

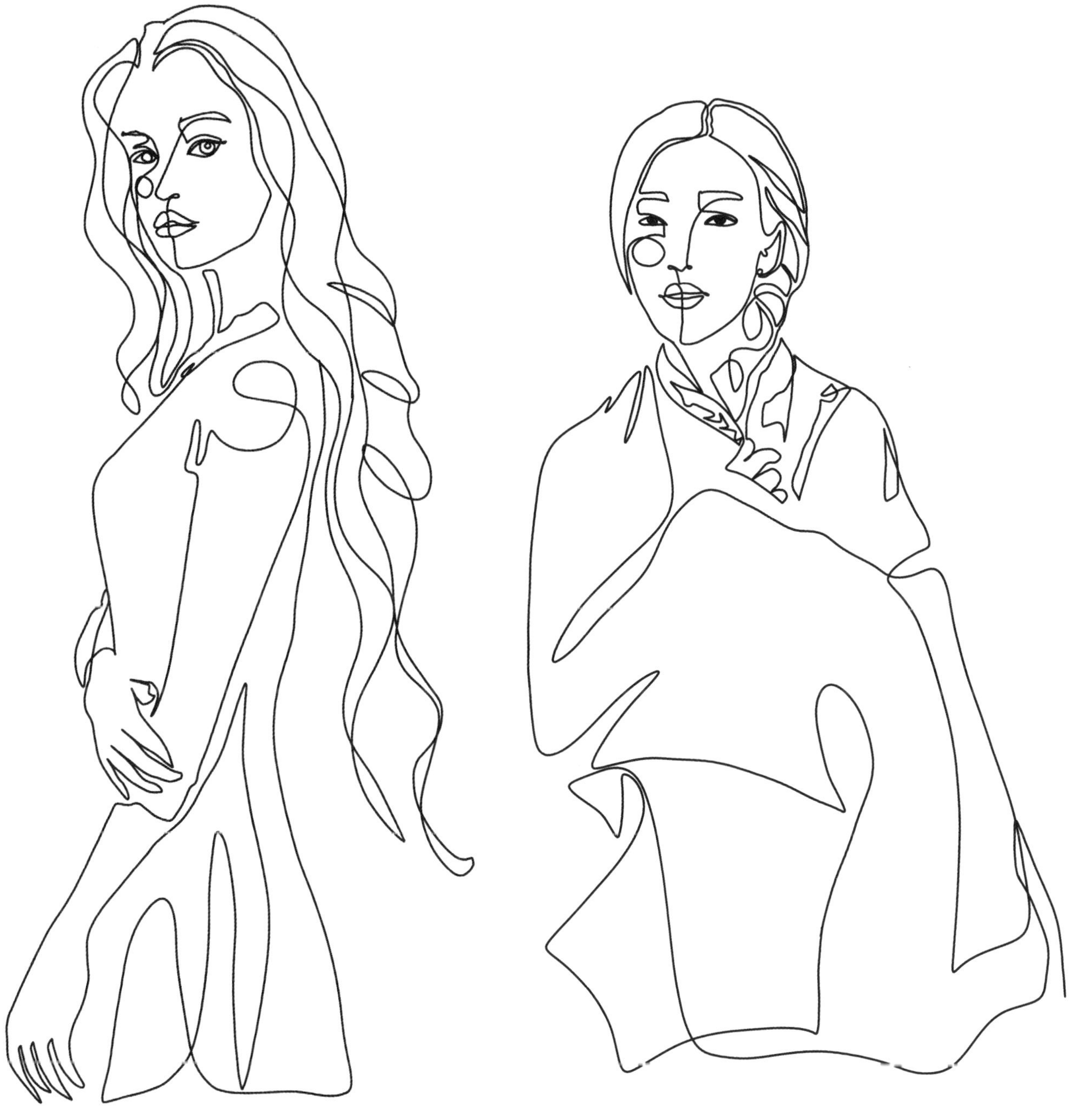

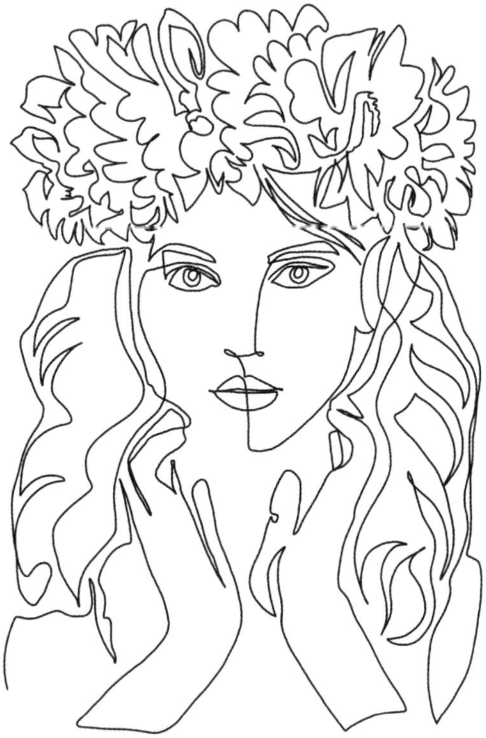

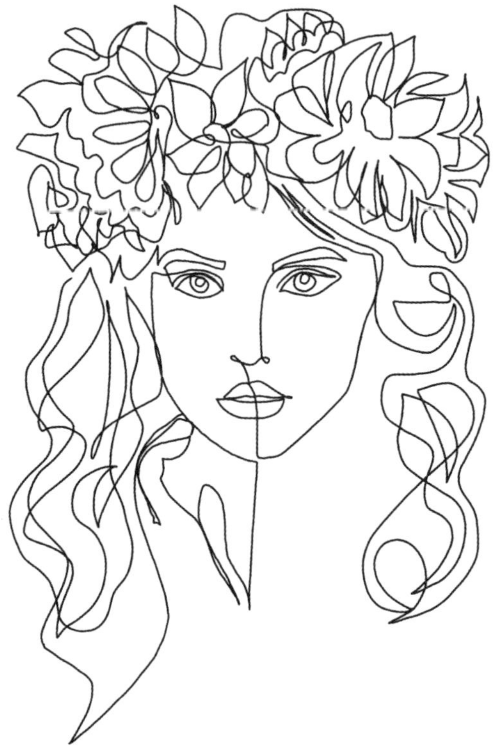

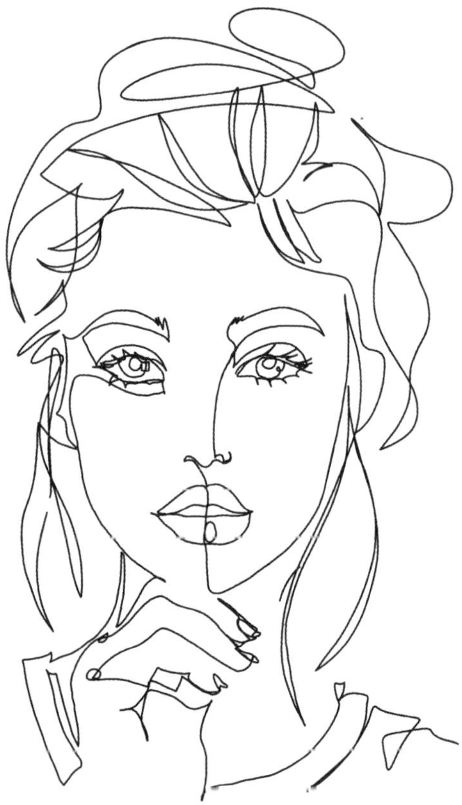

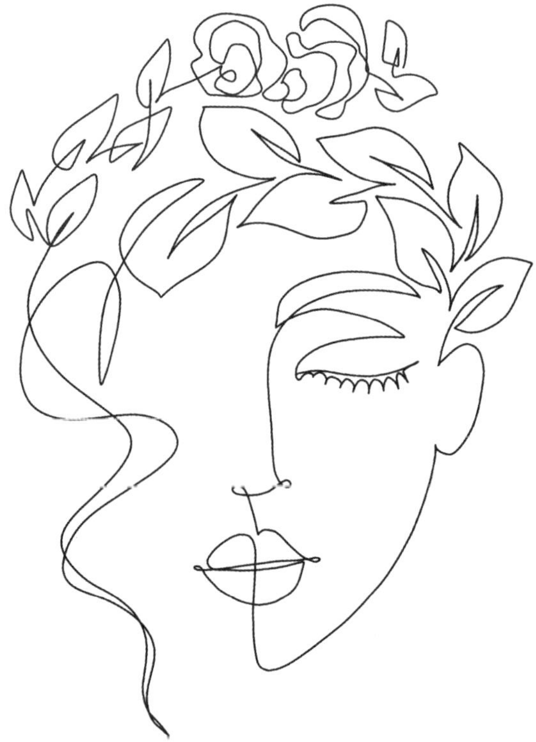

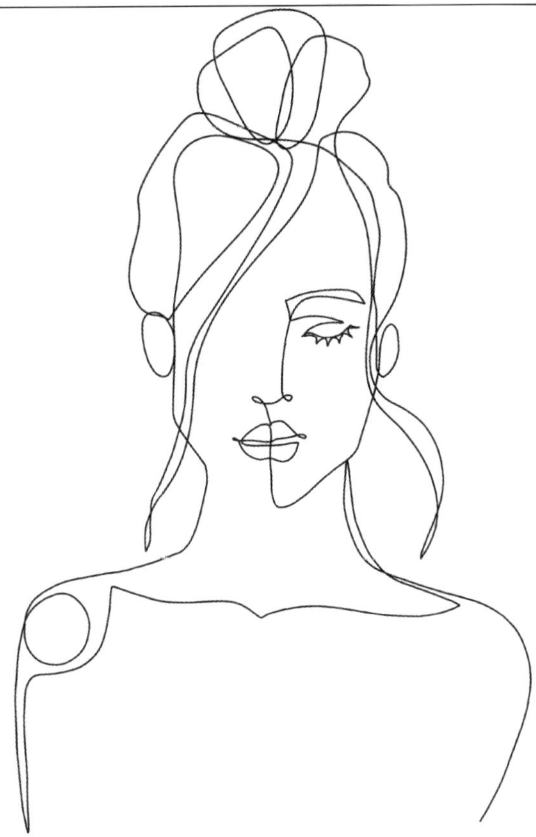

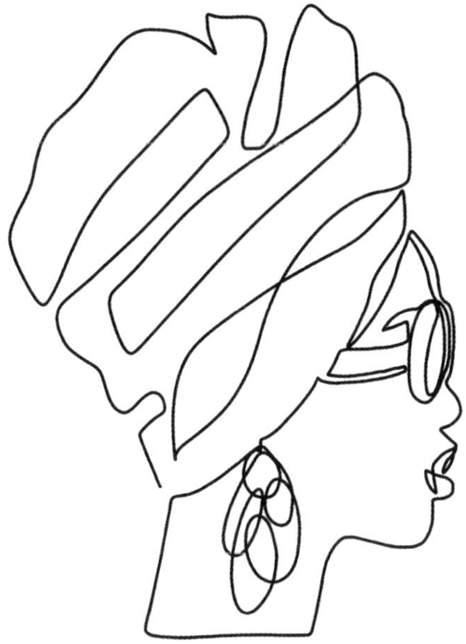

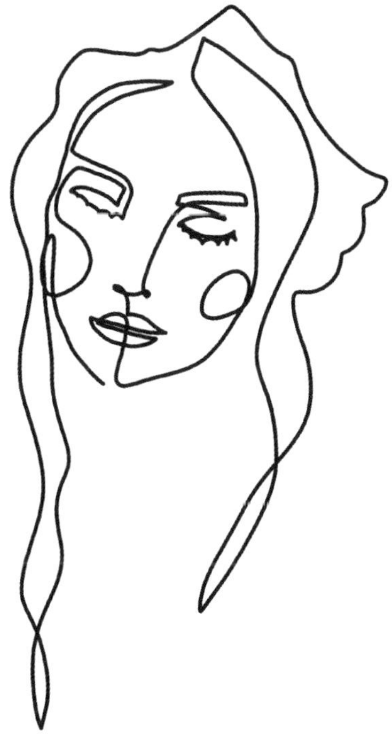

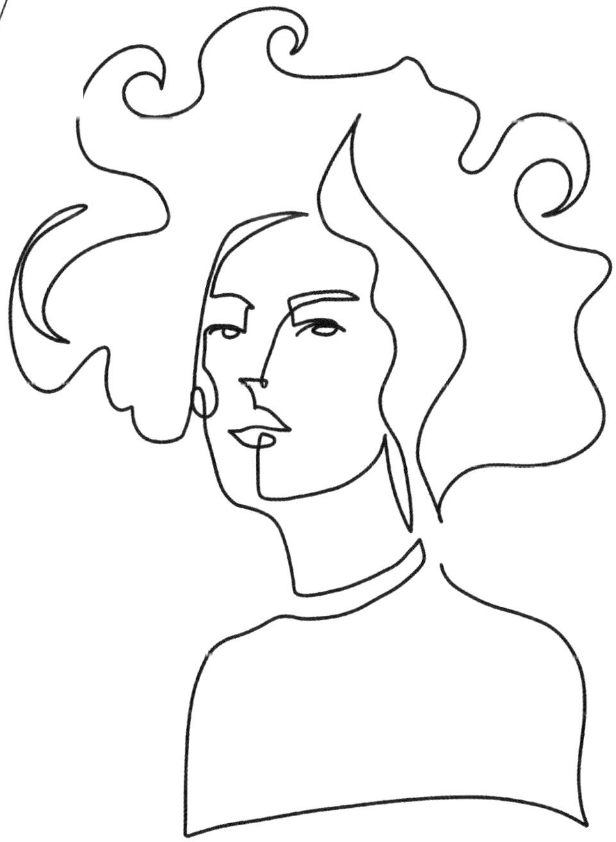

Menschen und Posen

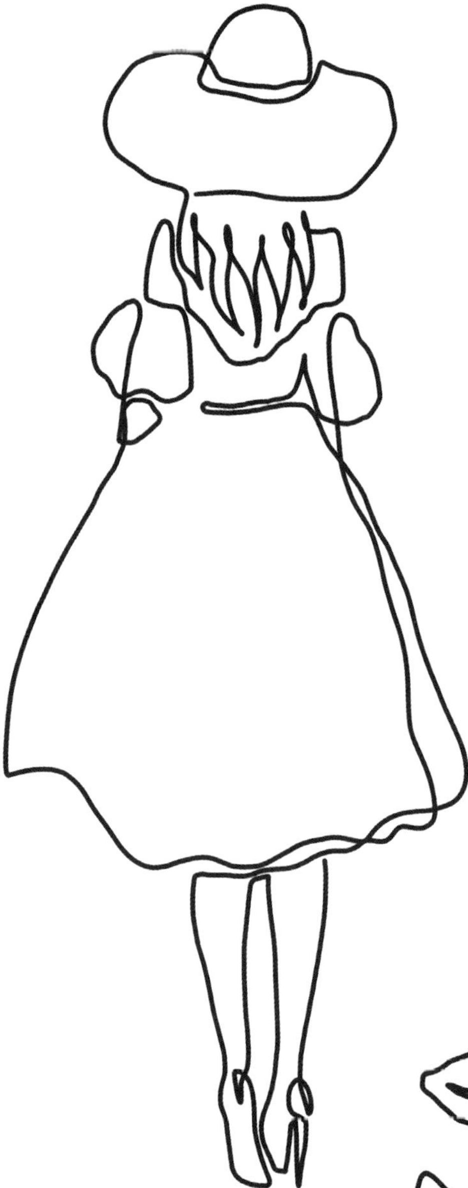

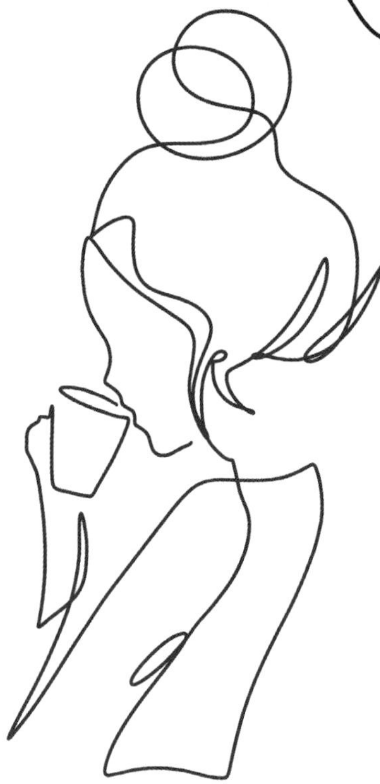

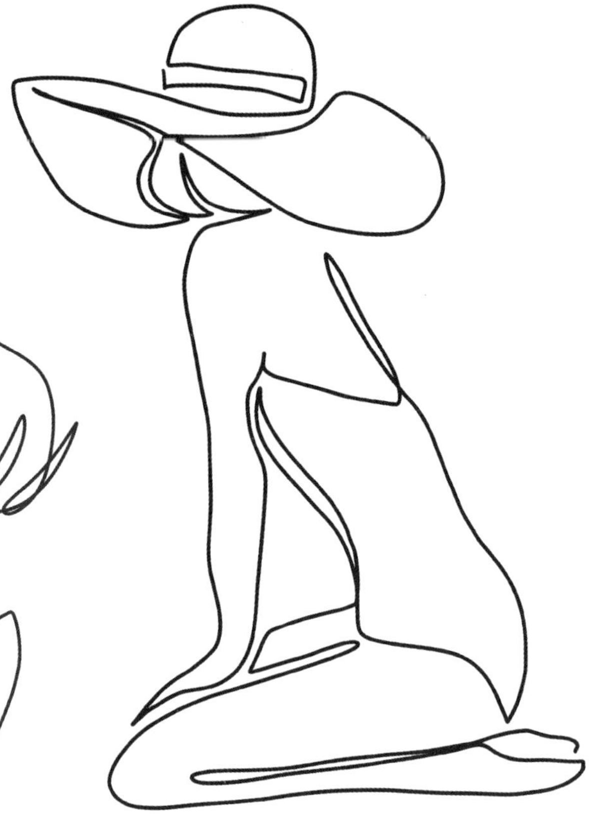

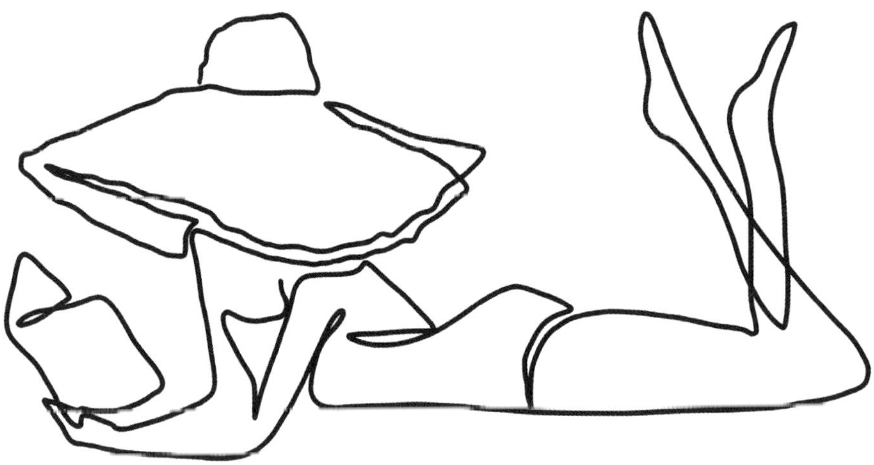

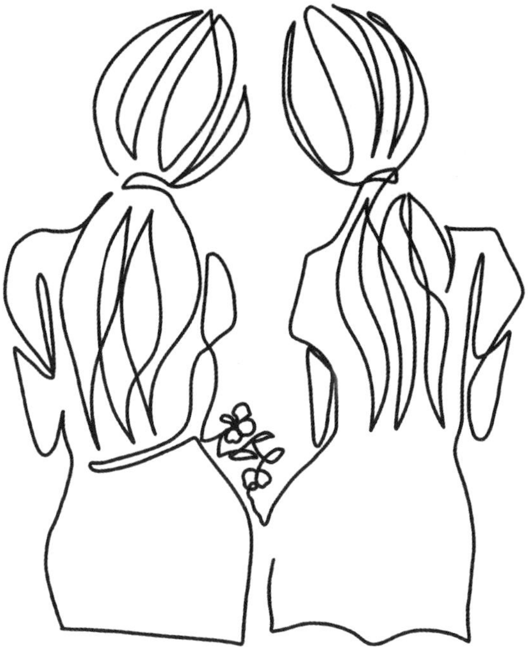
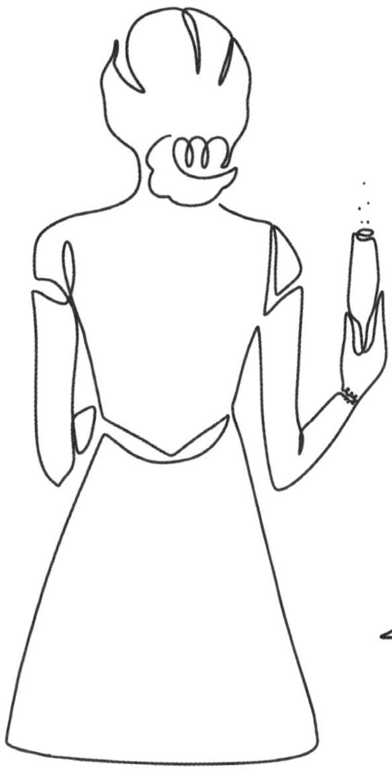
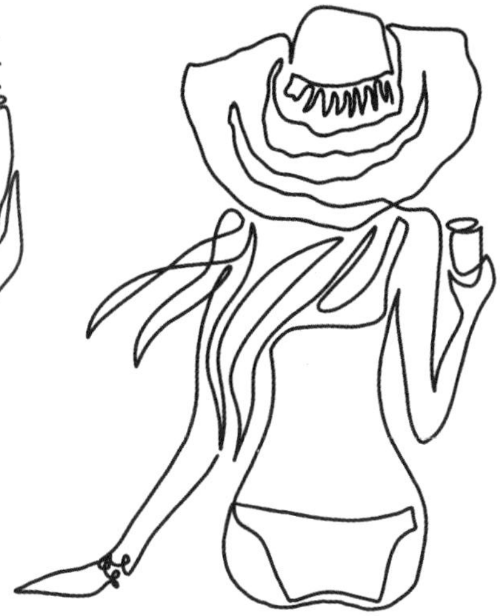
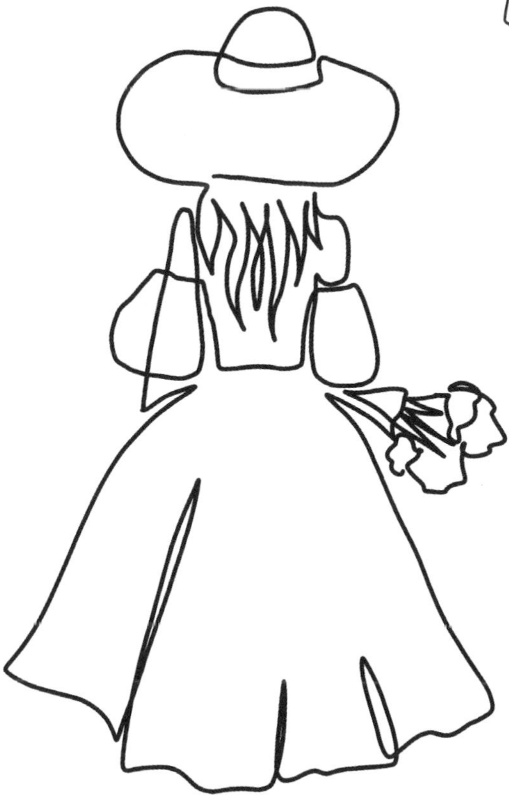
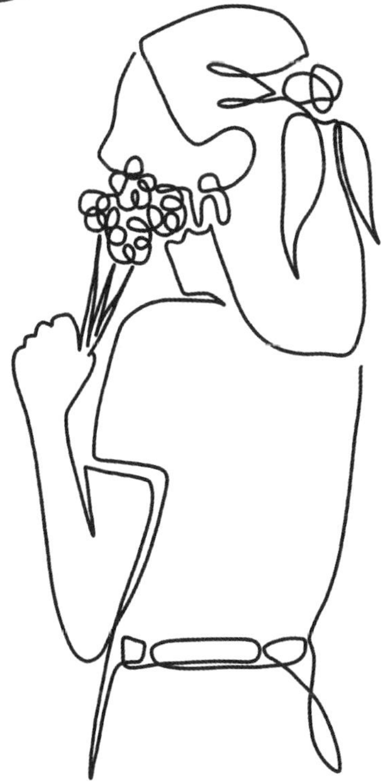

Digitale Kunst

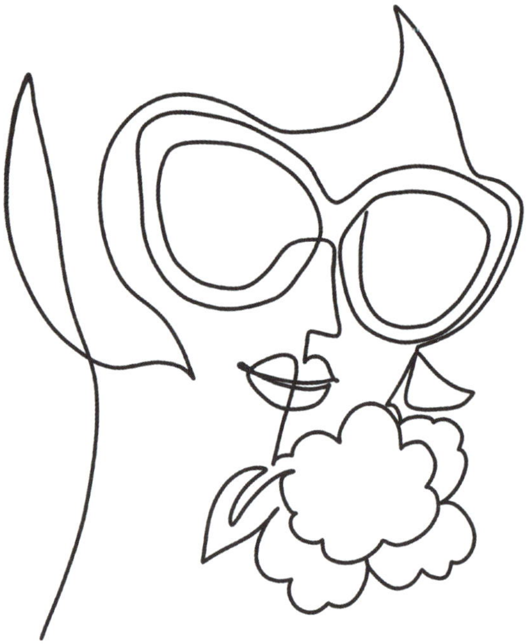

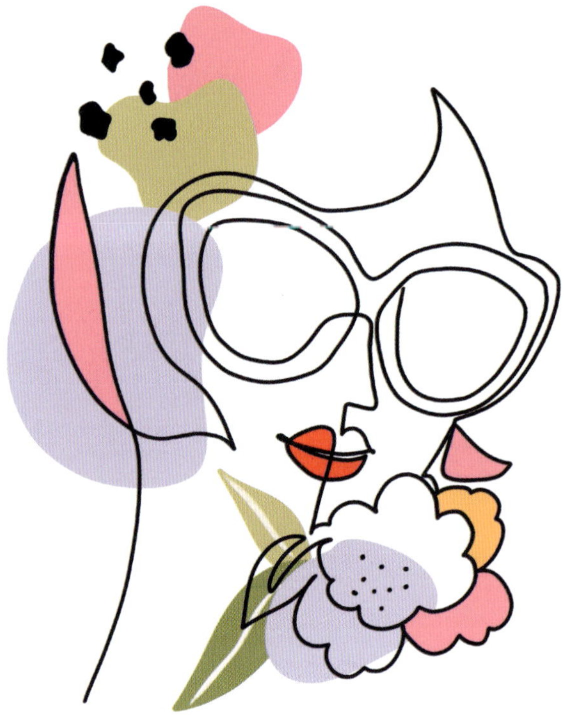

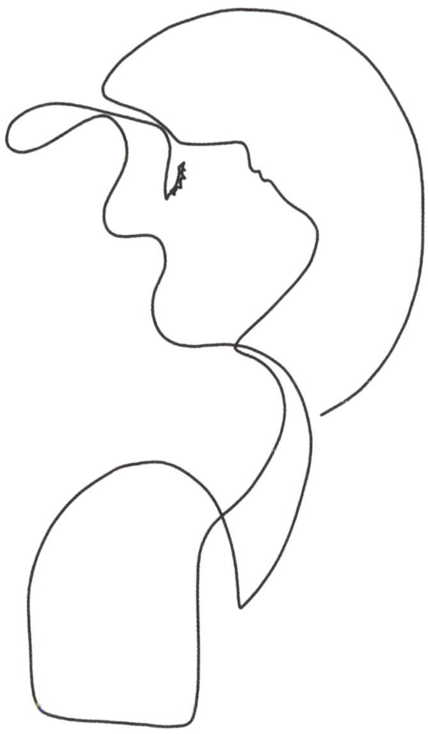

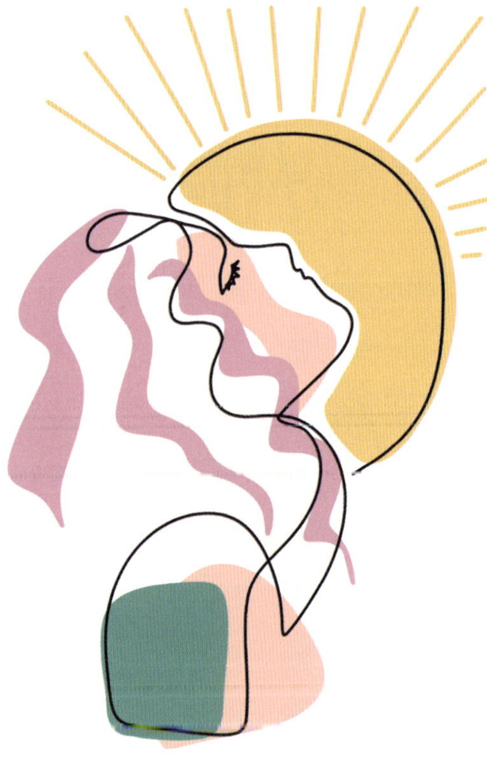

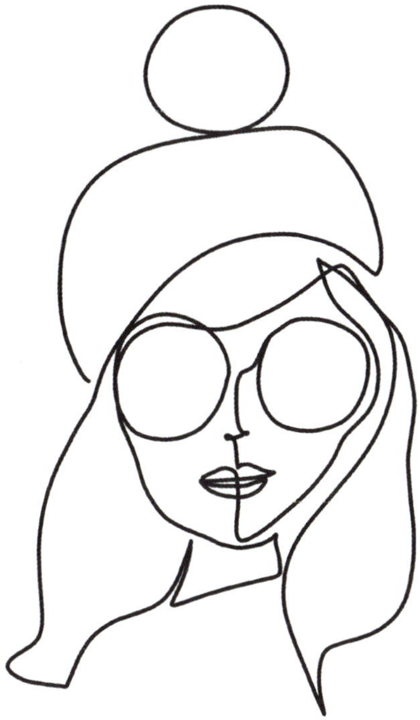
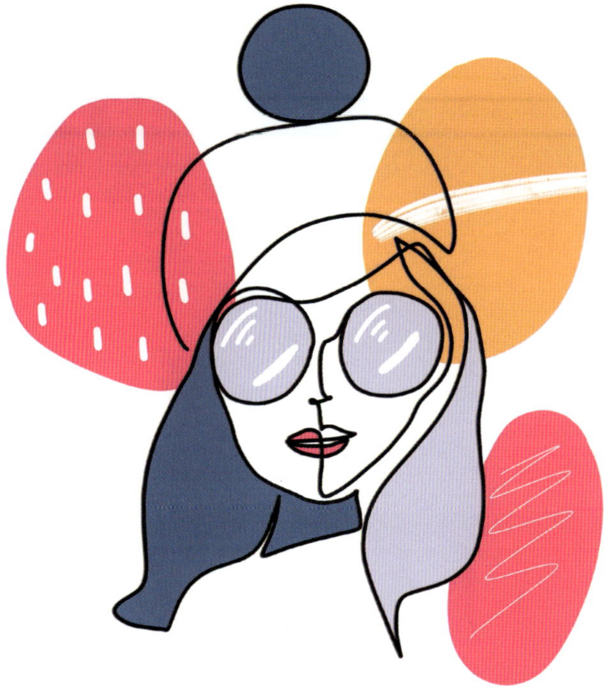
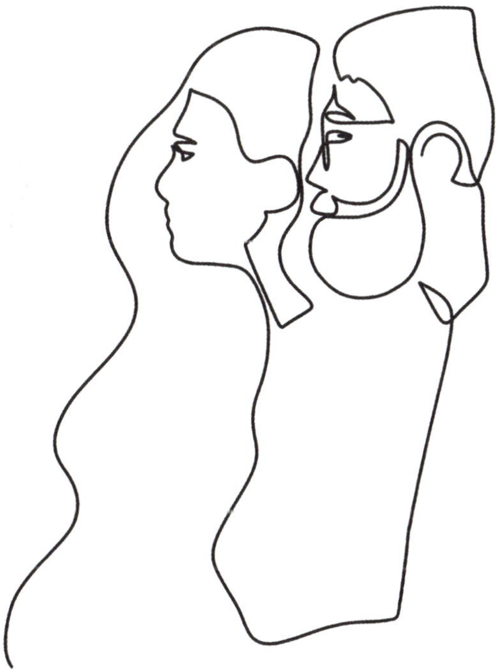
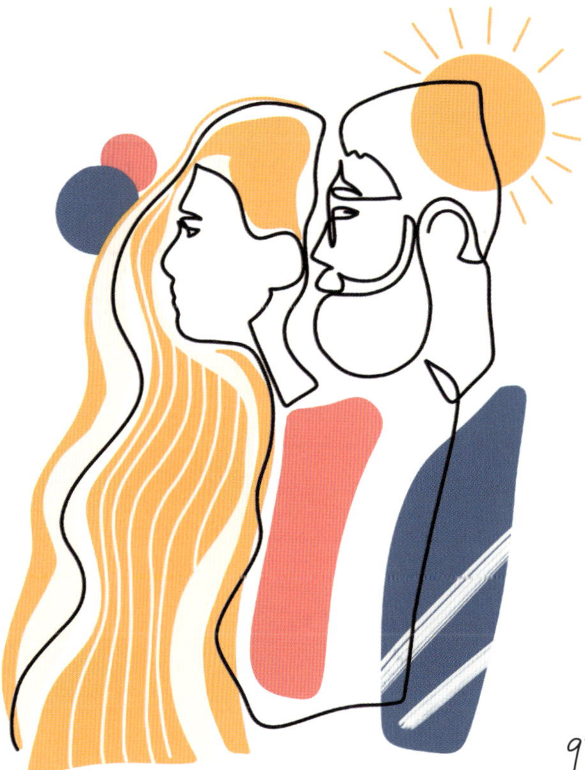

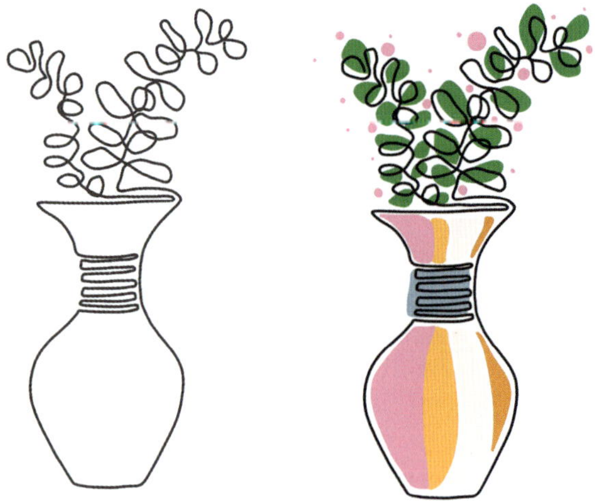

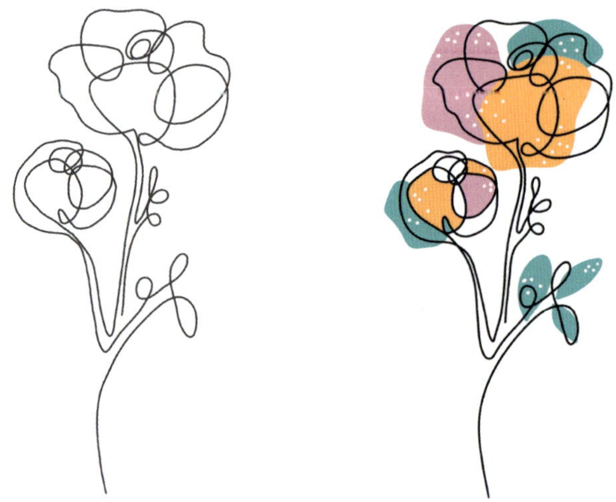

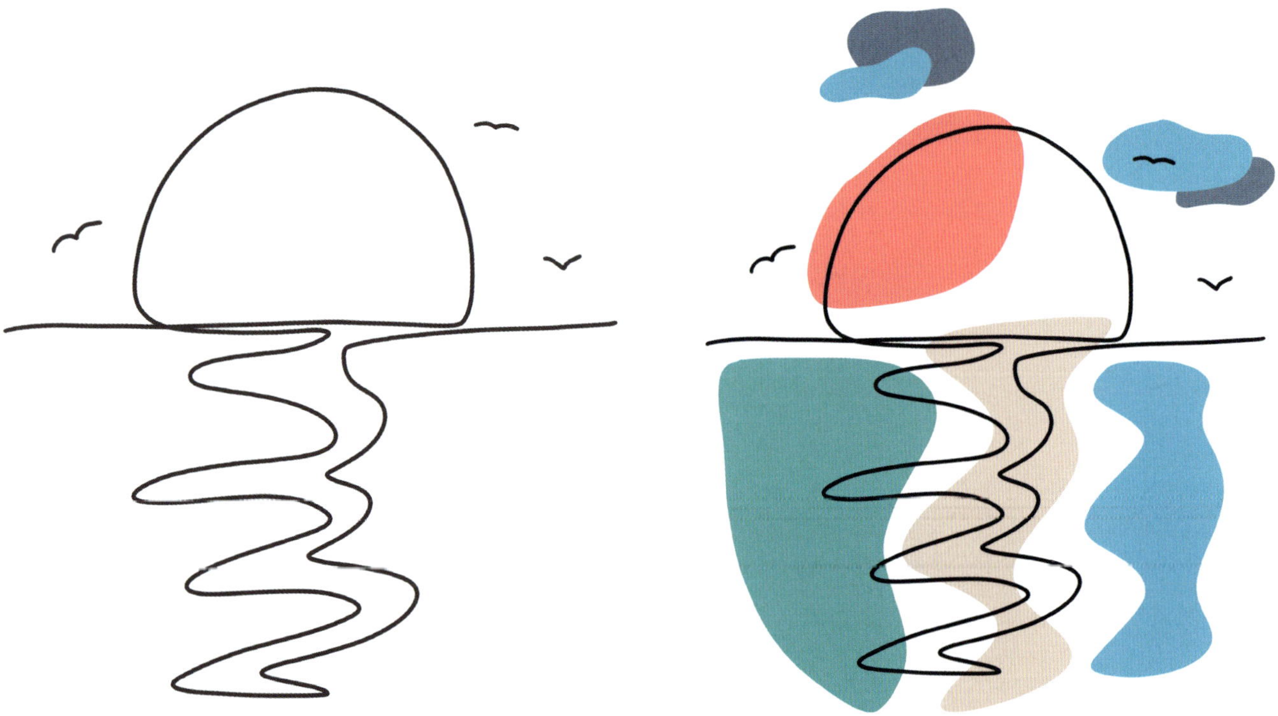

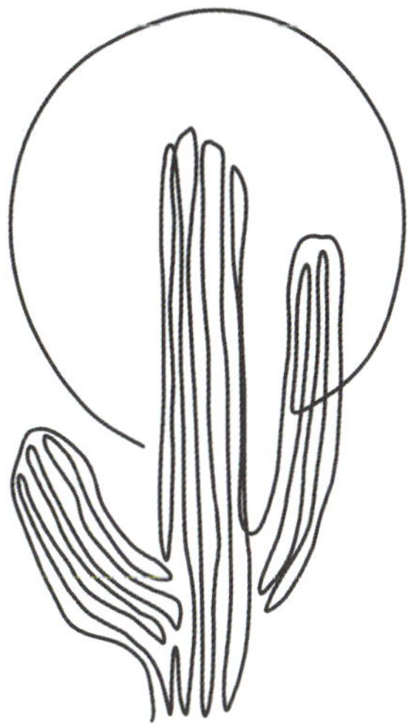
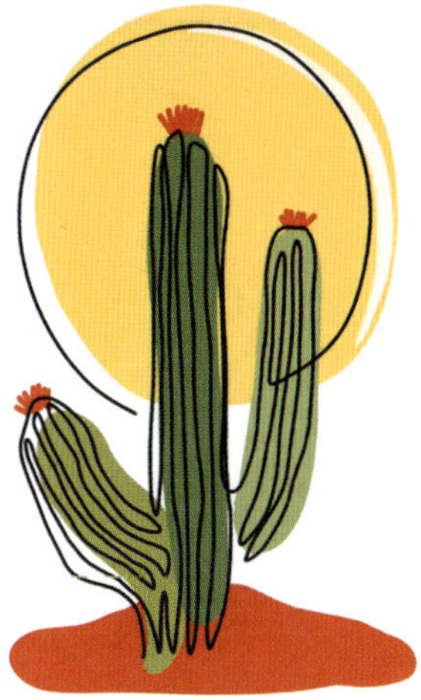
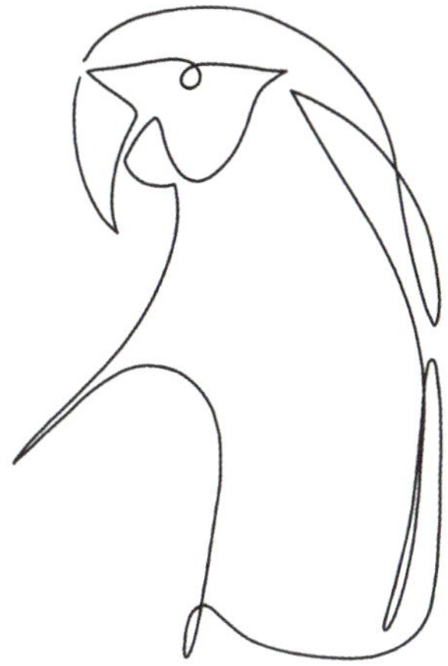
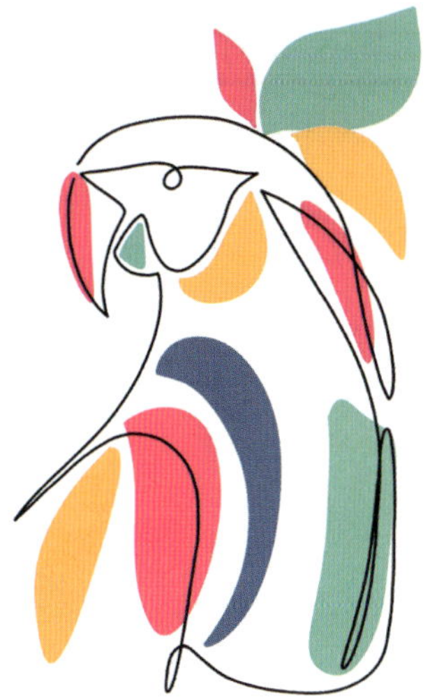
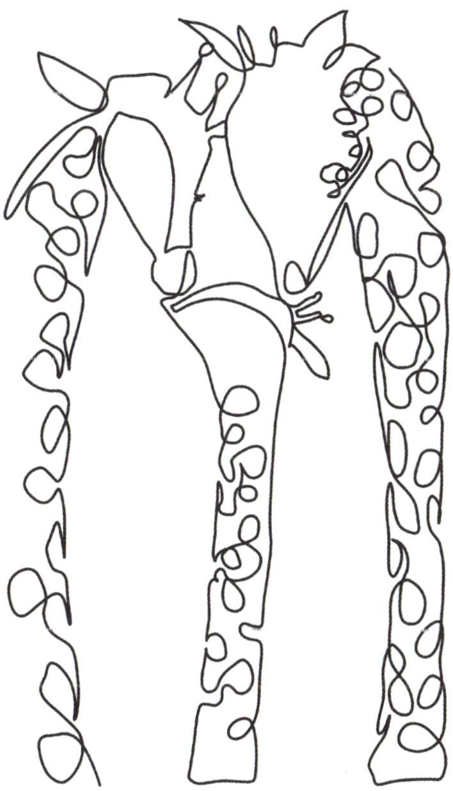
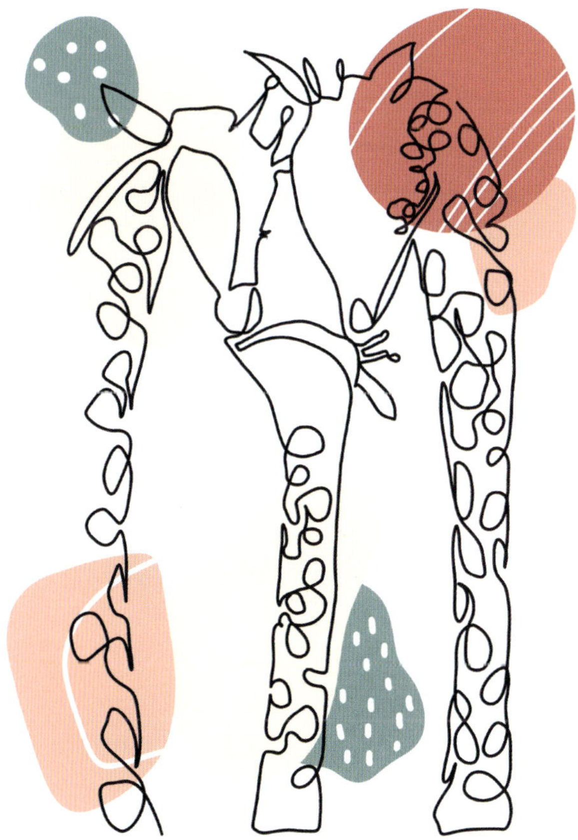

Doodles

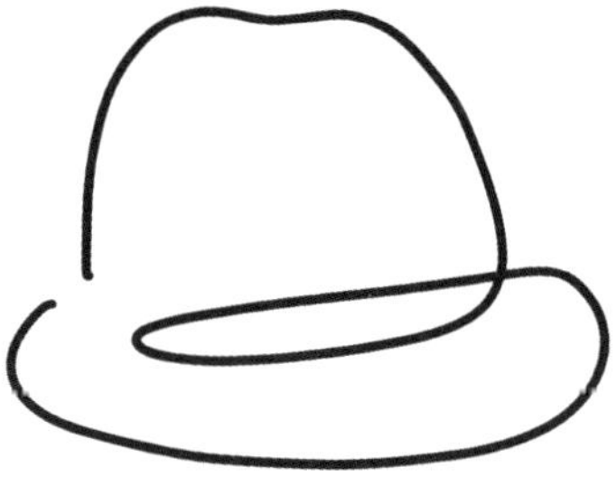

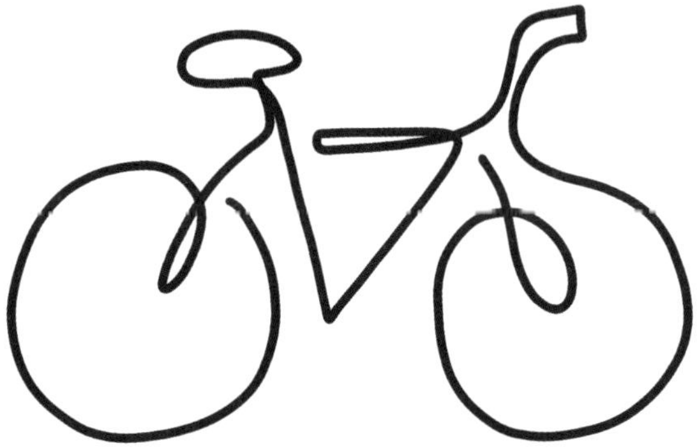

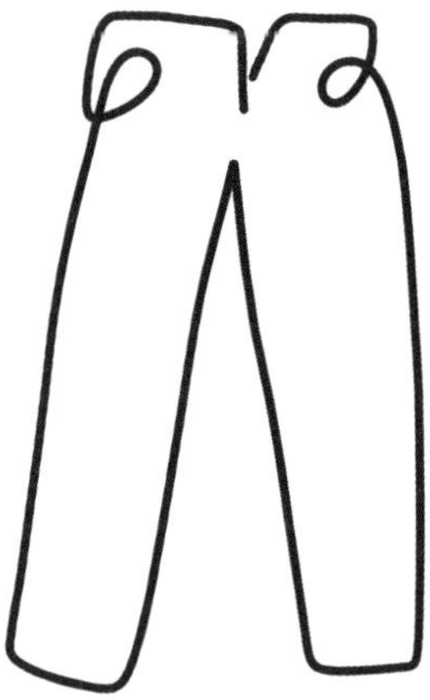

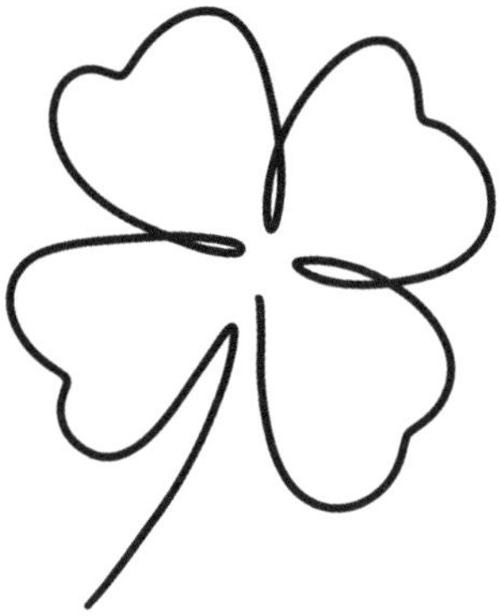

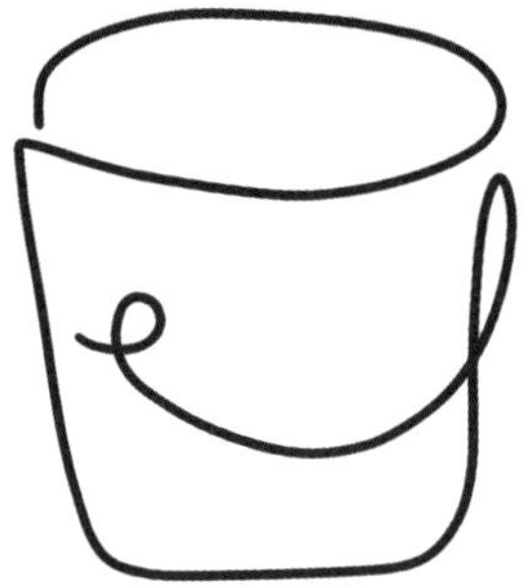

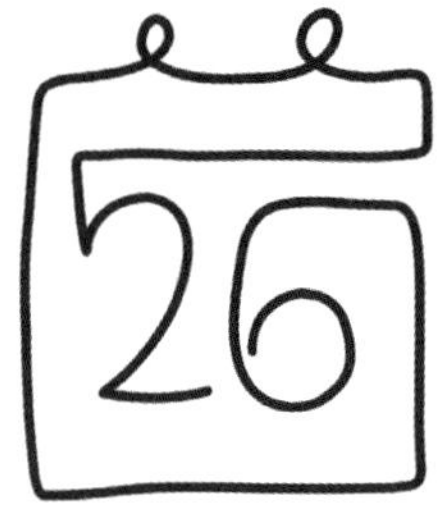

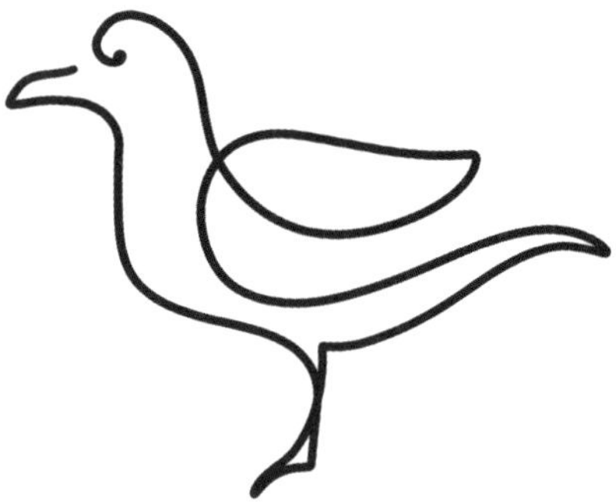

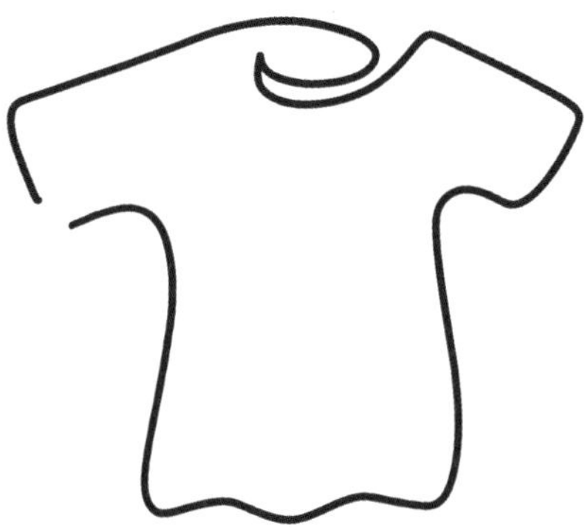

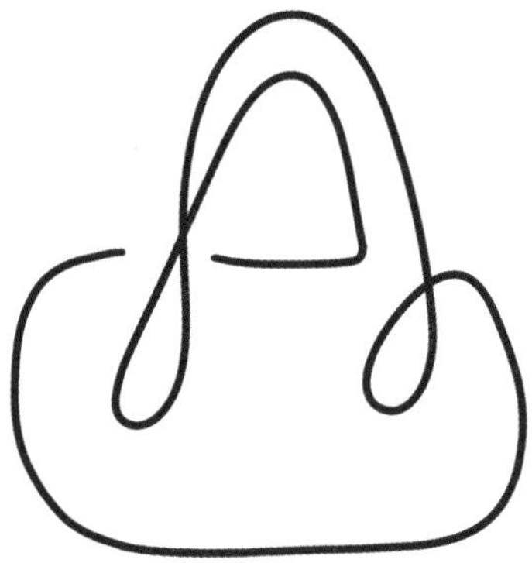

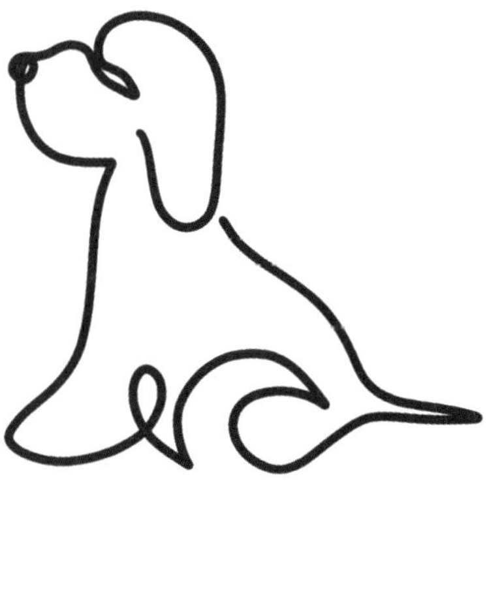

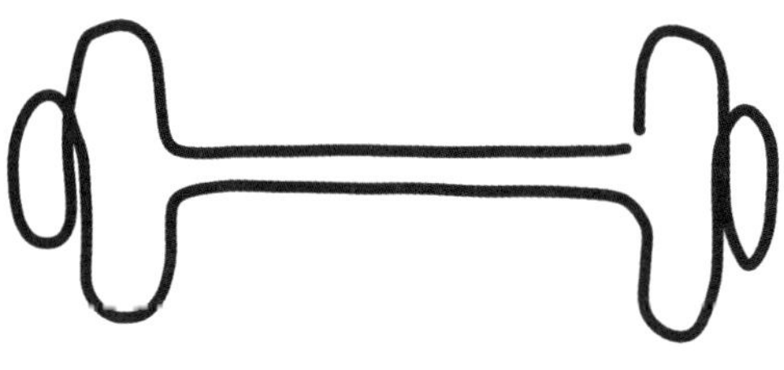

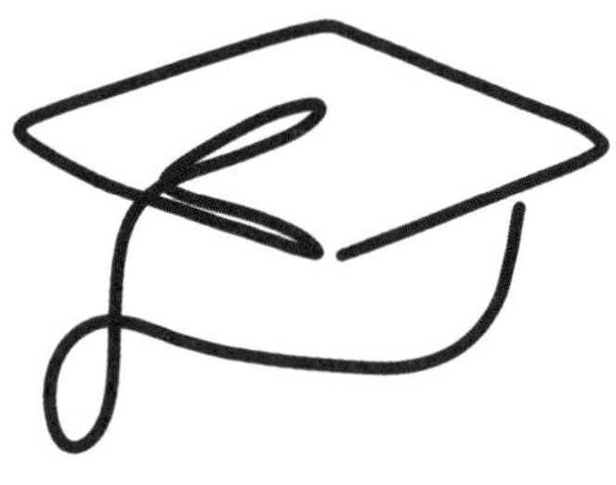

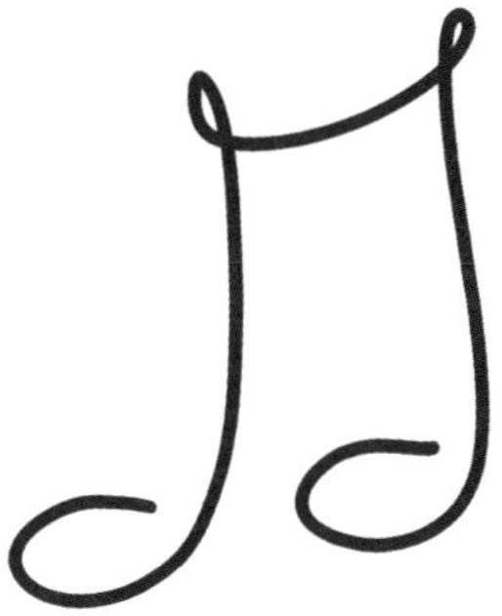

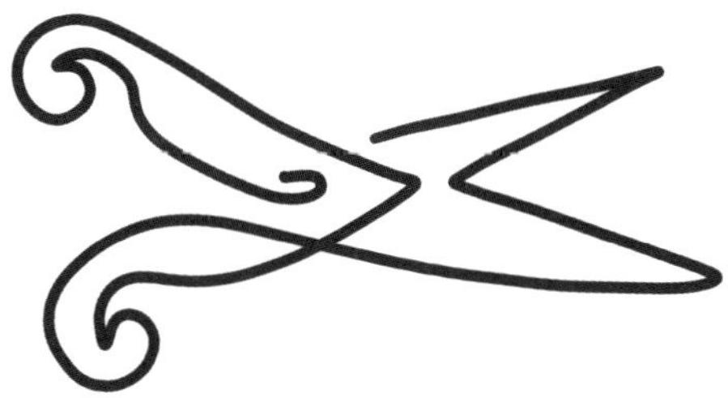
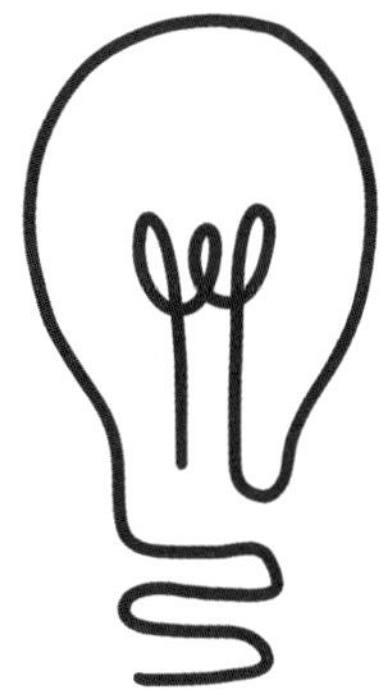
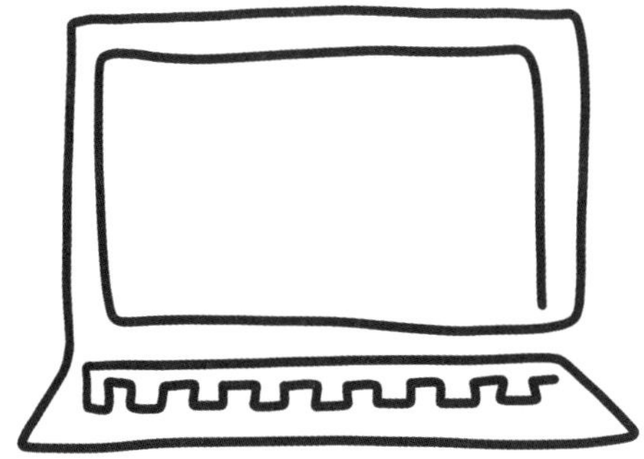
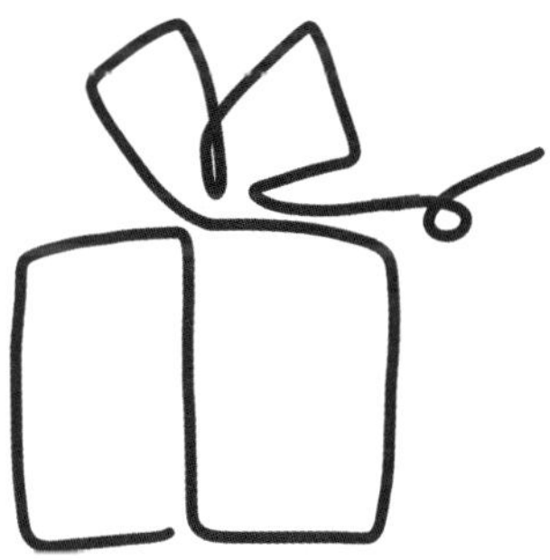
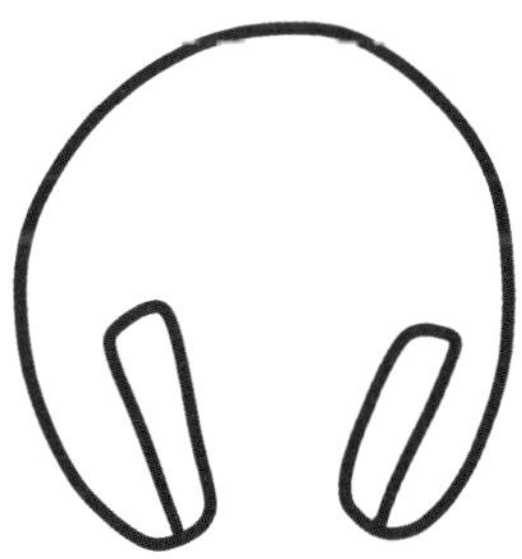
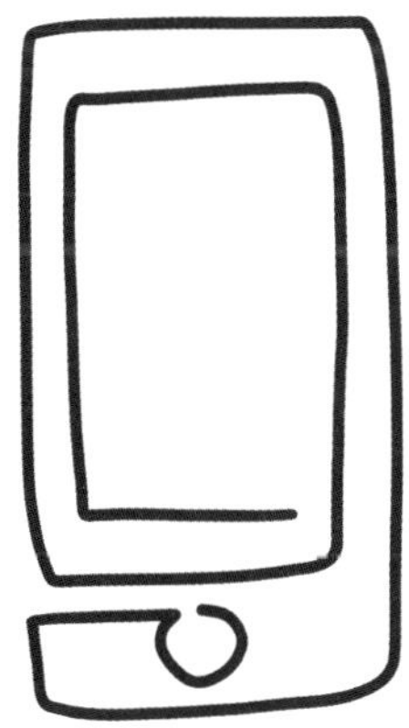
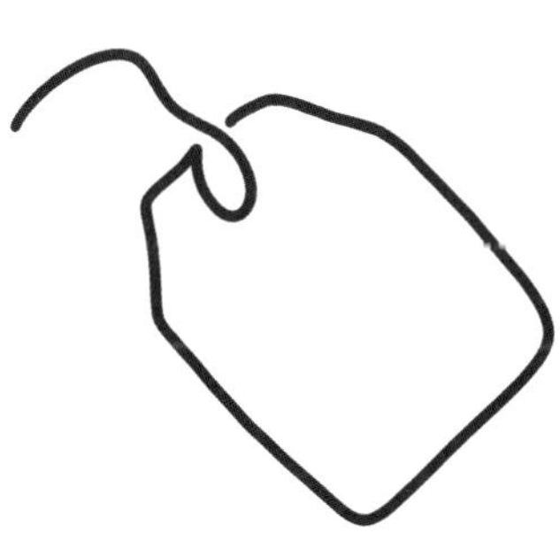
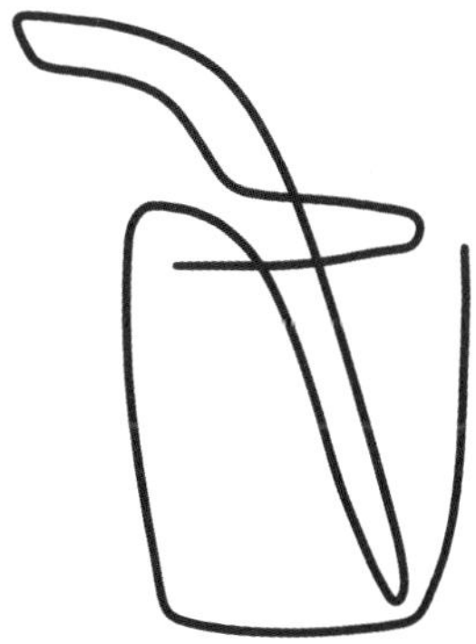
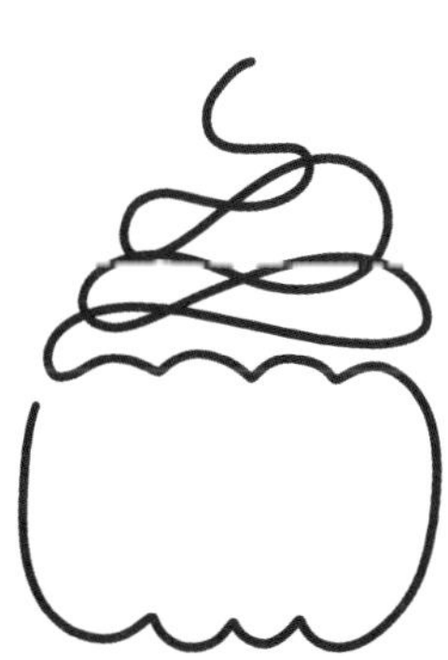

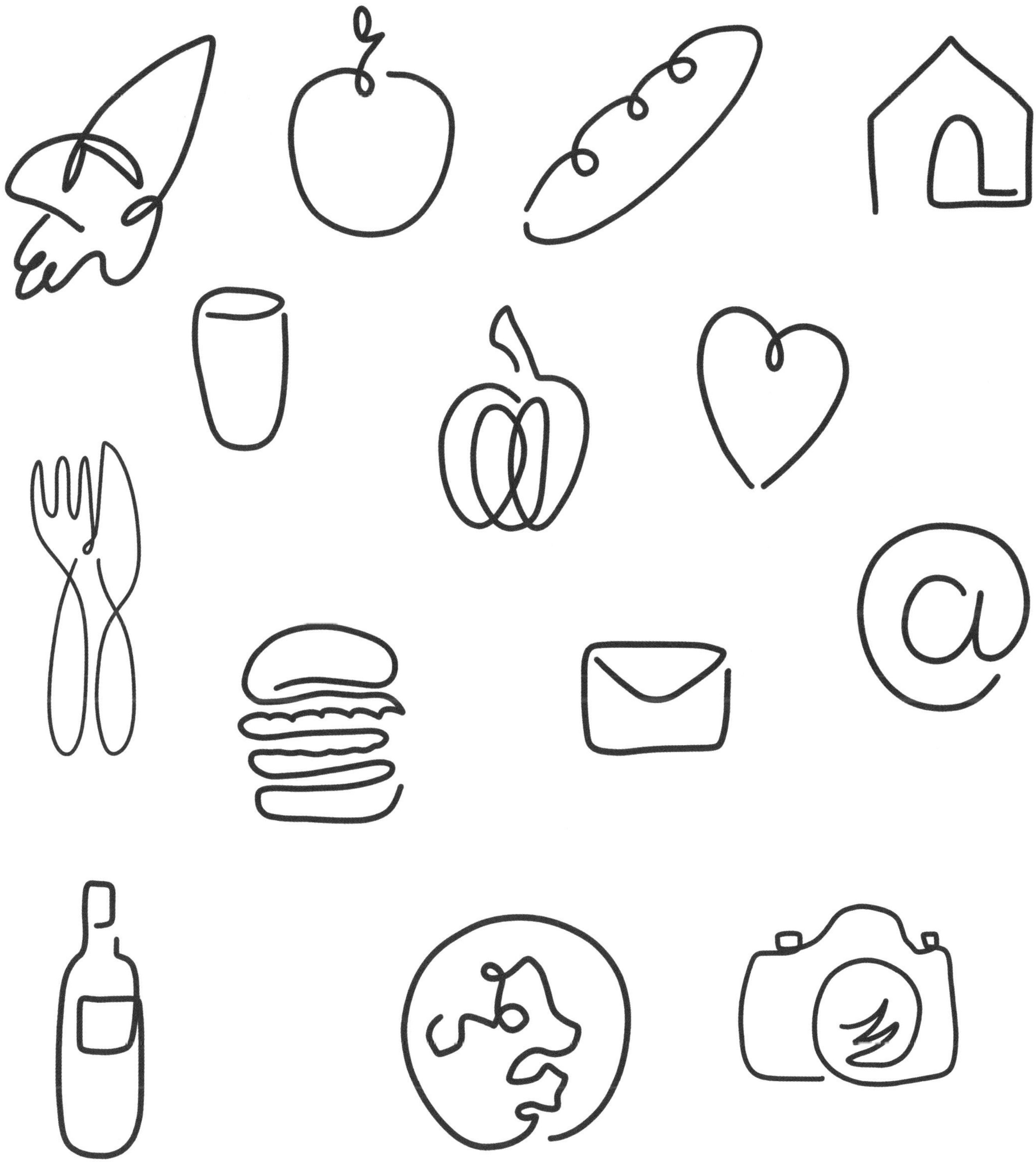

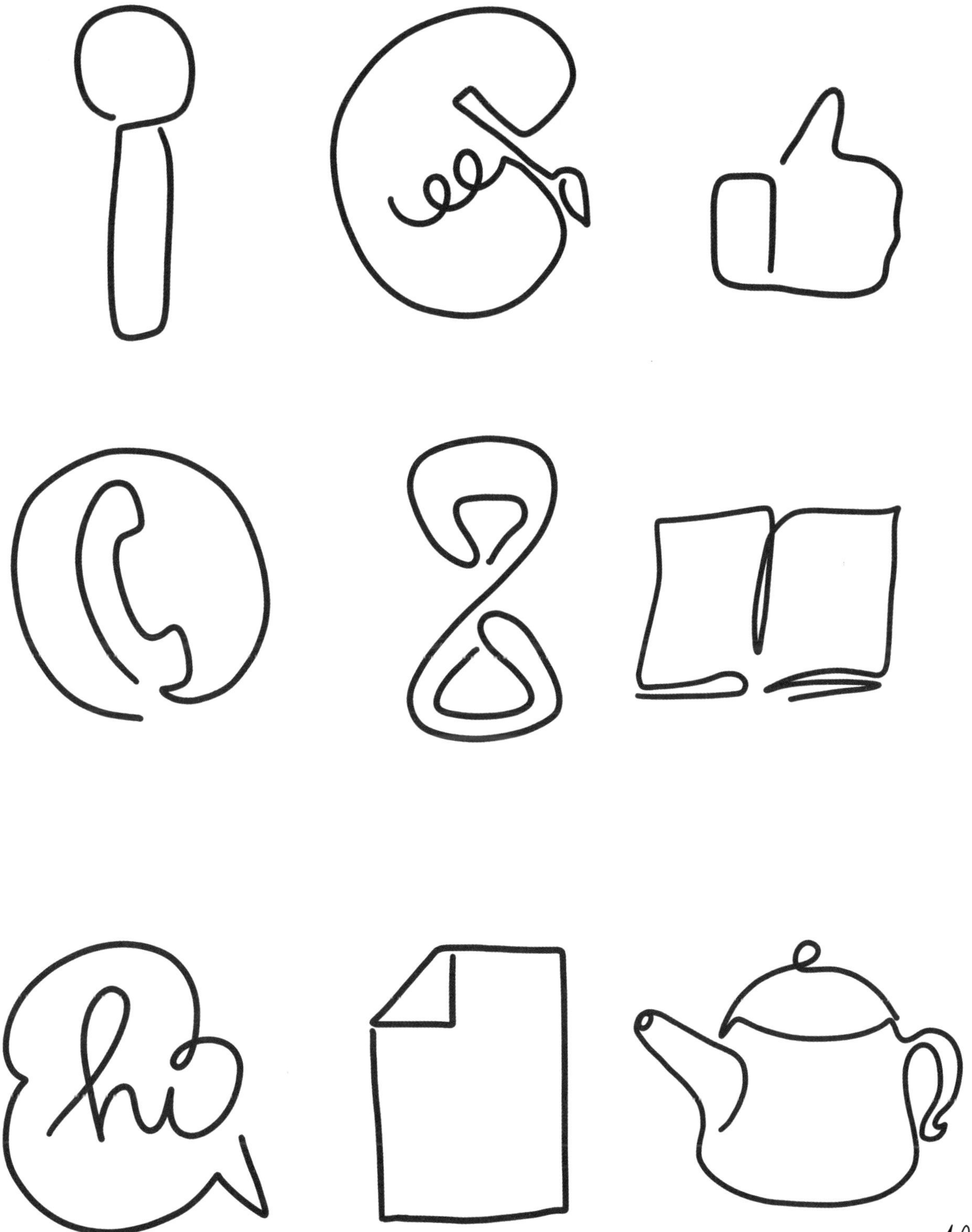
hi

Brushpen

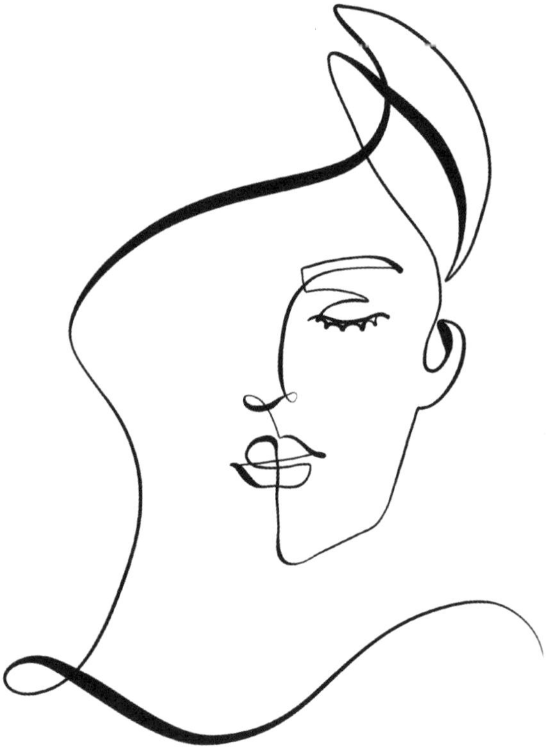

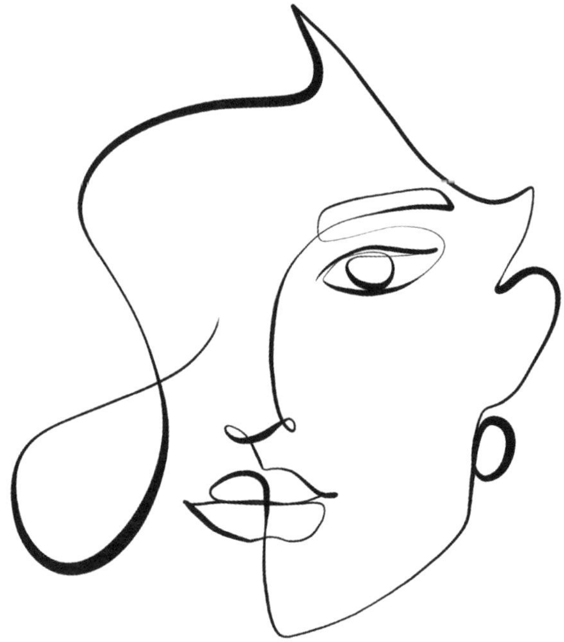

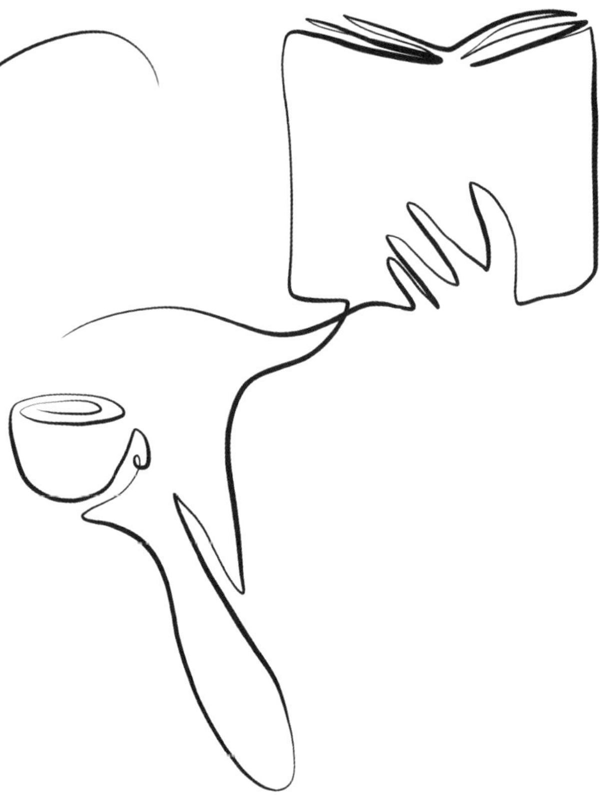

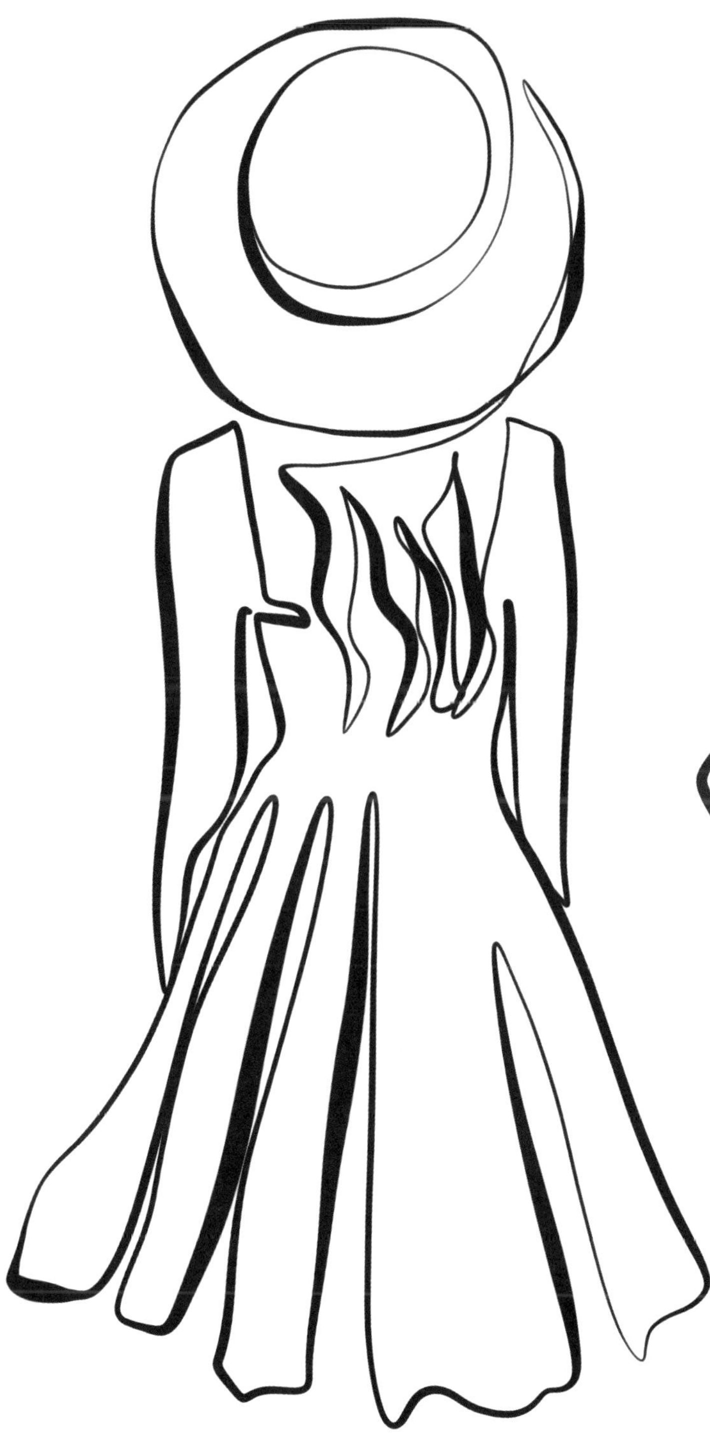

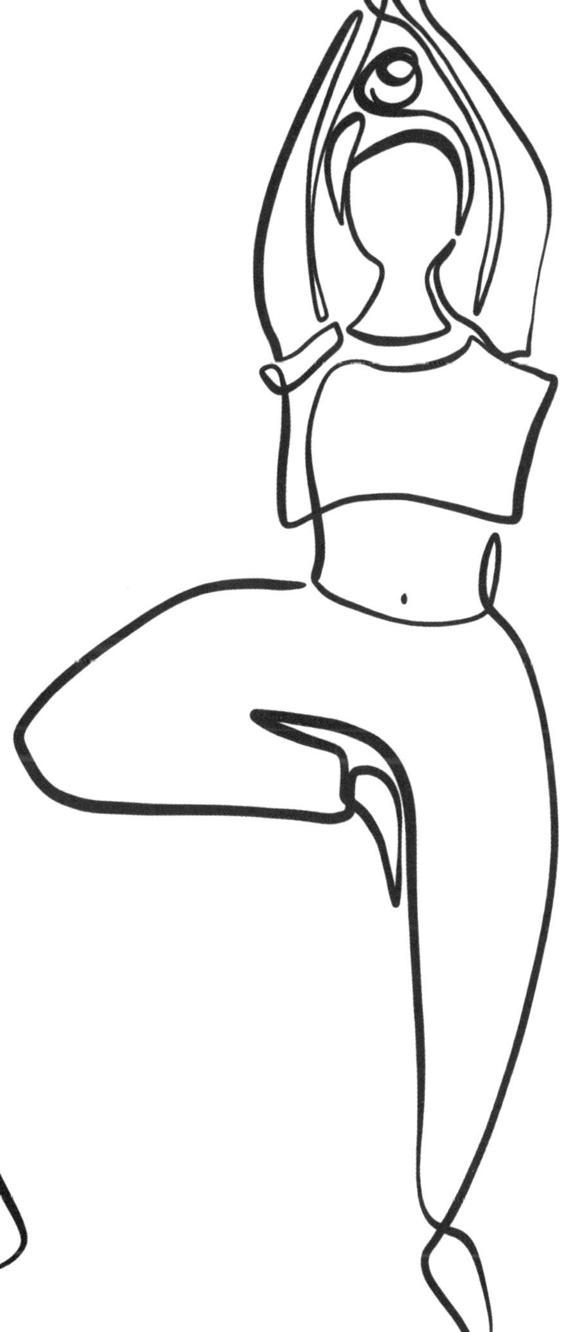

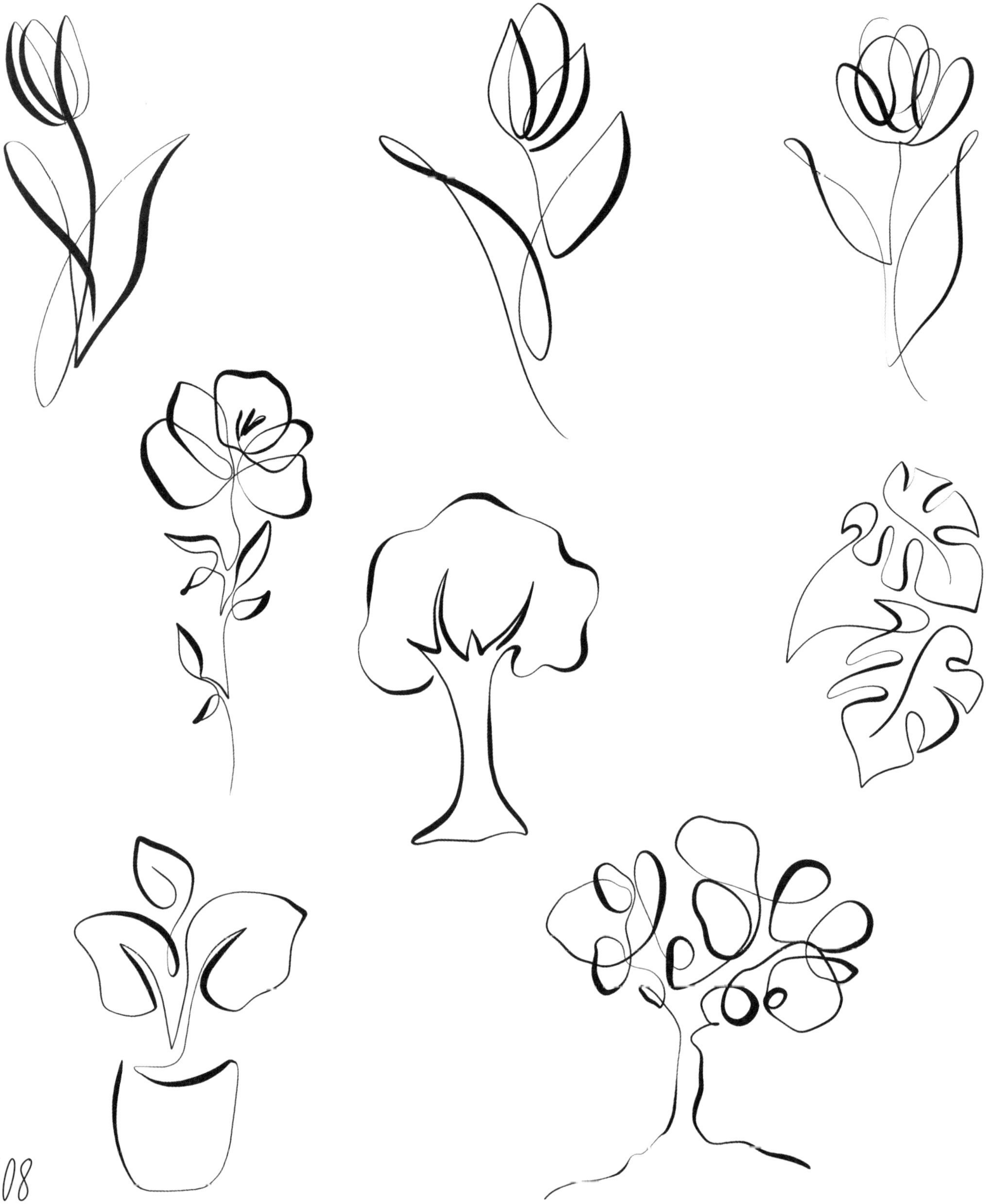

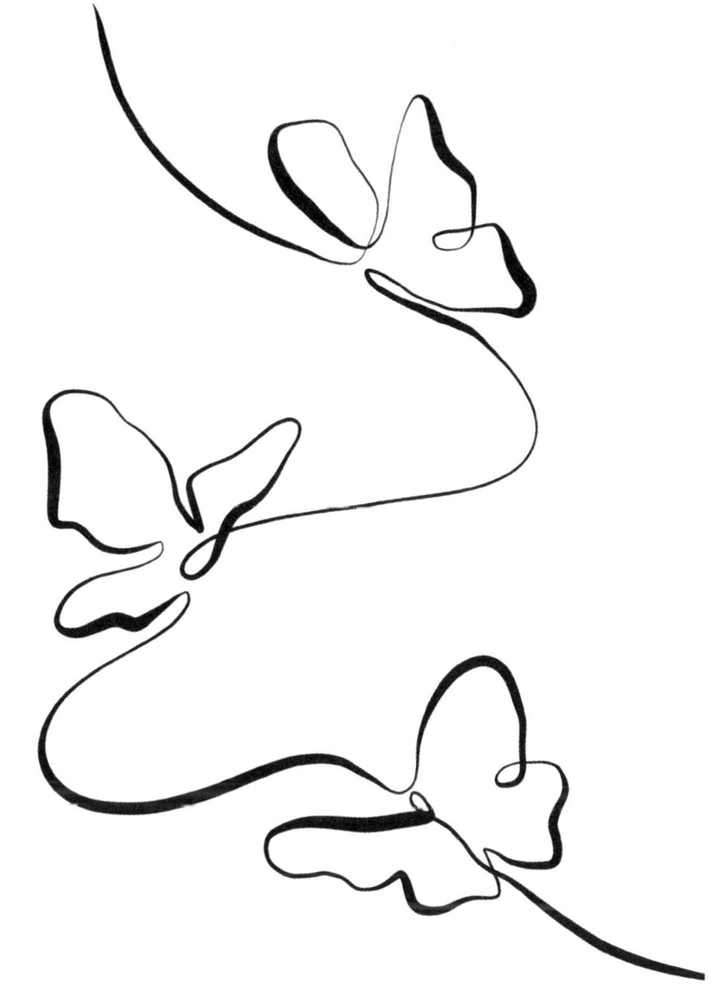

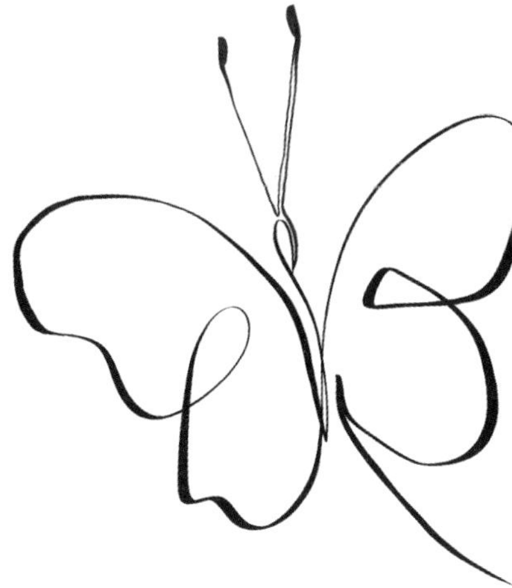

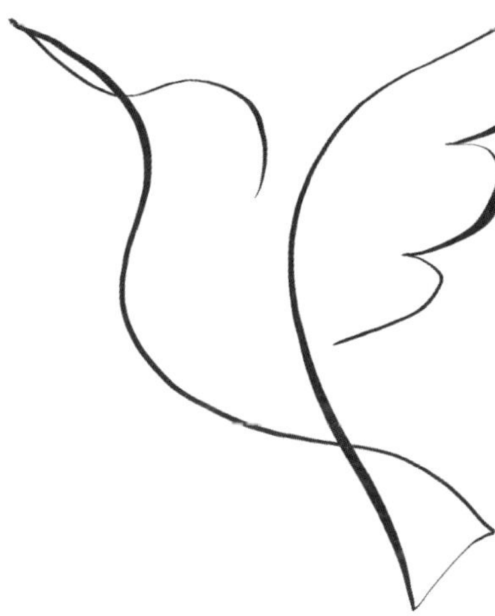

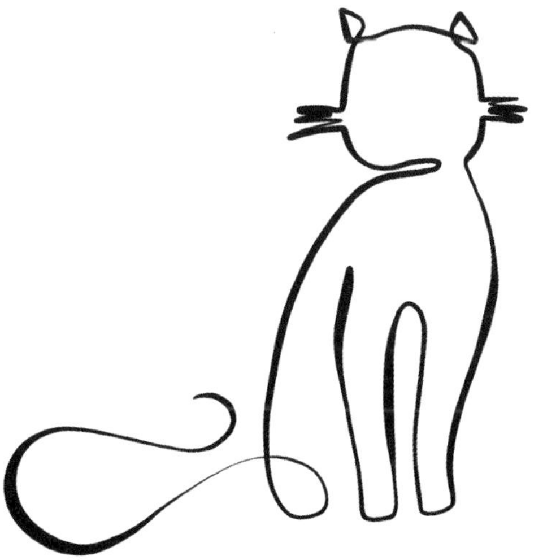

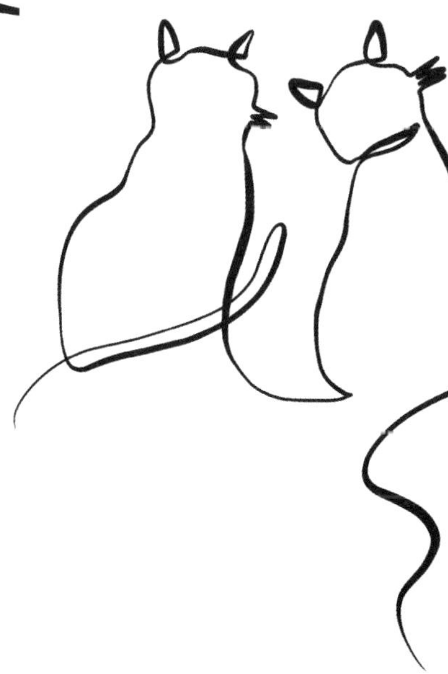

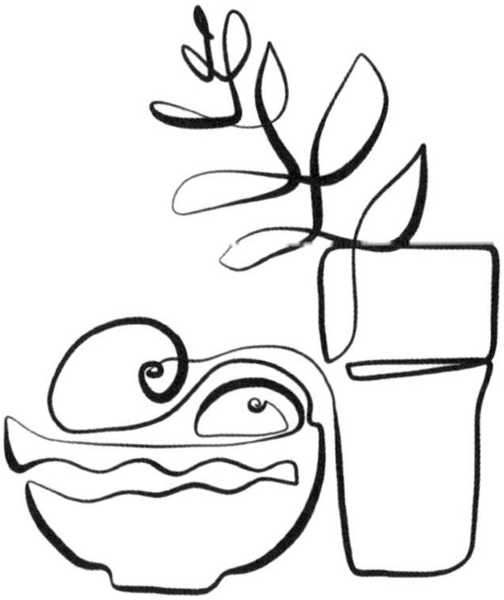
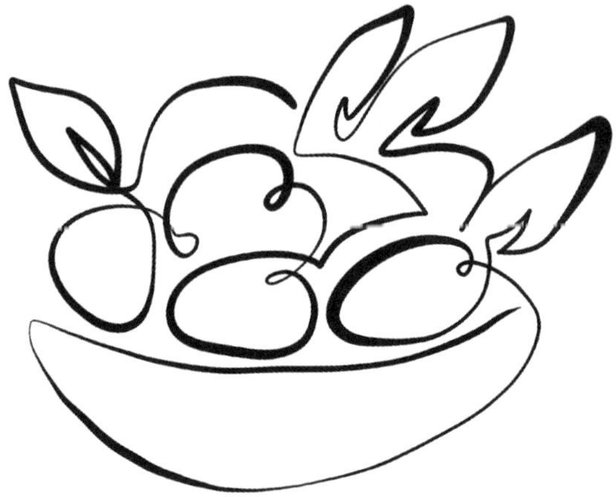
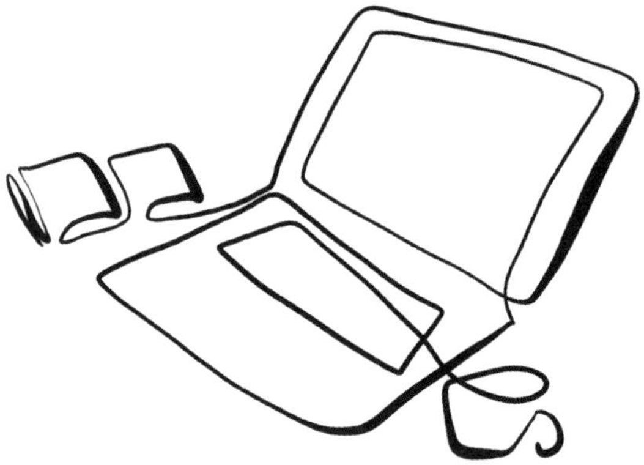
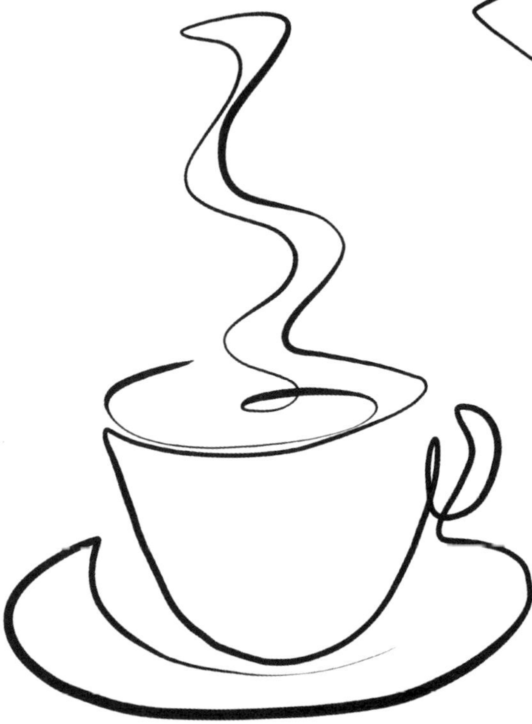
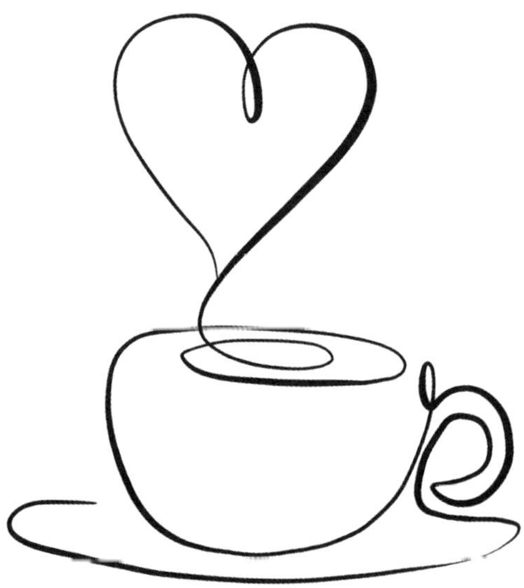

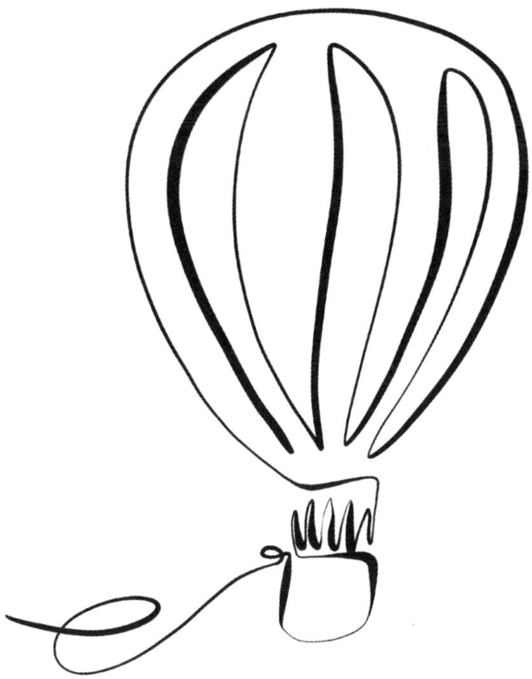

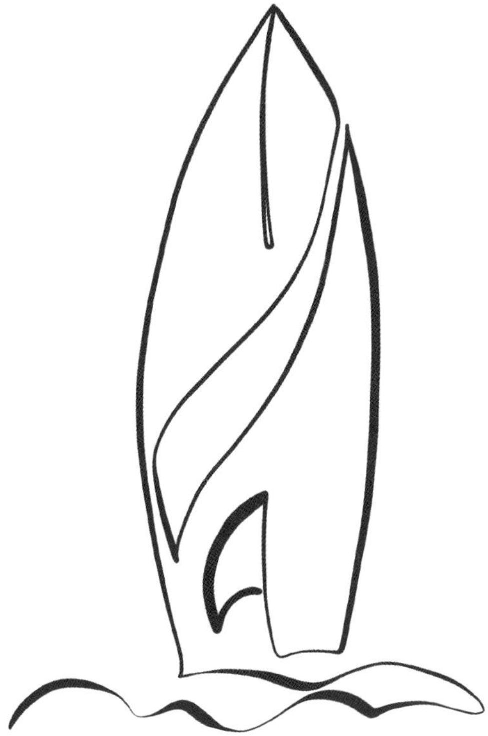

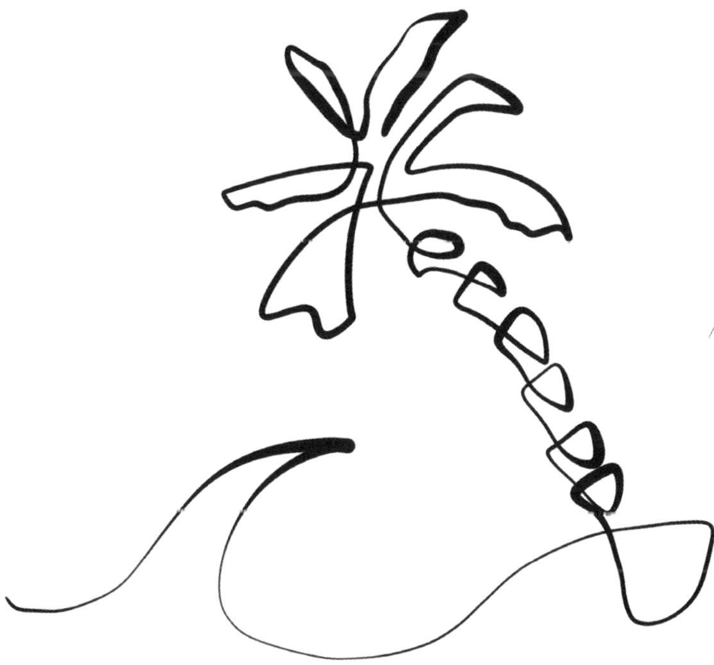

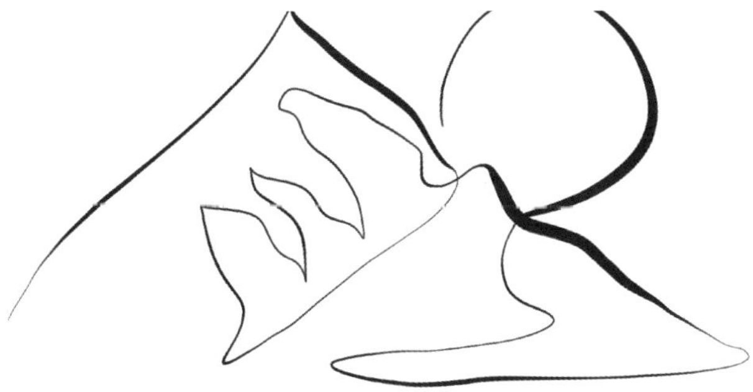

Aquarell & One Line Art

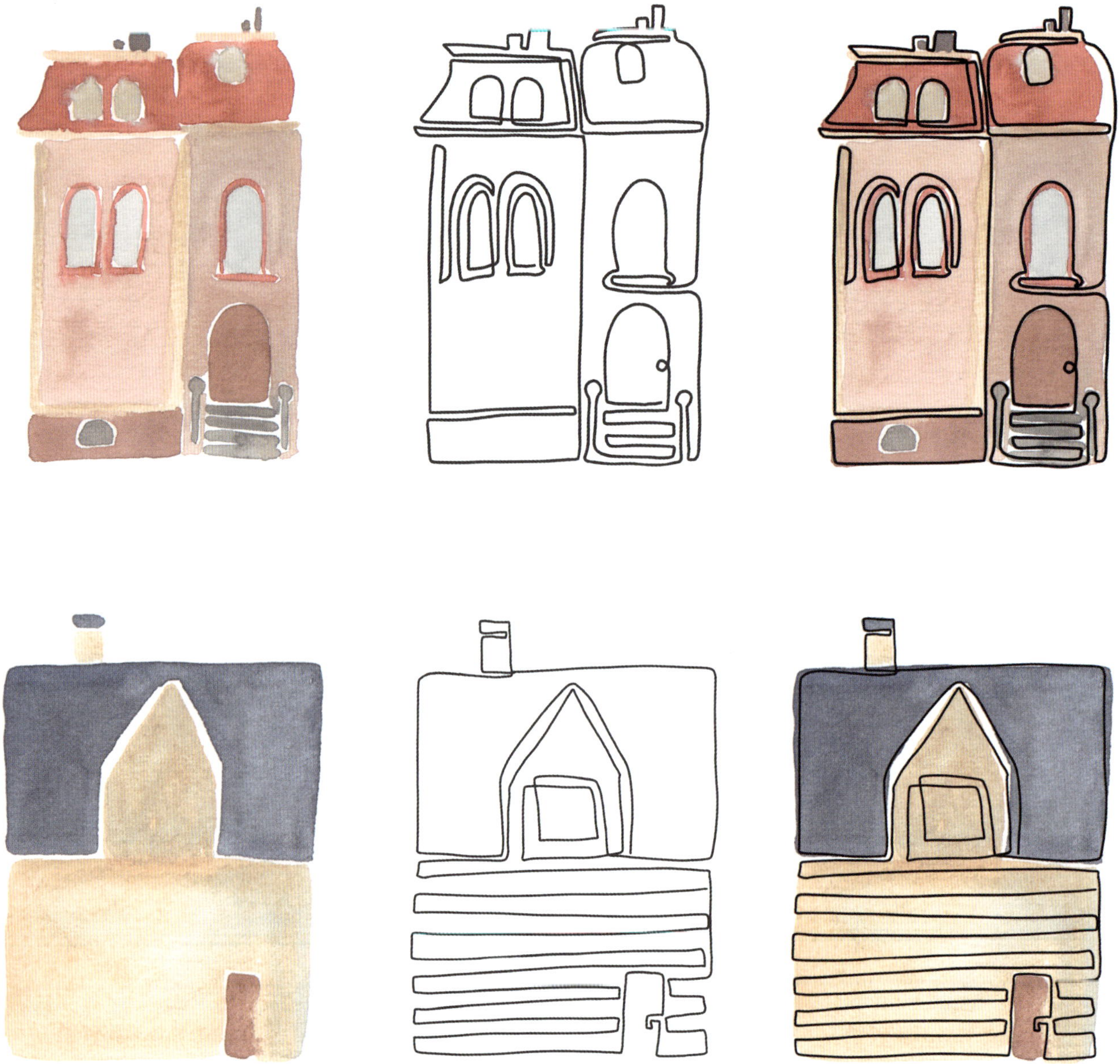

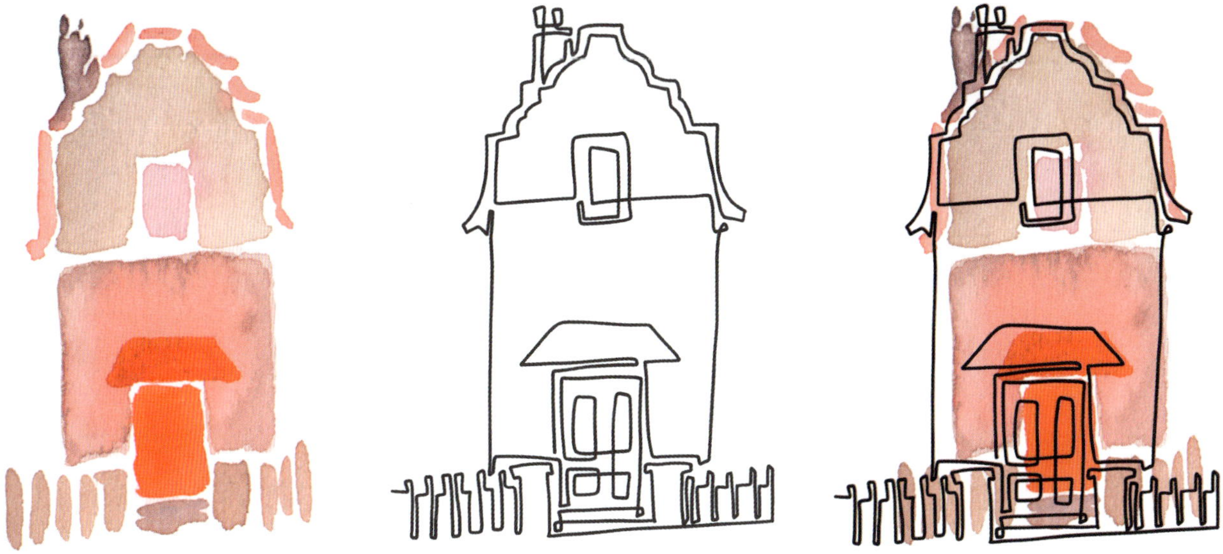

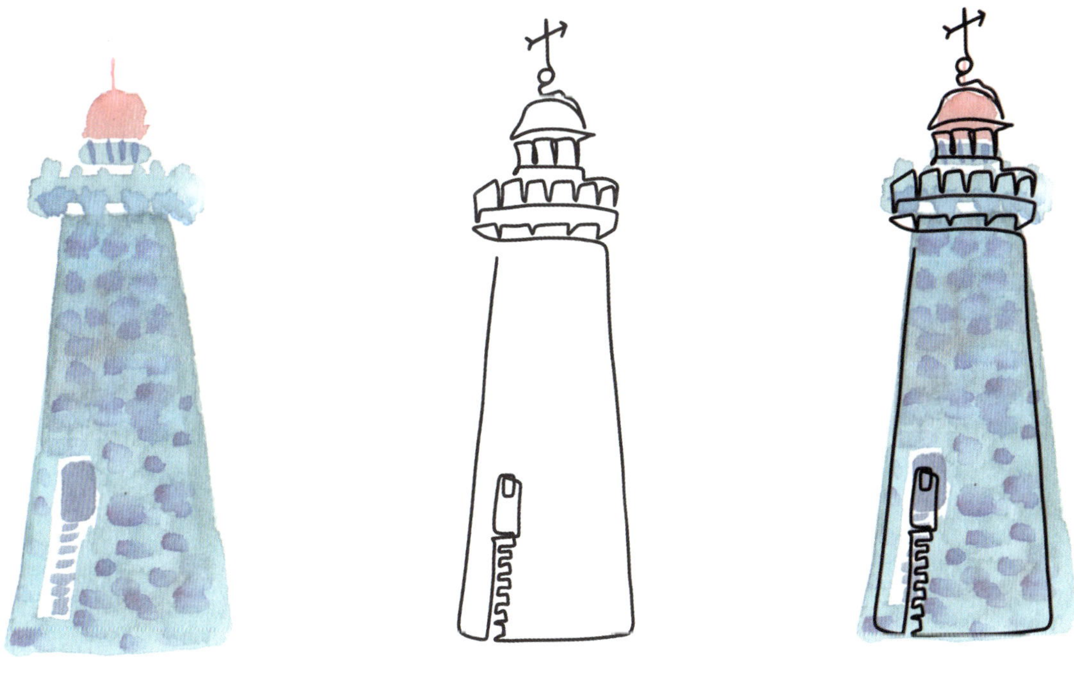

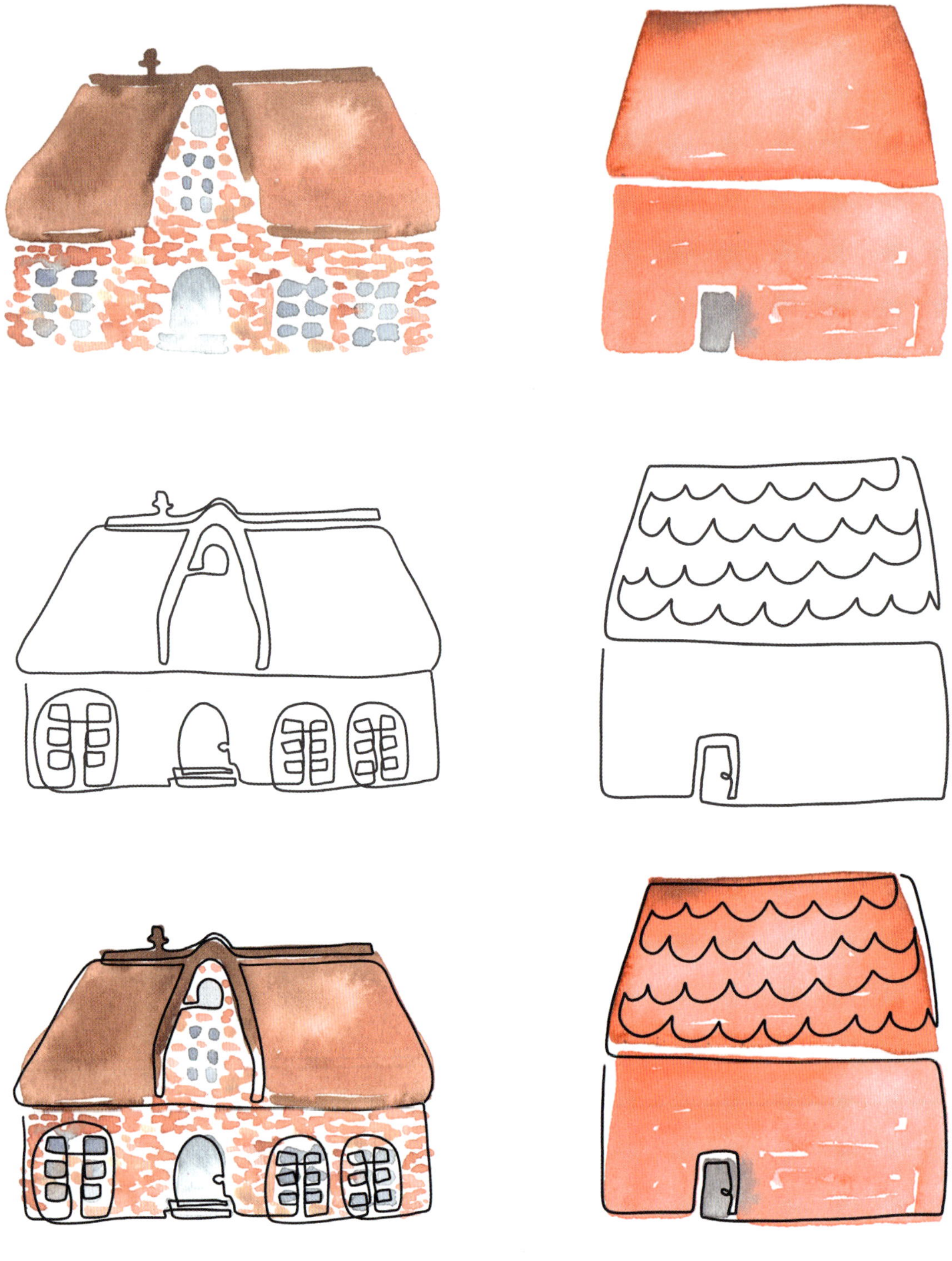

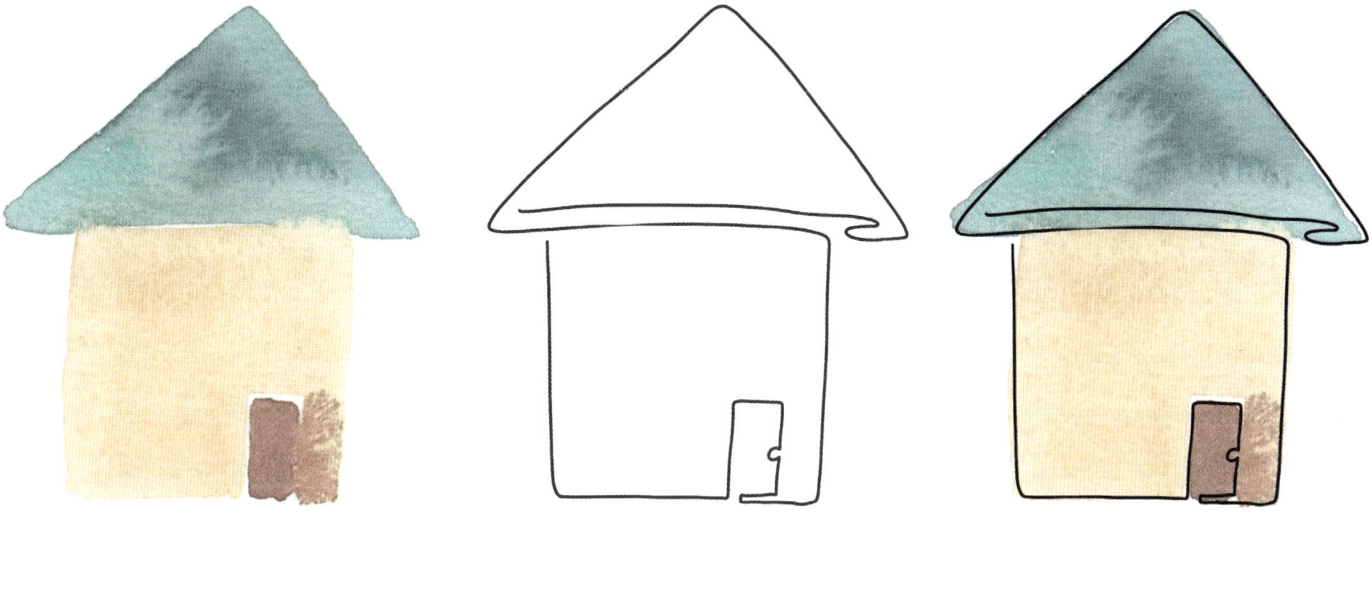

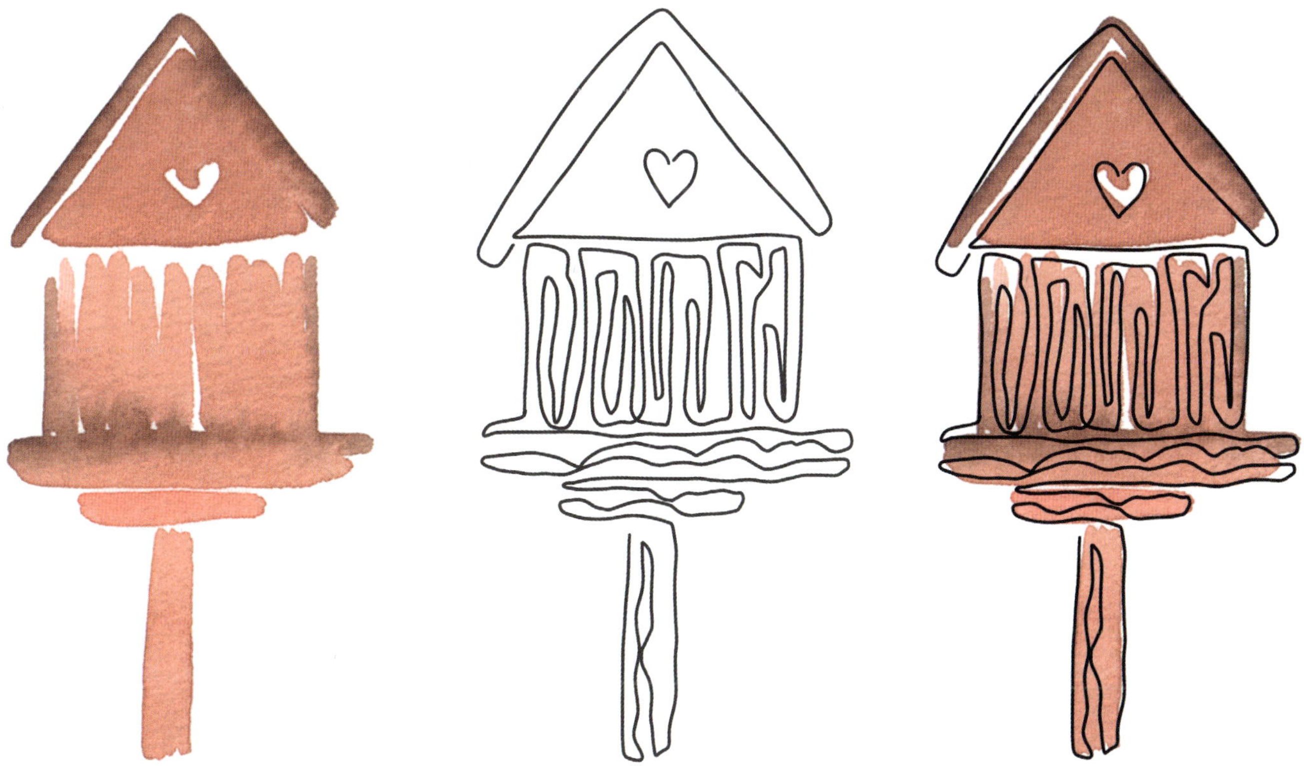

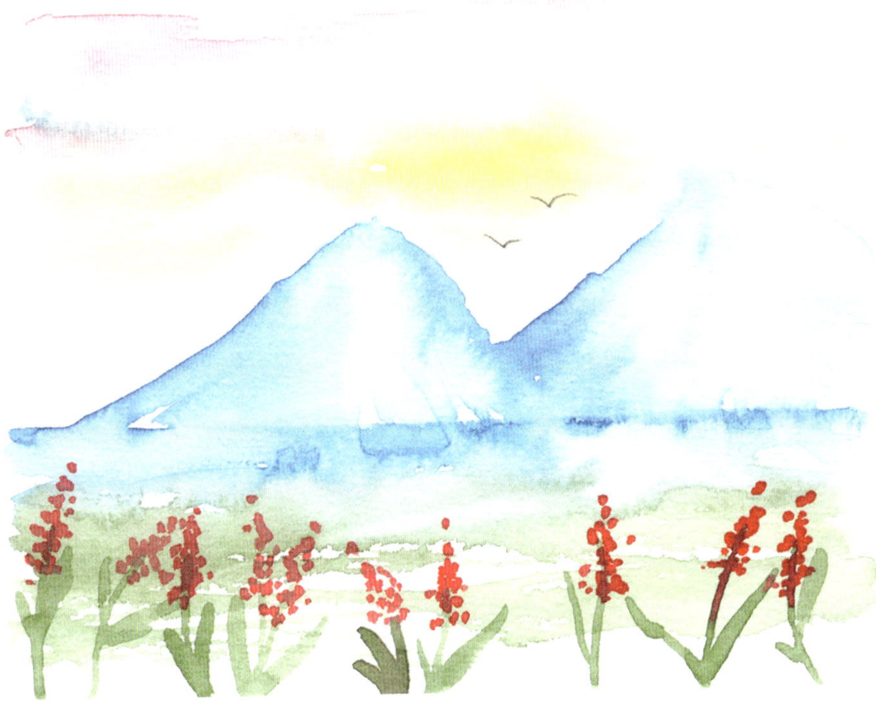

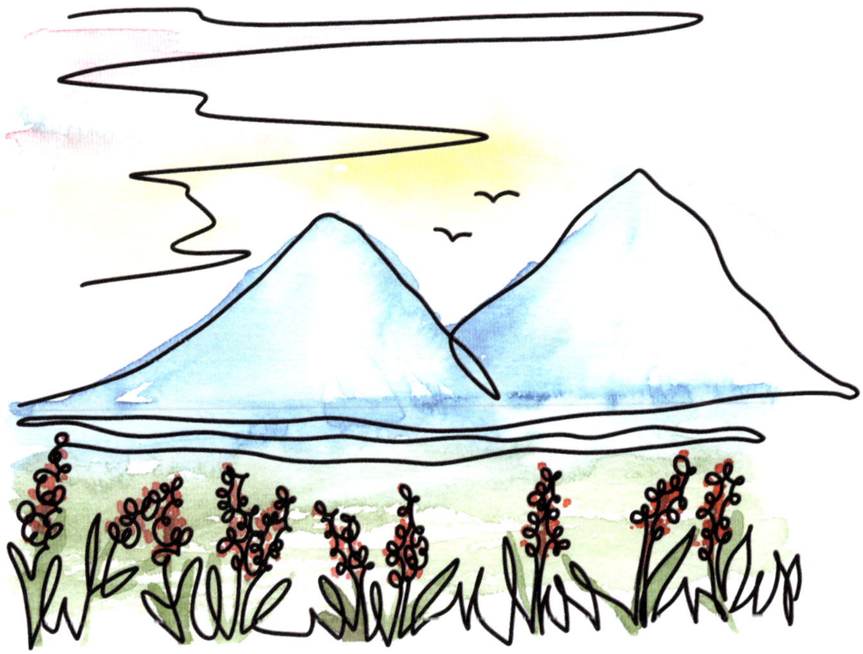

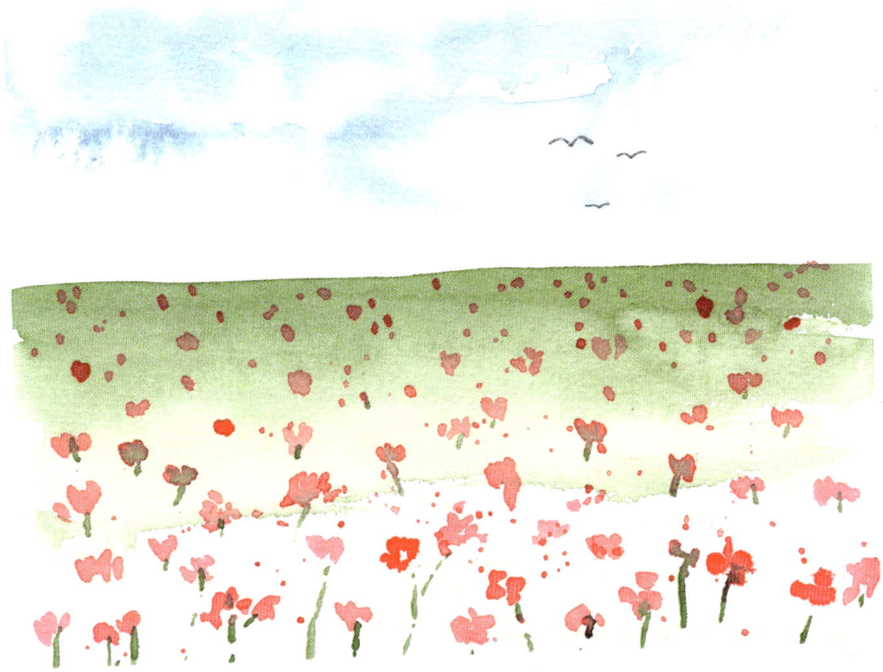

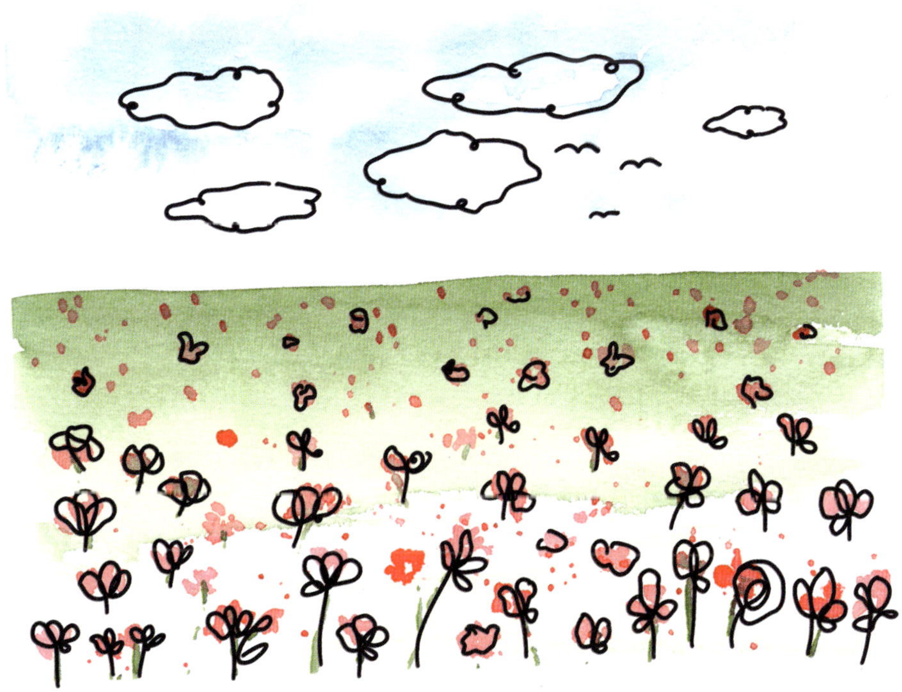

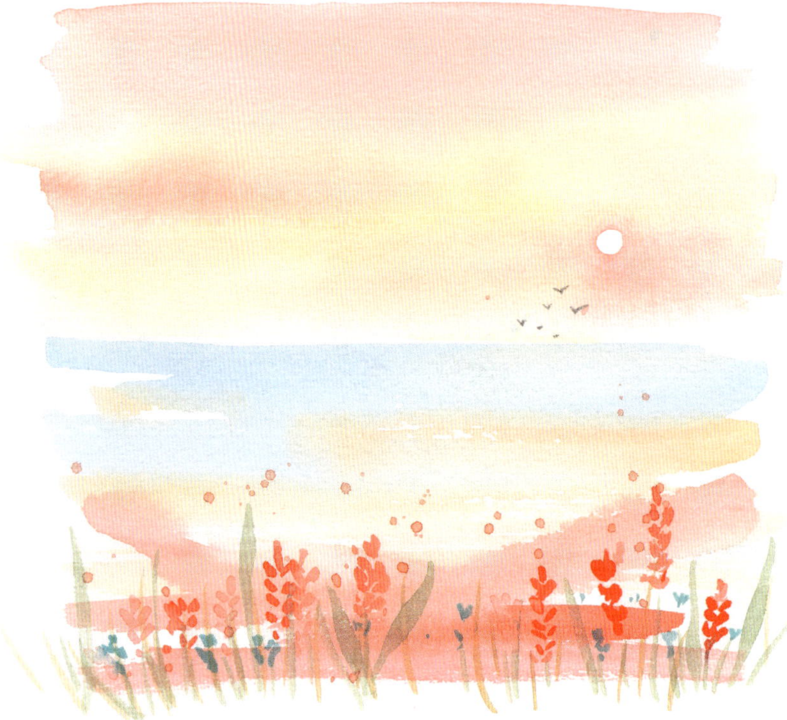

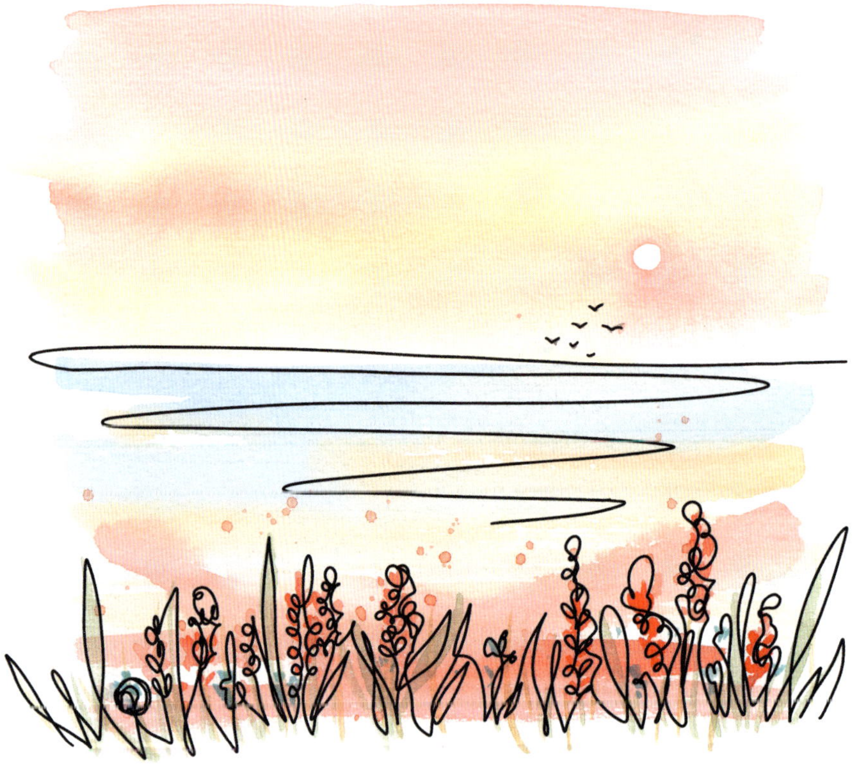

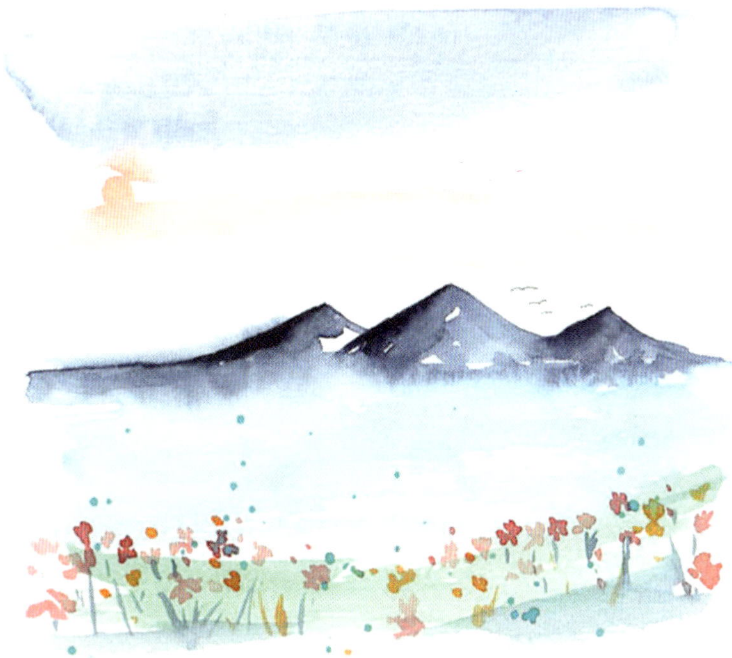

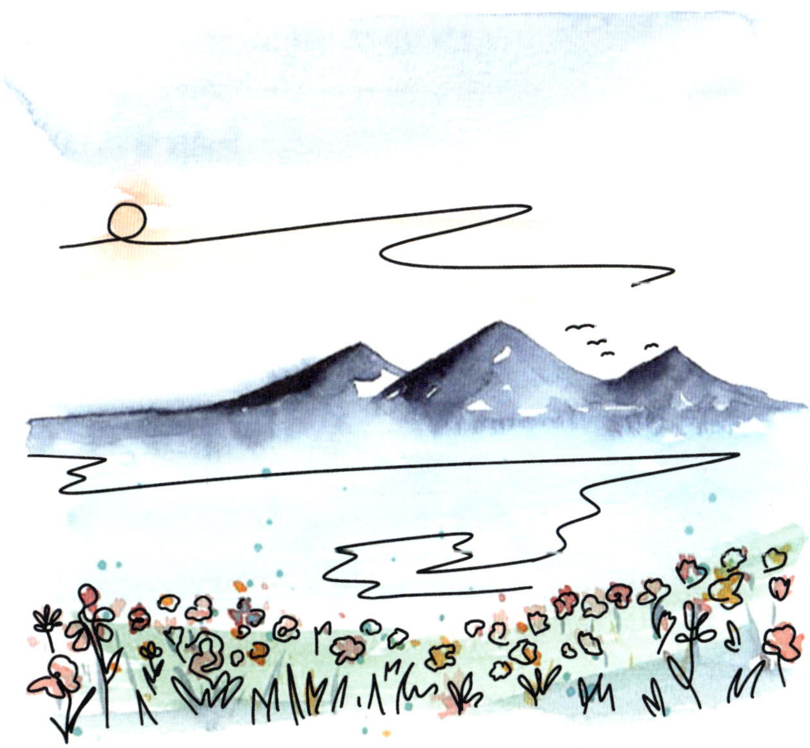

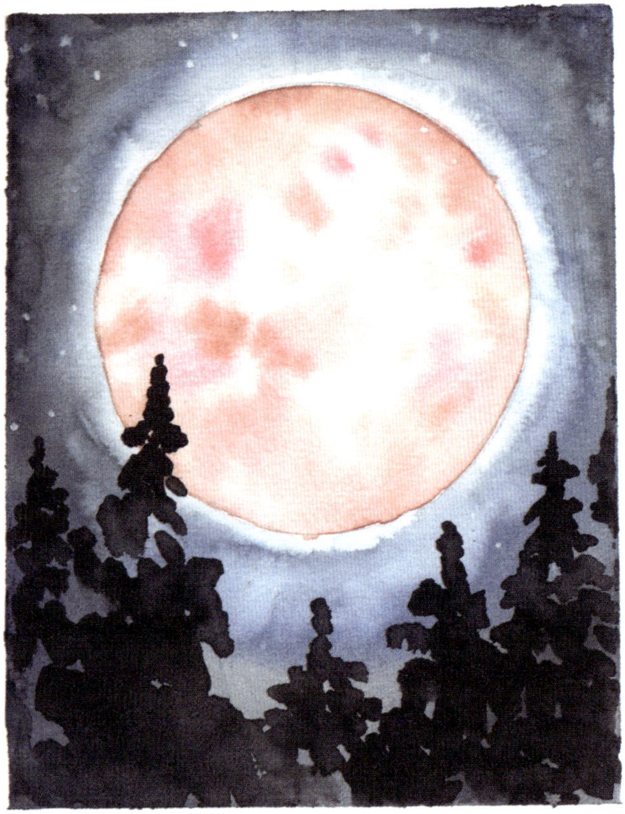

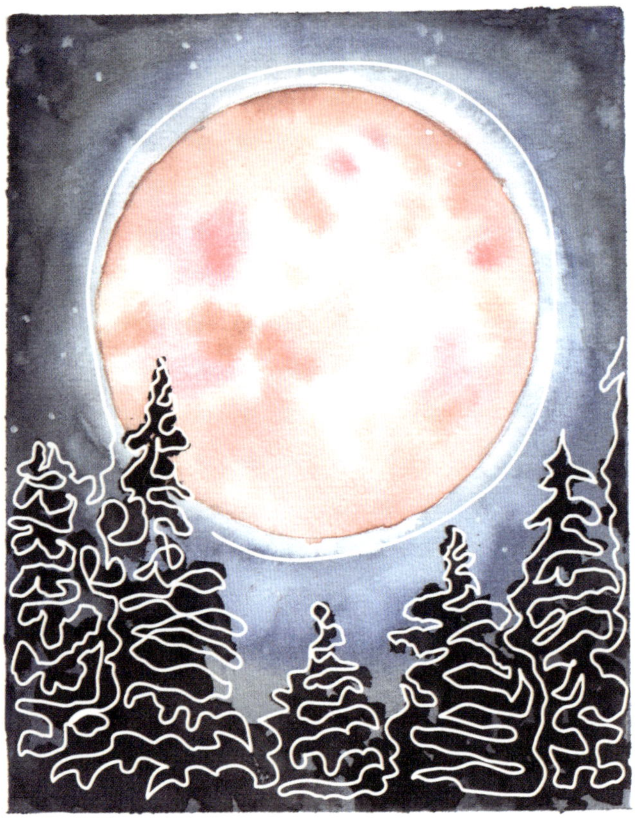

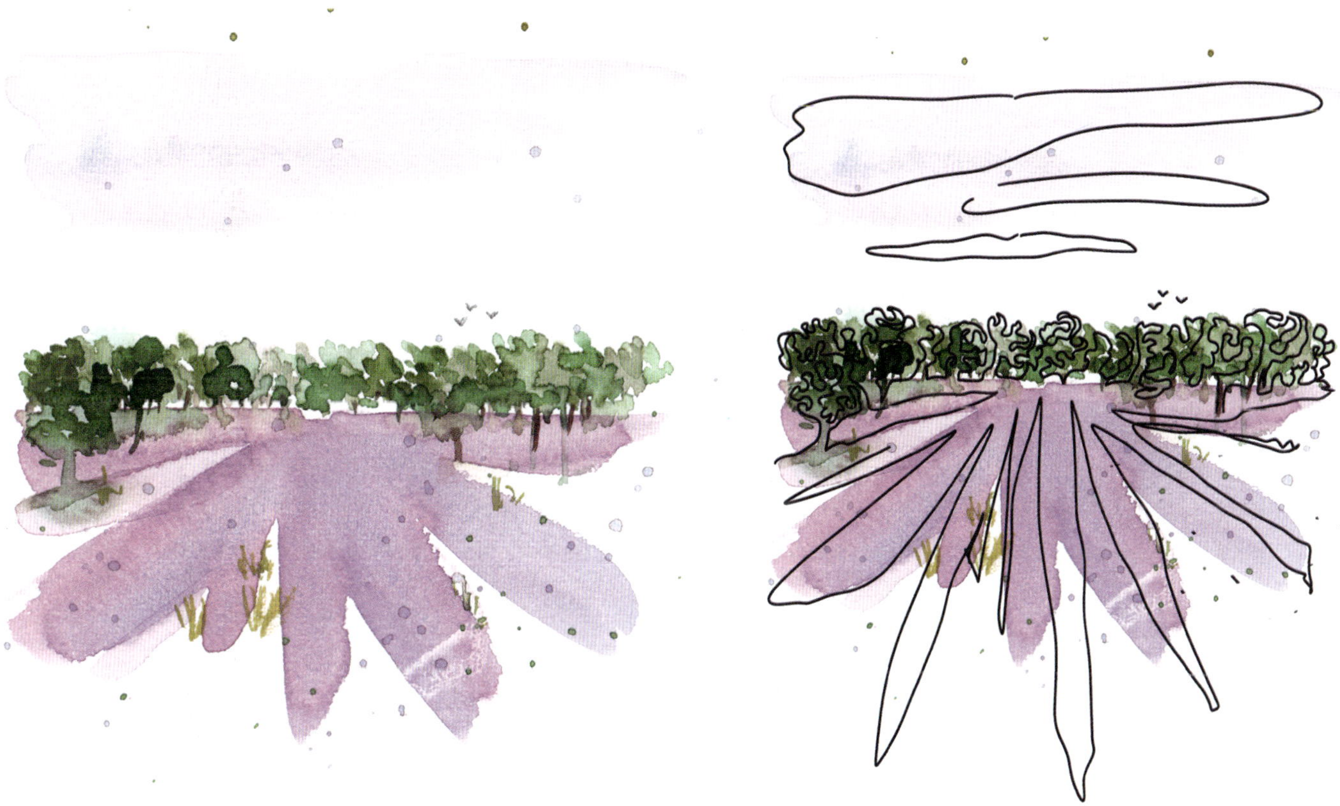

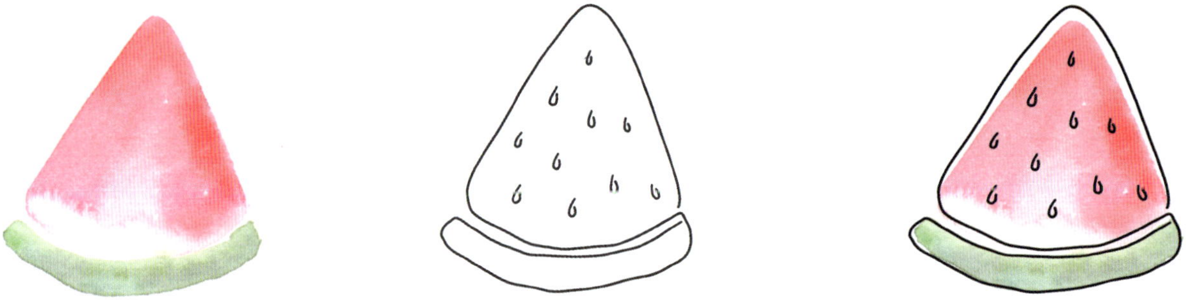

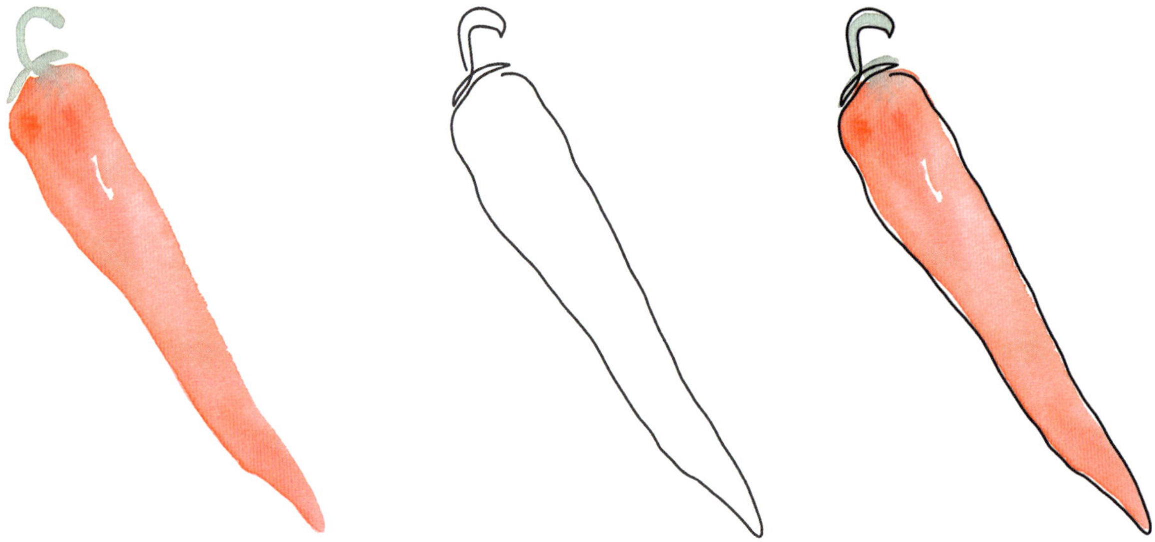

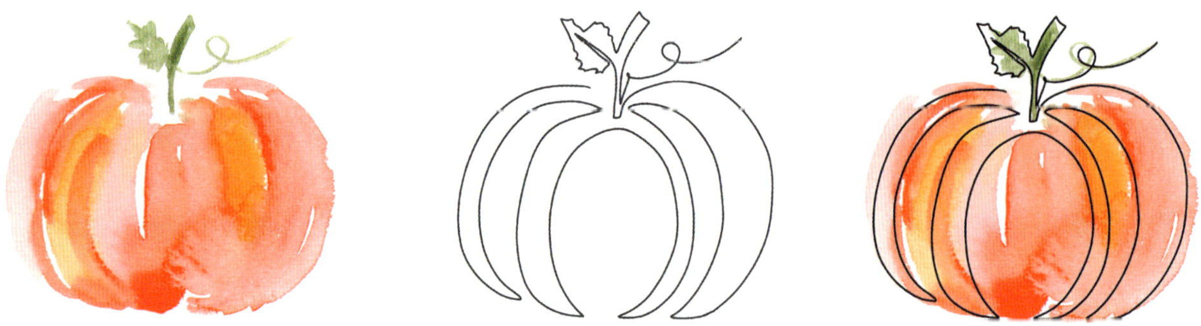

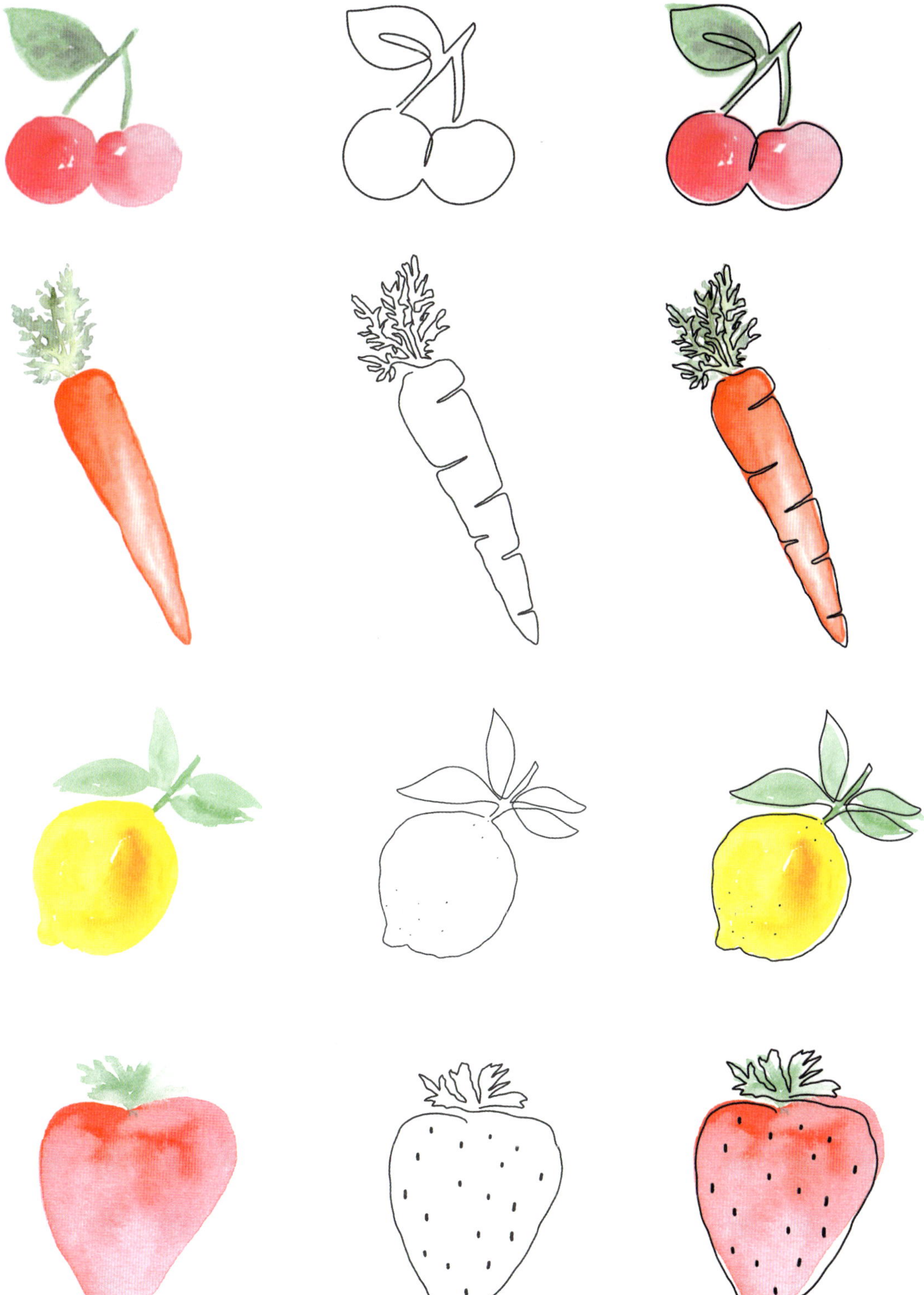

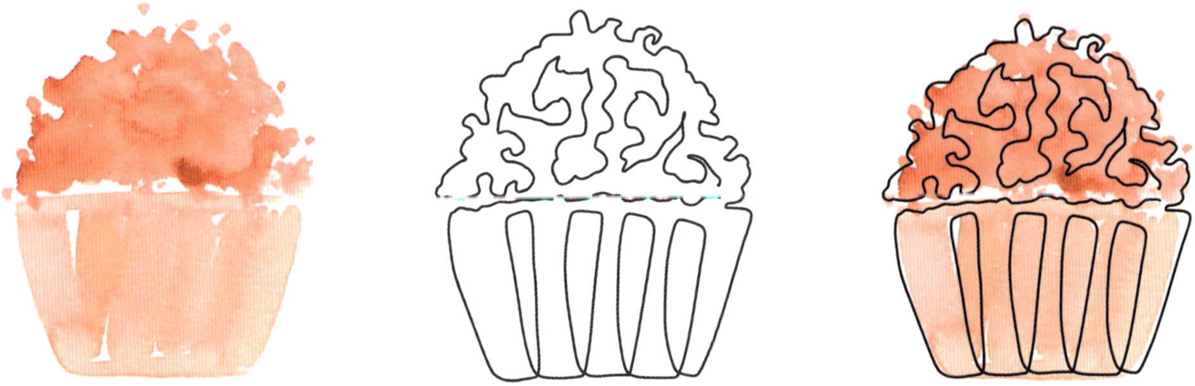

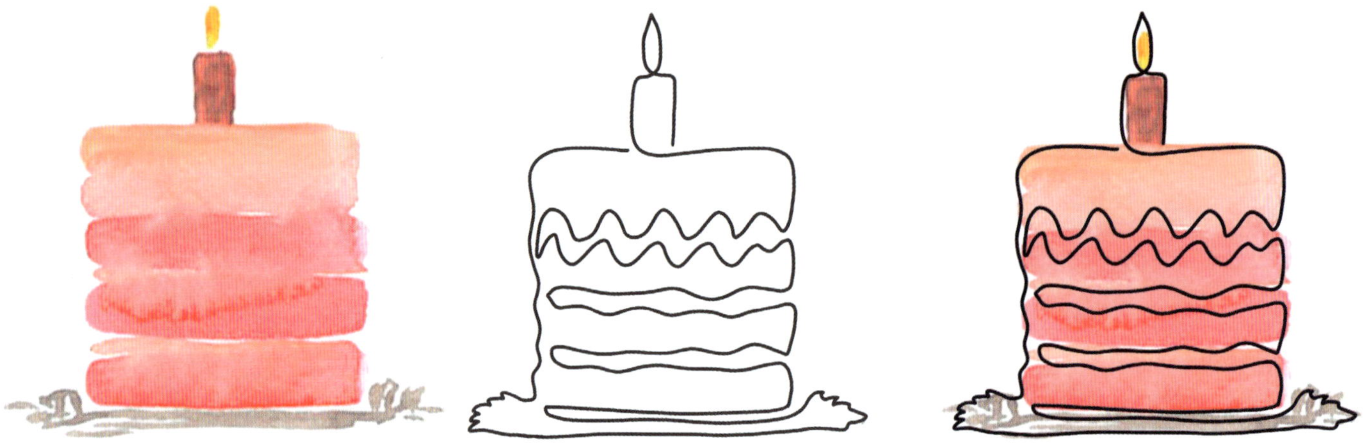

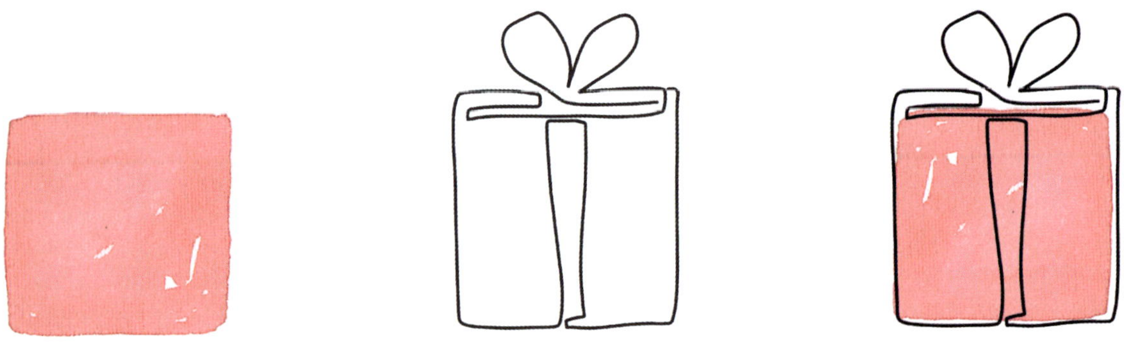

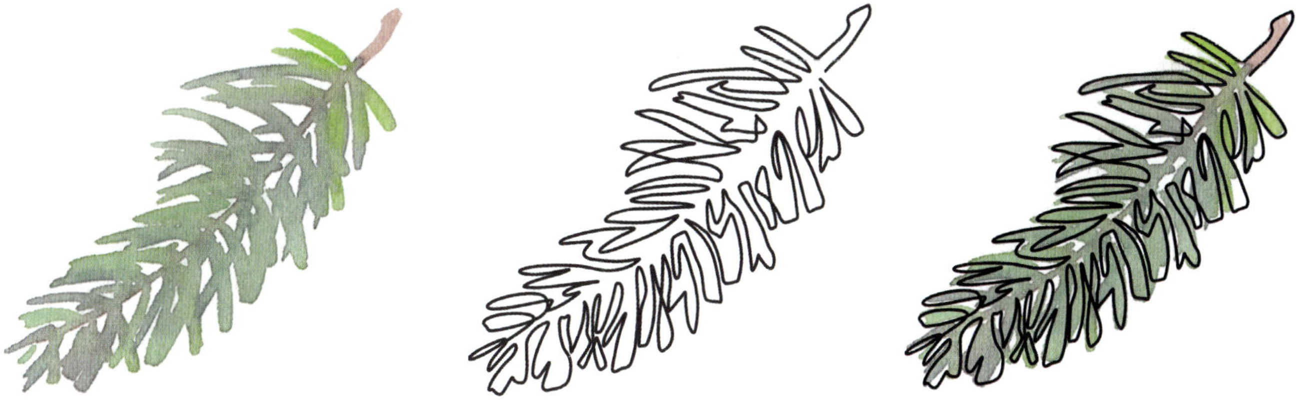

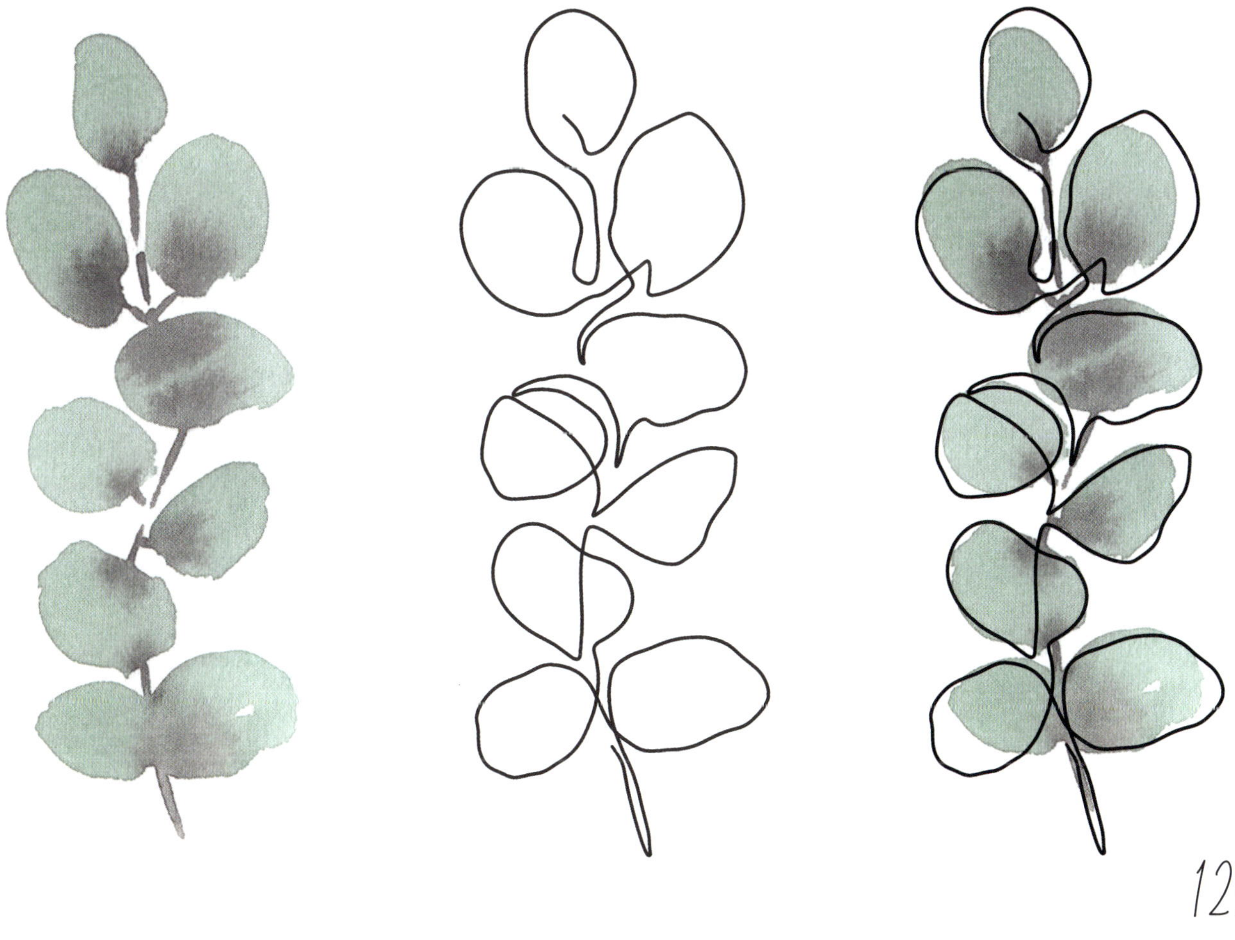

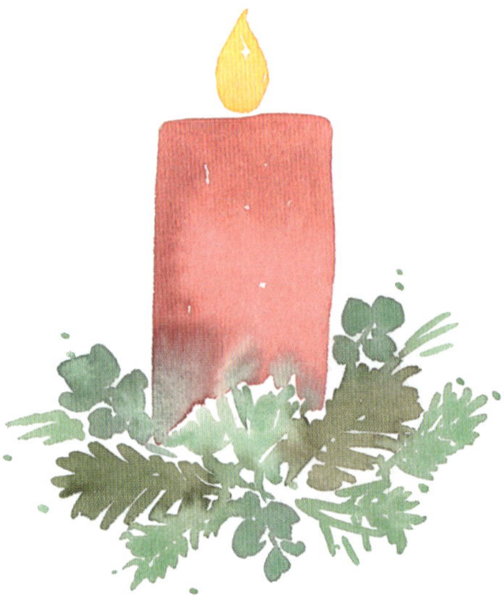
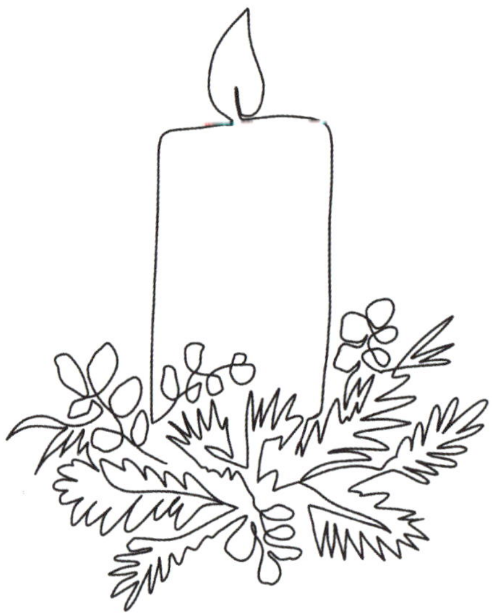
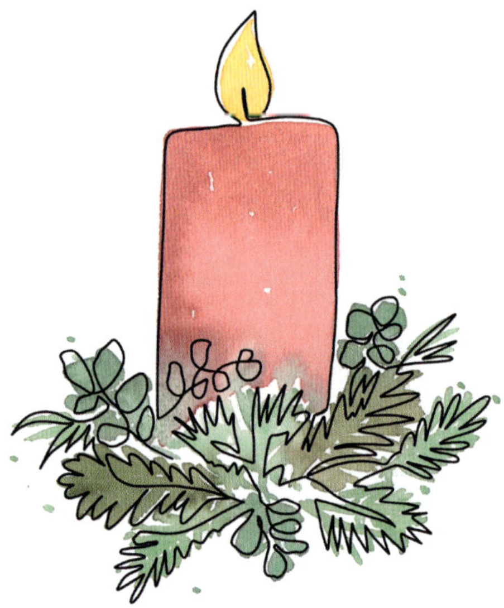

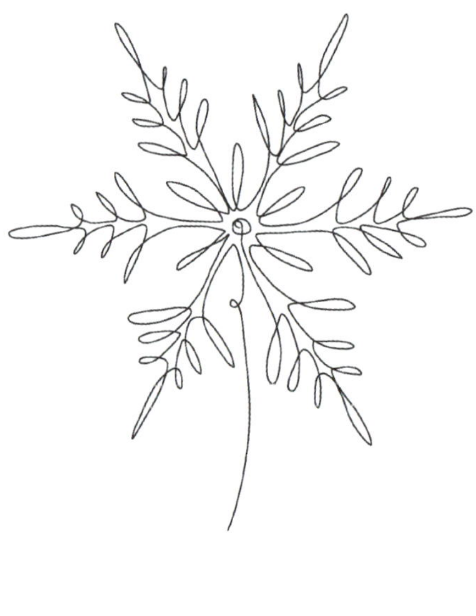
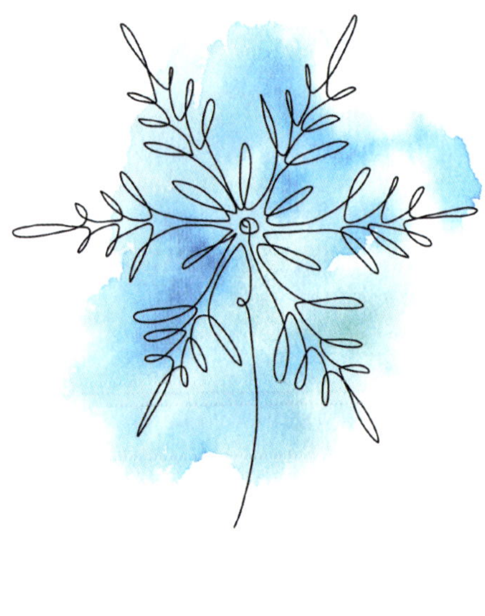

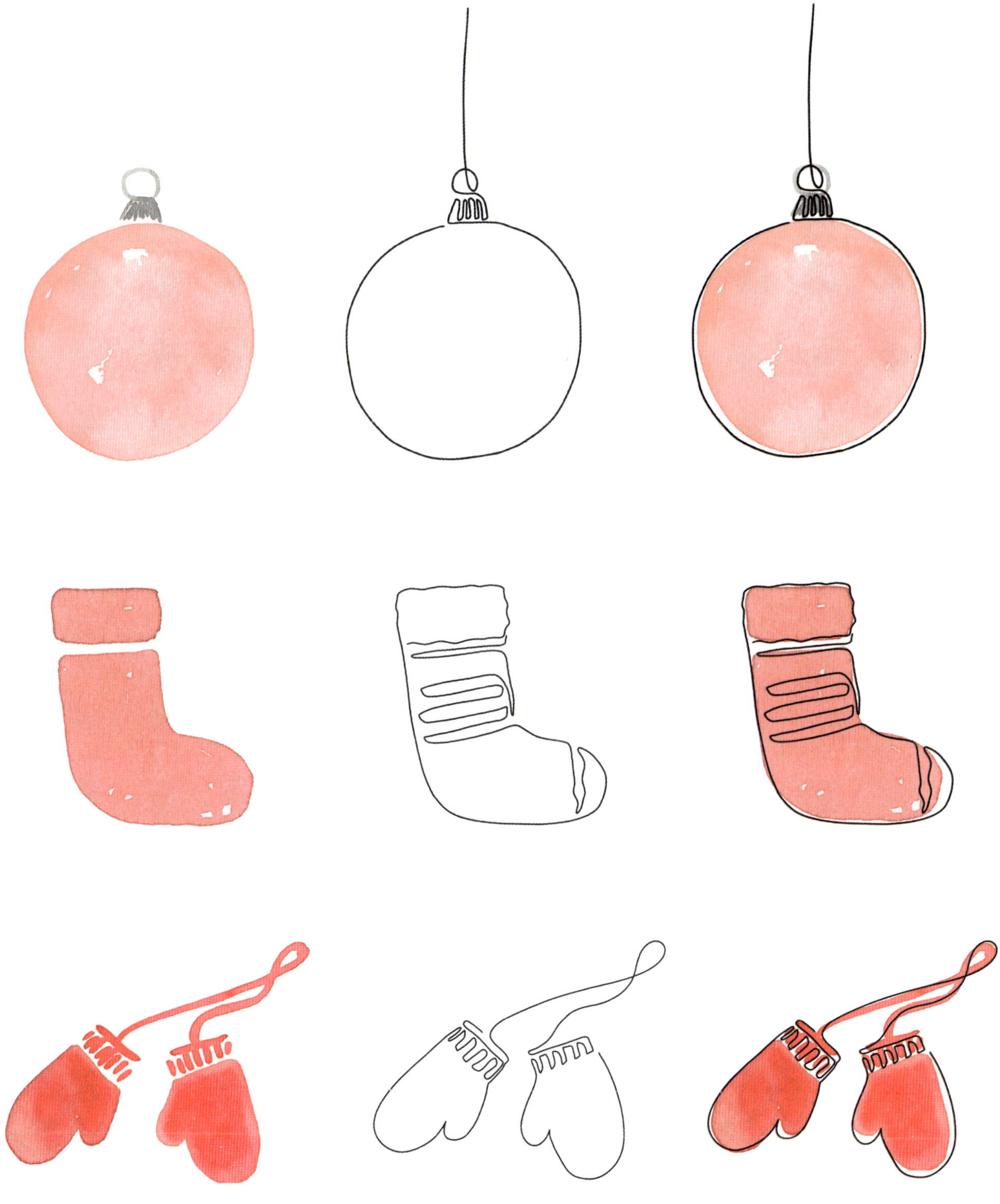

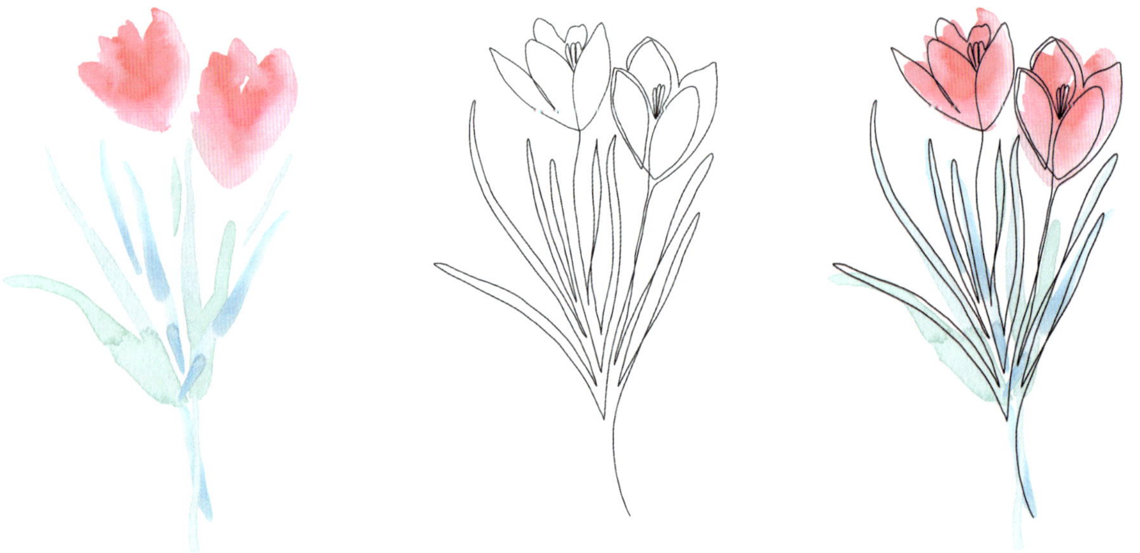

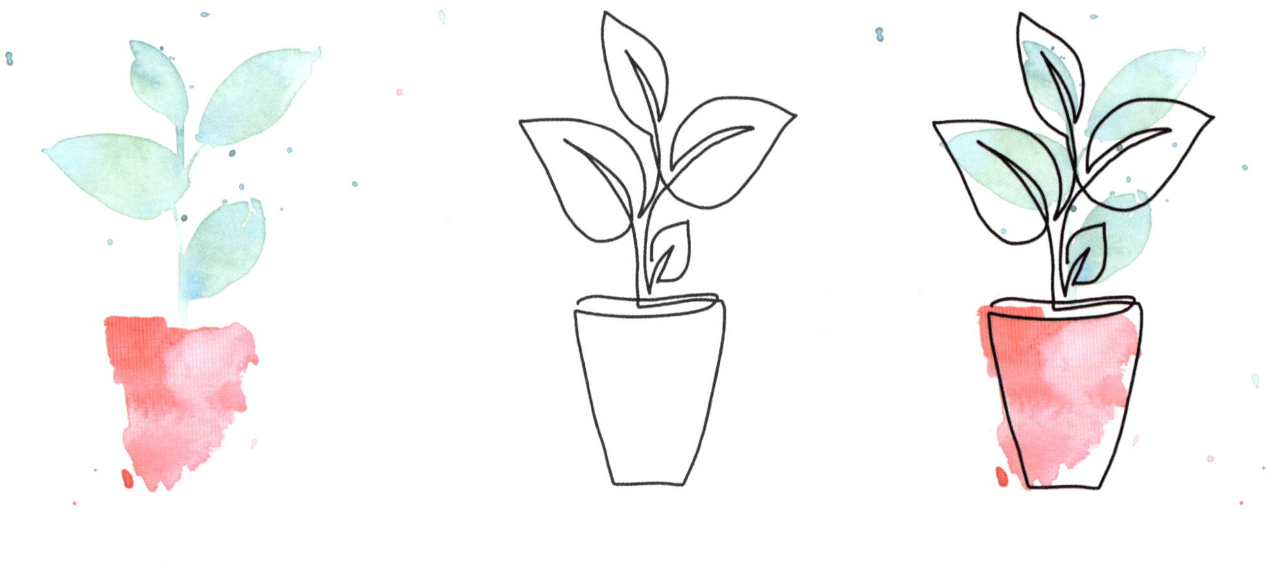

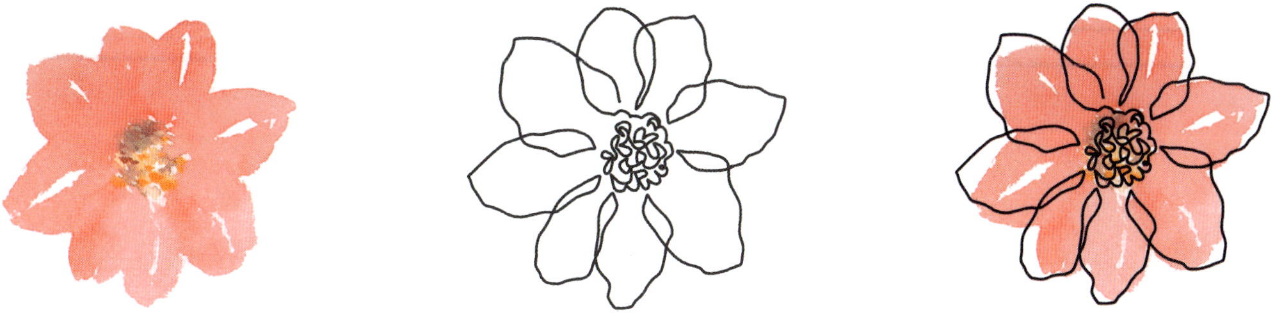

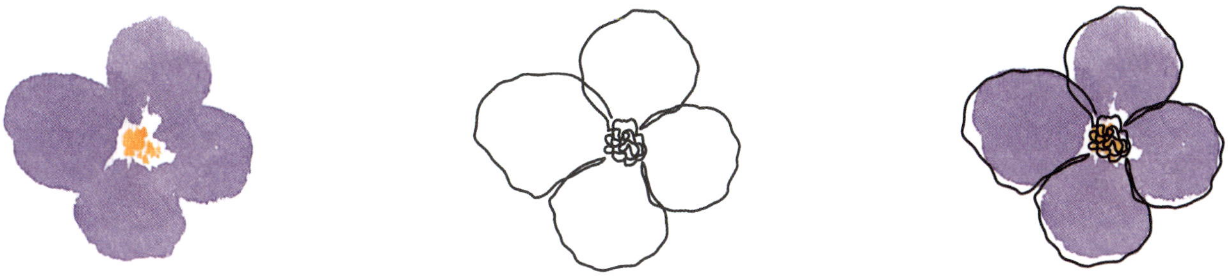

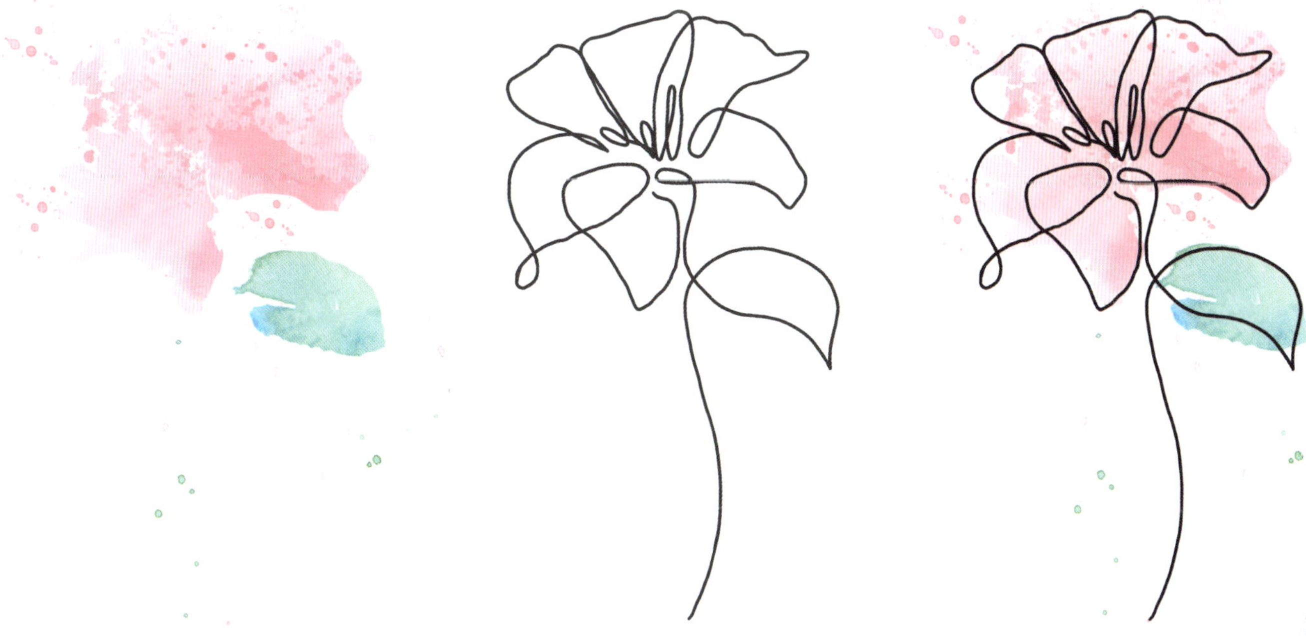

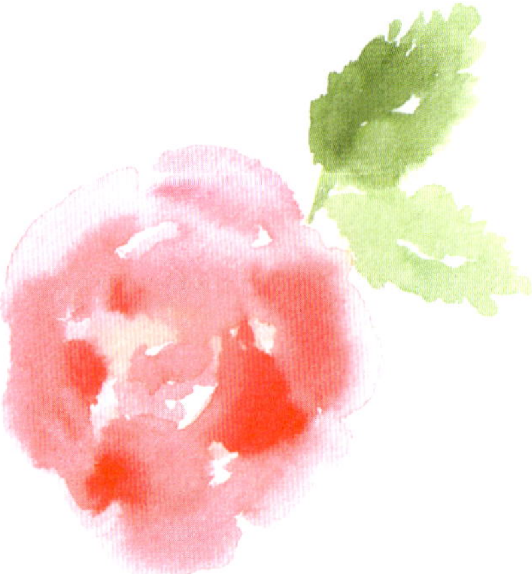
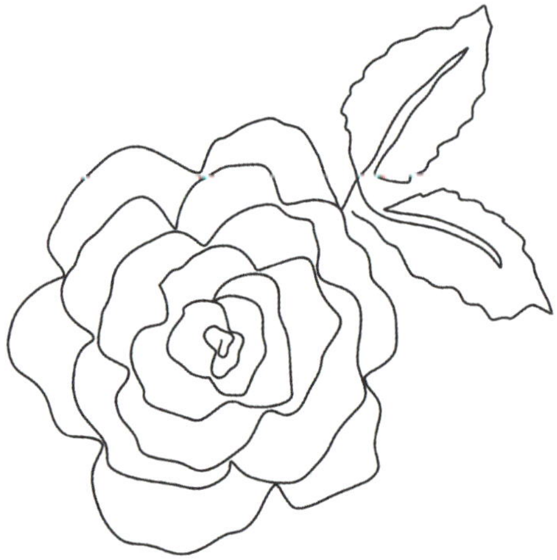
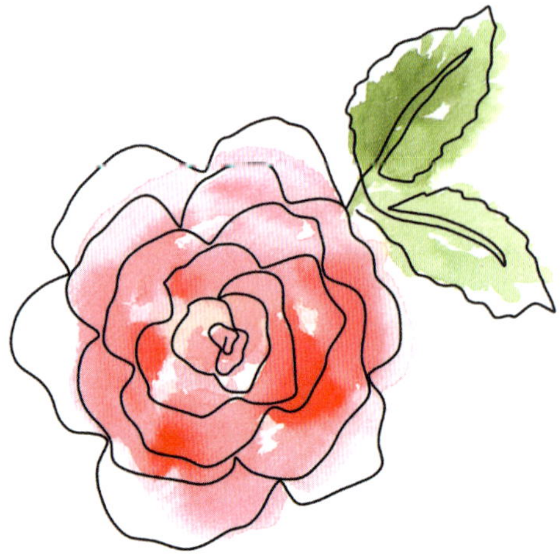
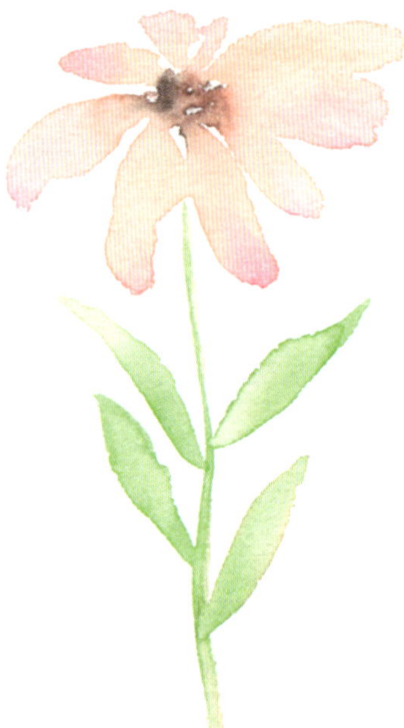
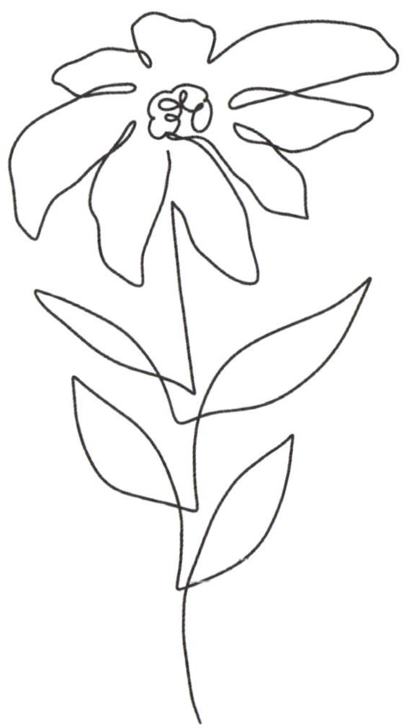
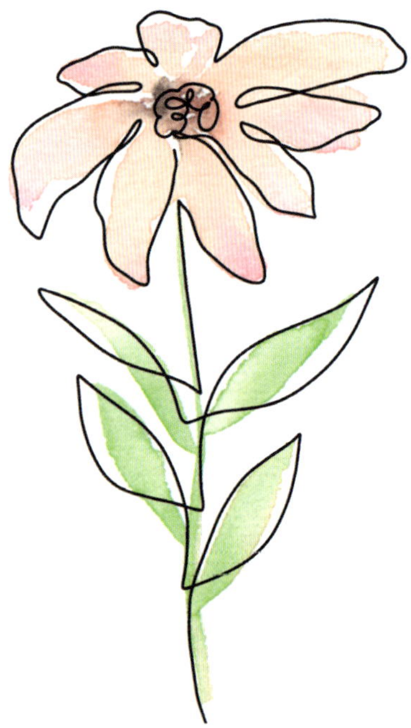

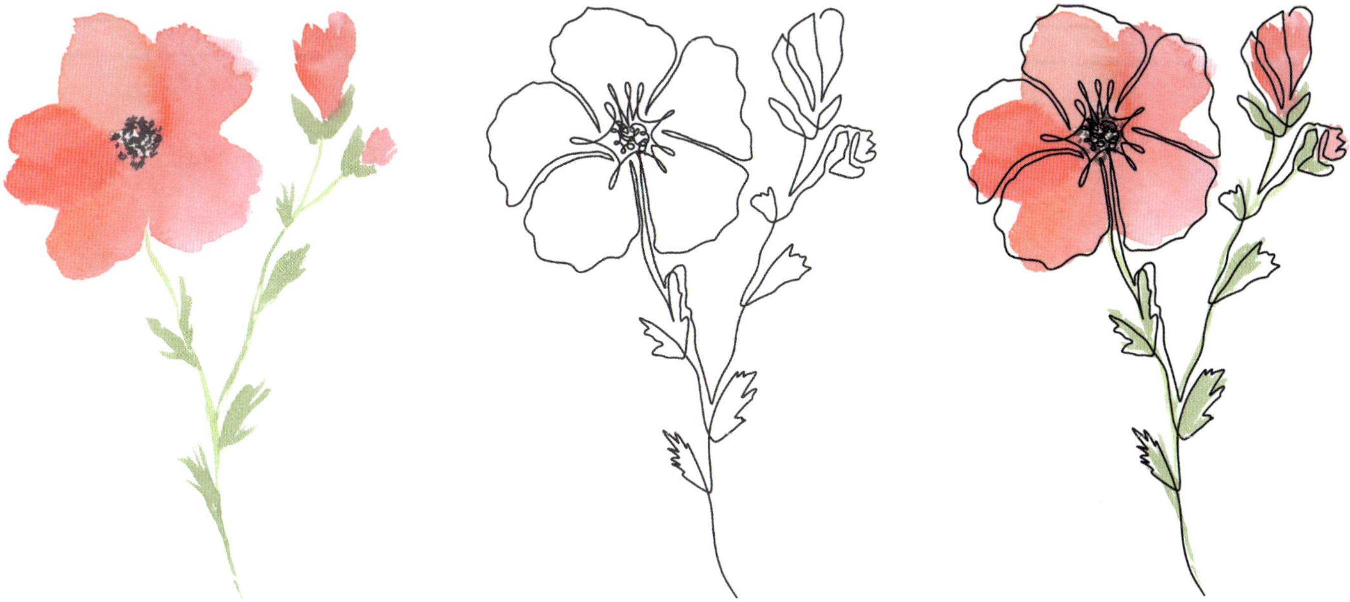

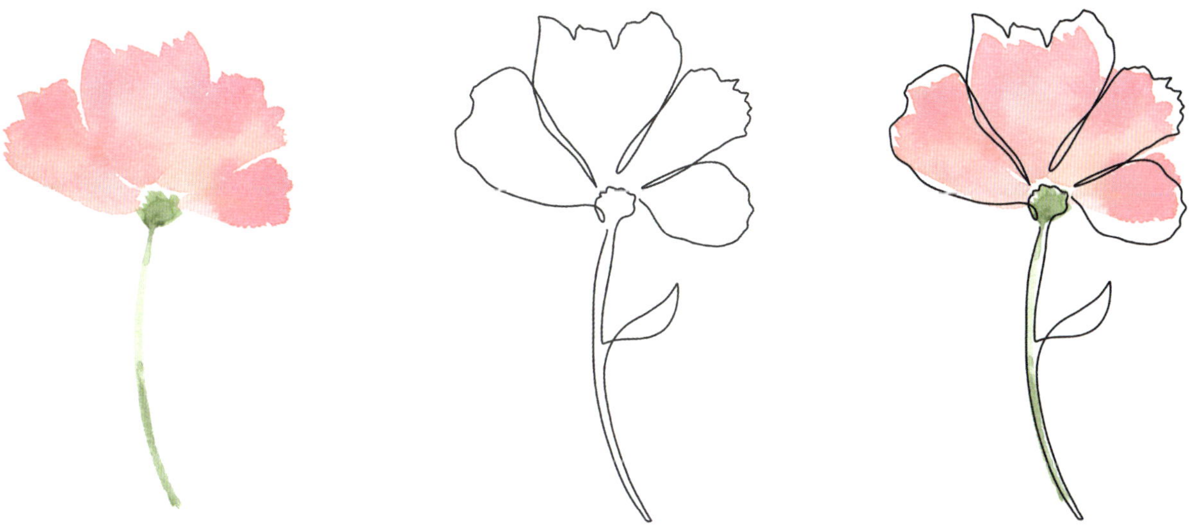

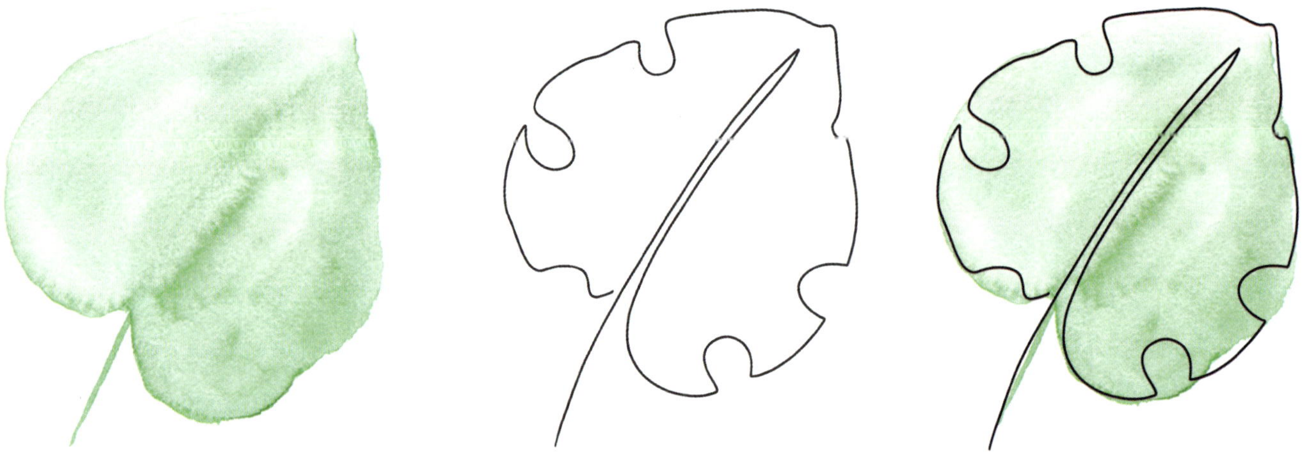

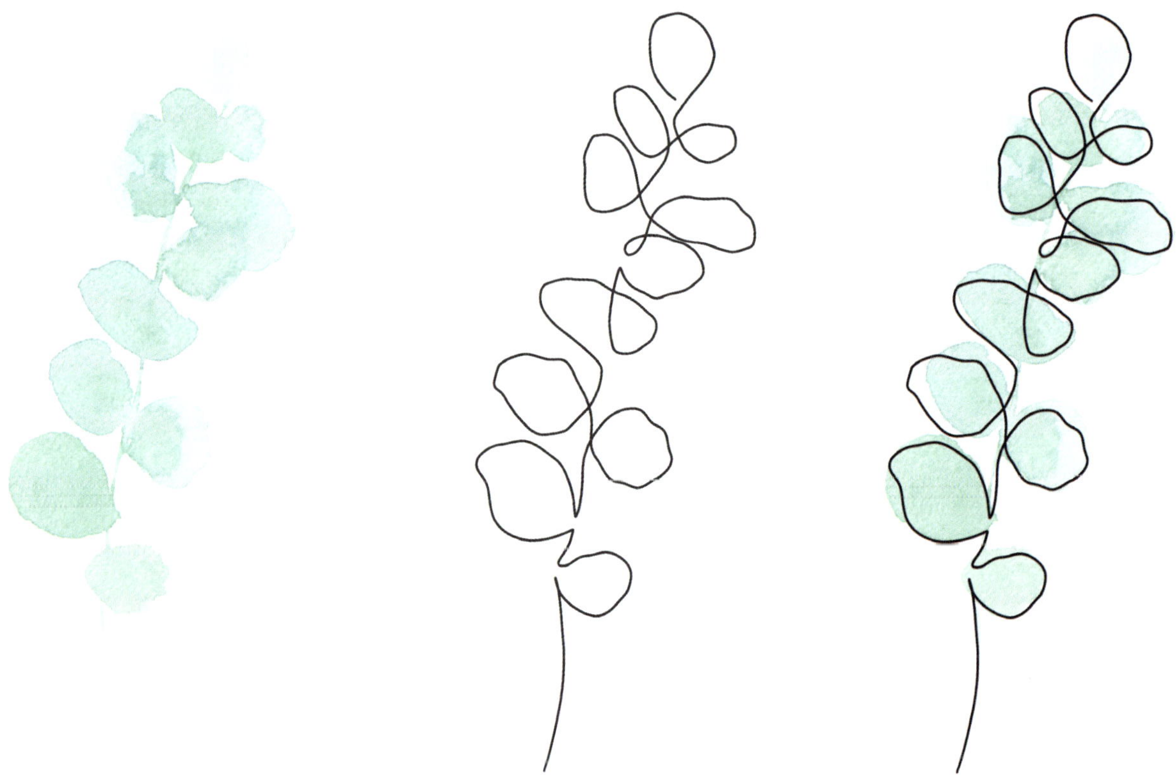

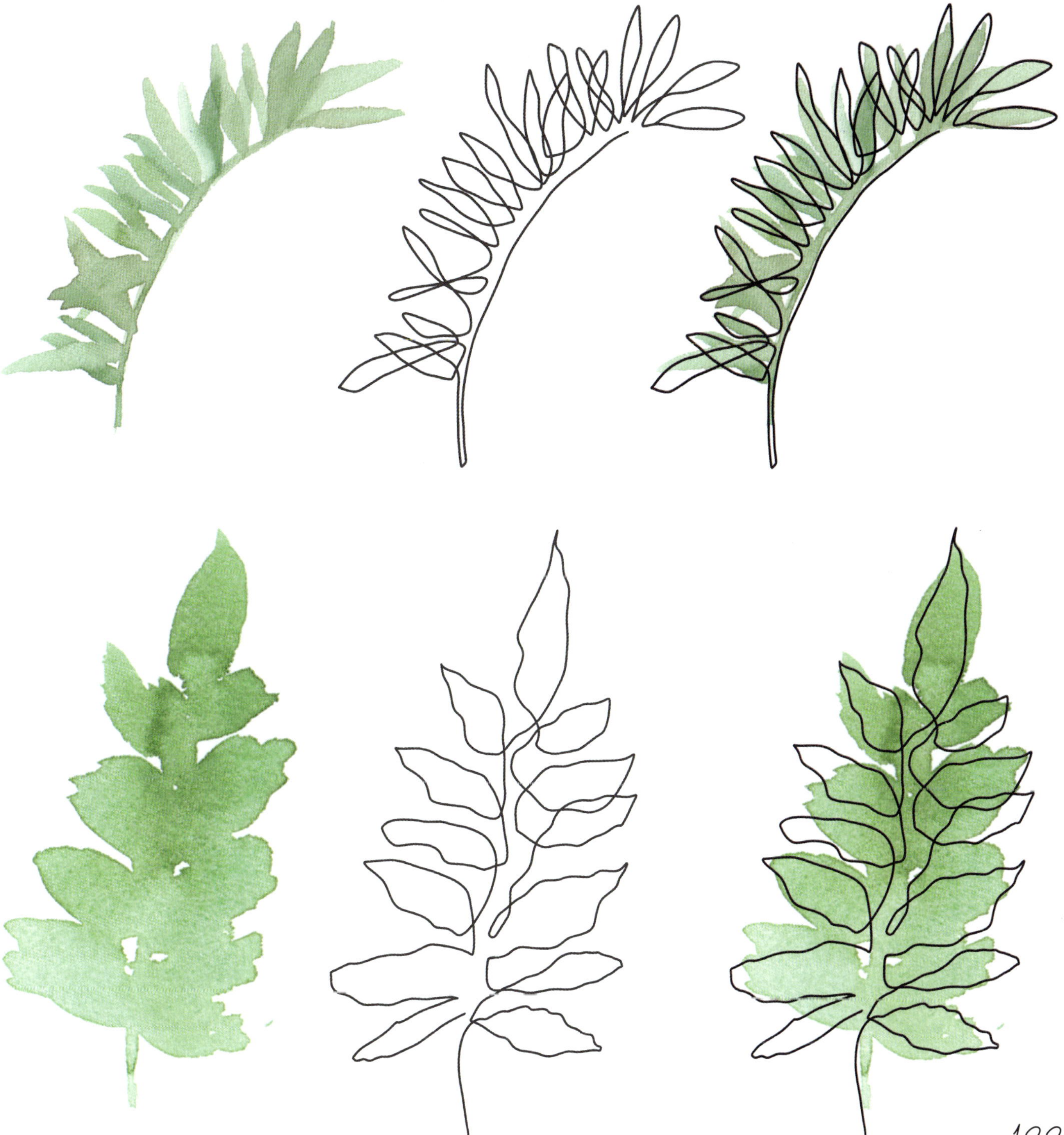

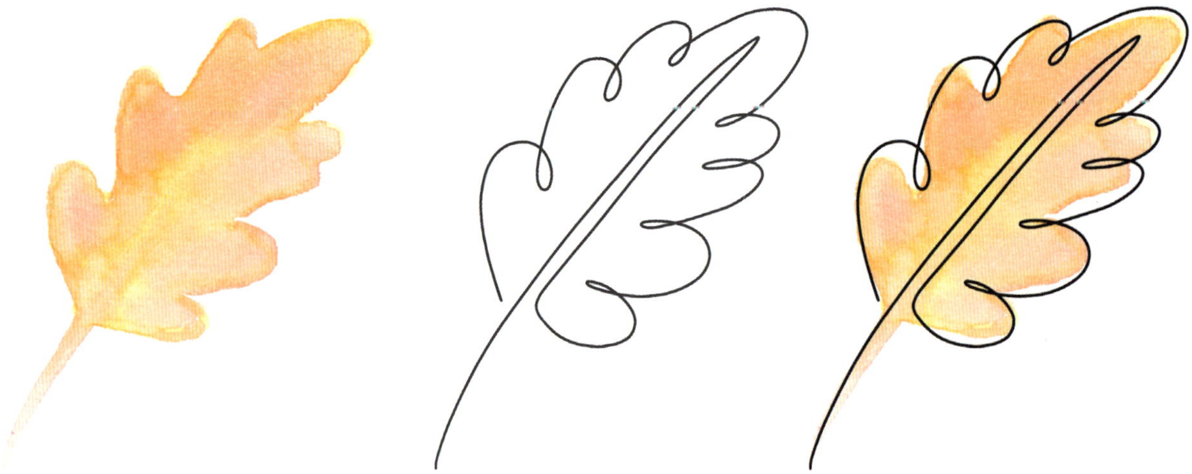

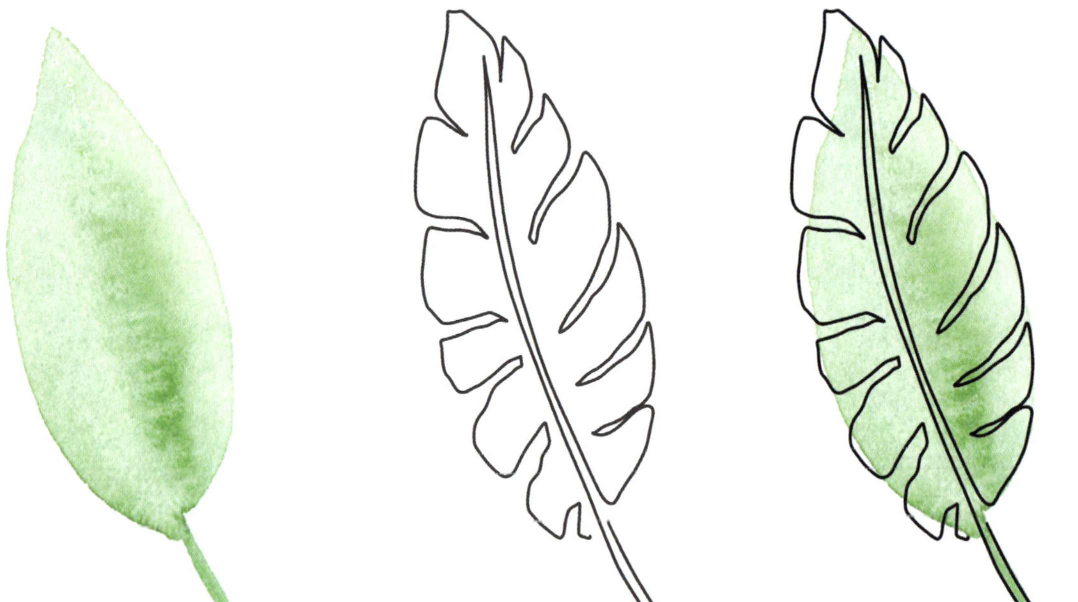

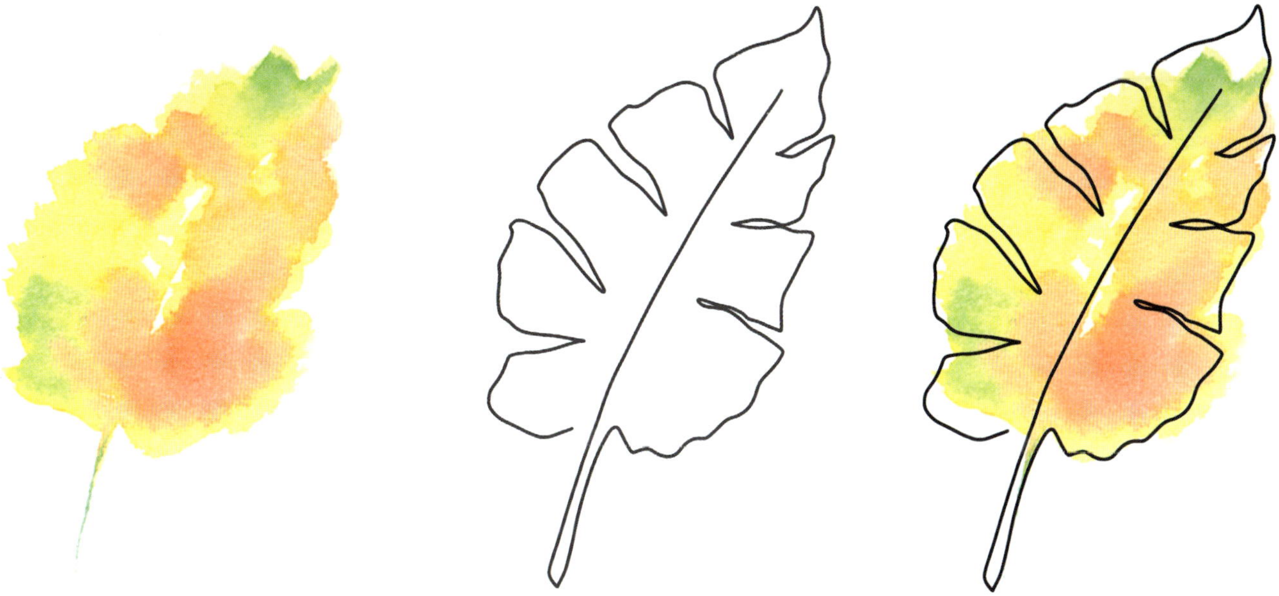

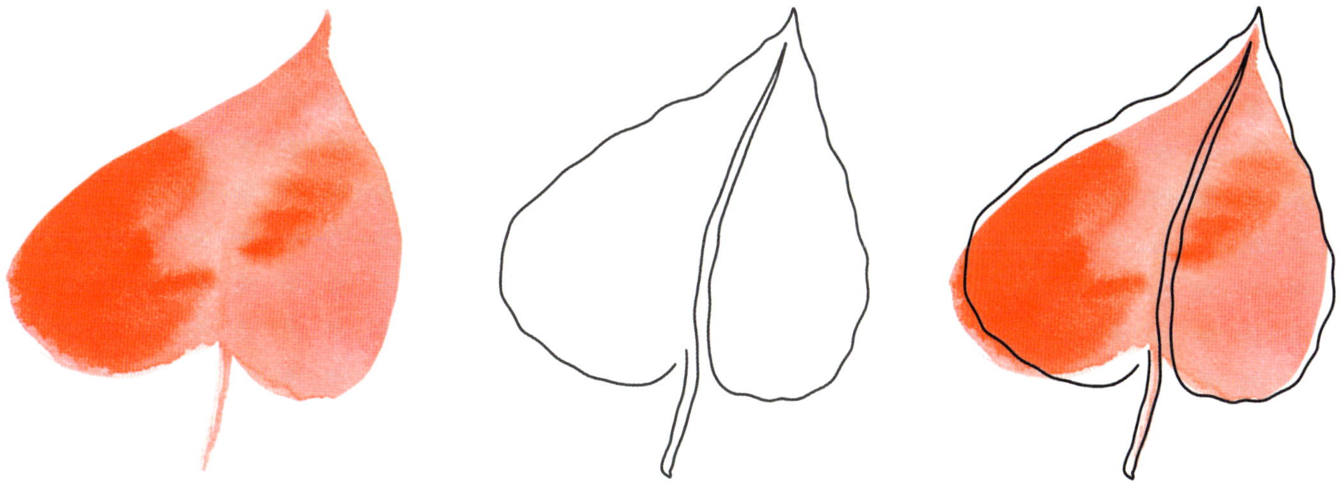

Be my Valentine

Happy Valentines Day

ALLES LIEBE ZUM Valentinstag

Happy Valentine's Day

Happy Valentine's Day

Danke

VIELEN ♡ DANK

Ein herzliches

DANKE

danke

du bist
DIE BESTE
mama

Mama
du bist
wunderbar

FÜR DIE
beste
Mama

alles
Liebe
zum
Mutter
tag

danke
MAMA

PAPA
ich hab dich lieb

Dad
du bist mein
Held

Alles gute zum
Vatertag

PAPA
IST DER
Beste

ALLES
Liebe
ZUM
Vatertag

Trick or treat

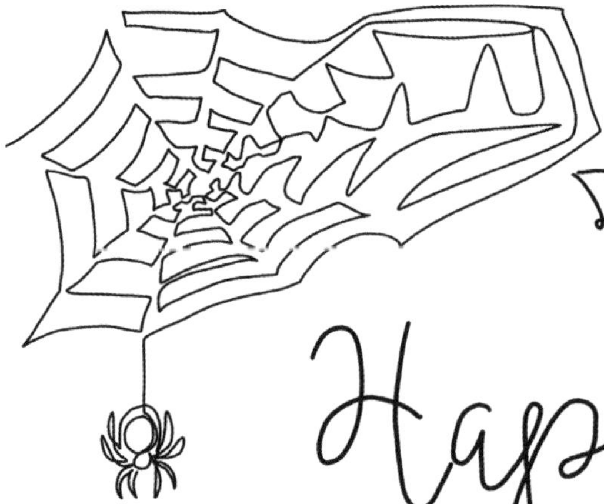

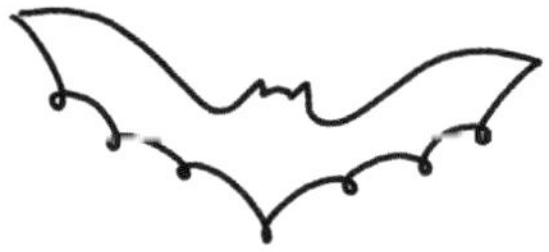

Happy Halloween

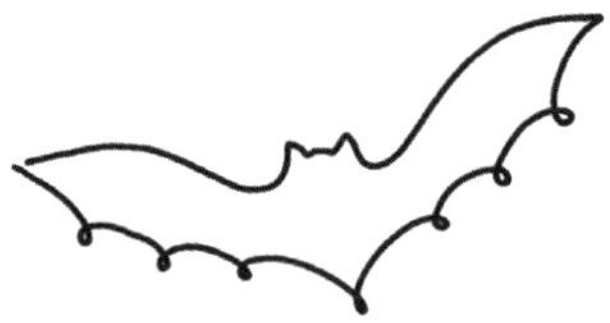

Boo!

Hocus Pocus

HAPPY HALLOWEEN

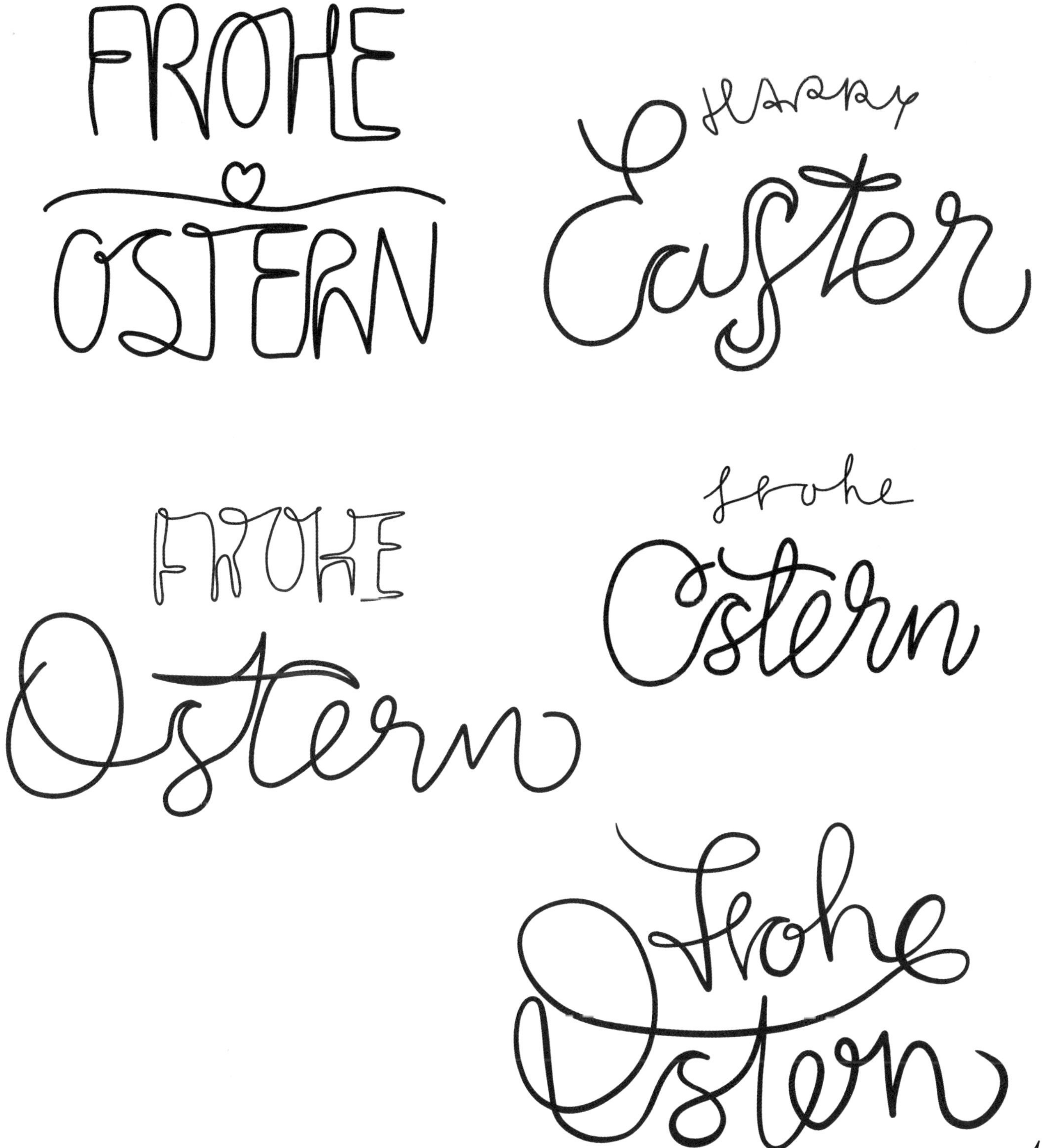
FROHE
OSTERN
Happy
Easter
FROHE
Ostern
Frohe
Ostern
Frohe
Ostern

Merry
CHRISTMAS

Merry
Christmas

merry
christmas

Happy New
Year!

MERRY
Christmas

MERRY CHRISTMAS

Happy
BIRTHDAY

HAPPY
Birthday
TO YOU

HAPPY
BIRTH
DAY ♡

Happy
Birthday

HAPPY
birthday

Inspiration

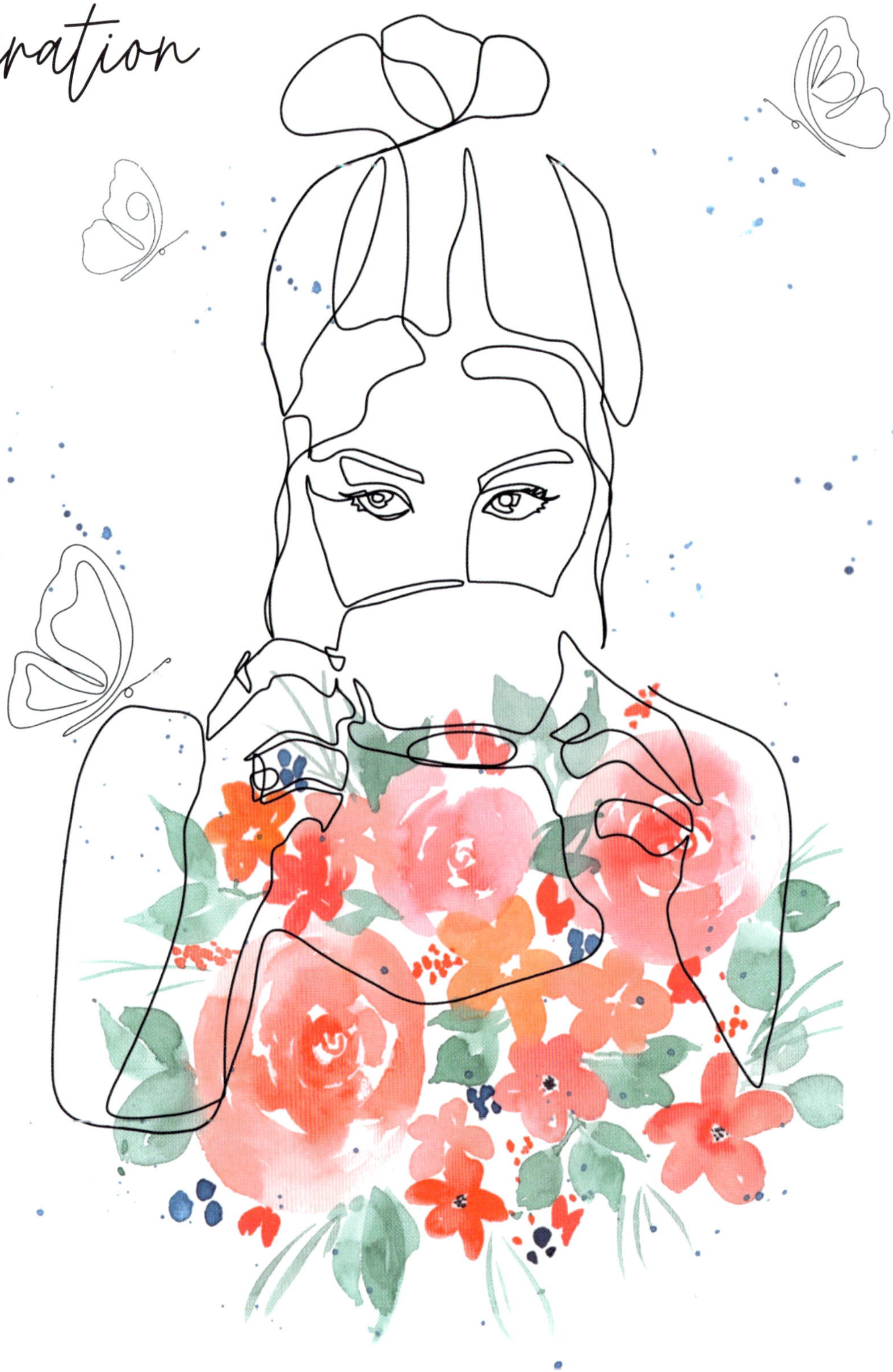

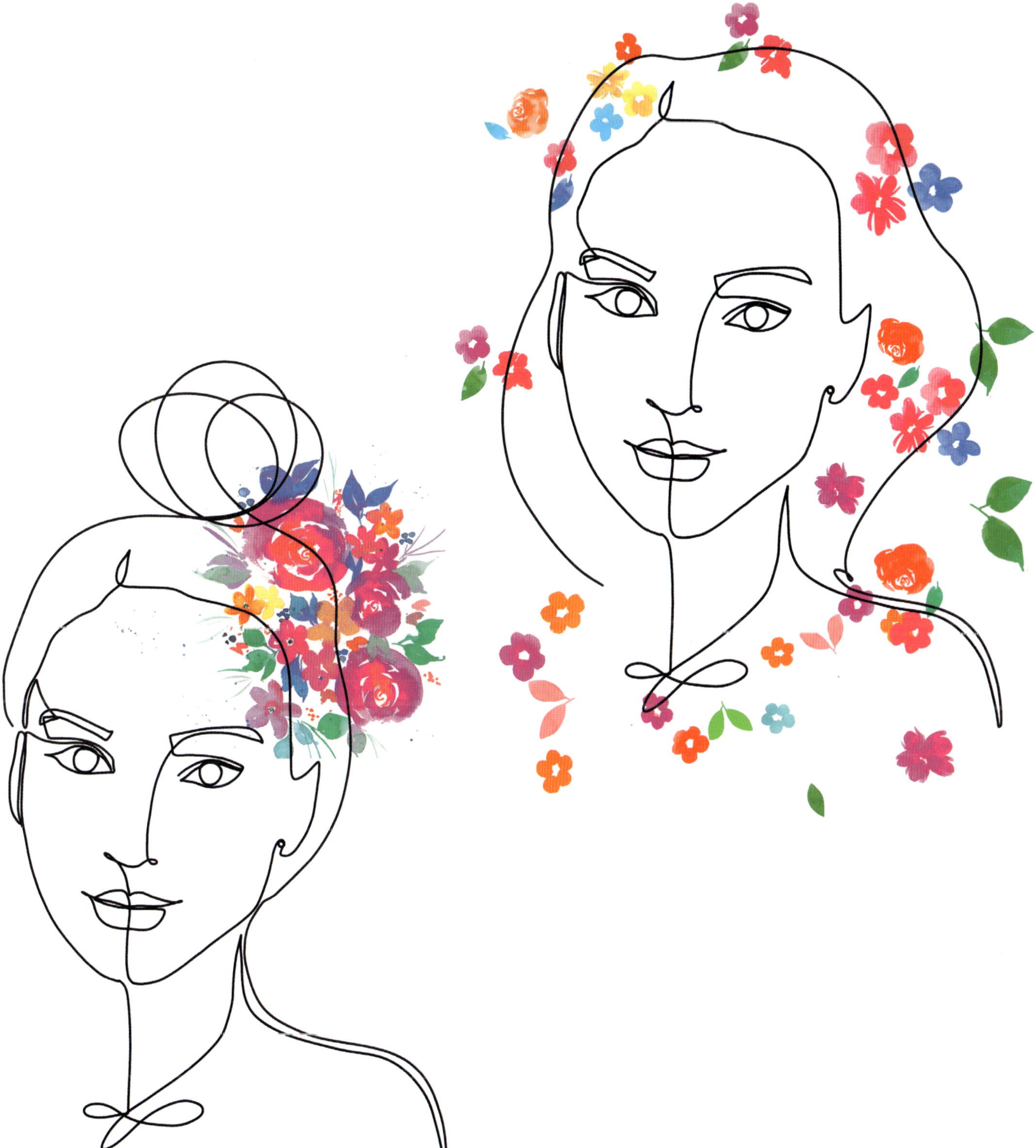

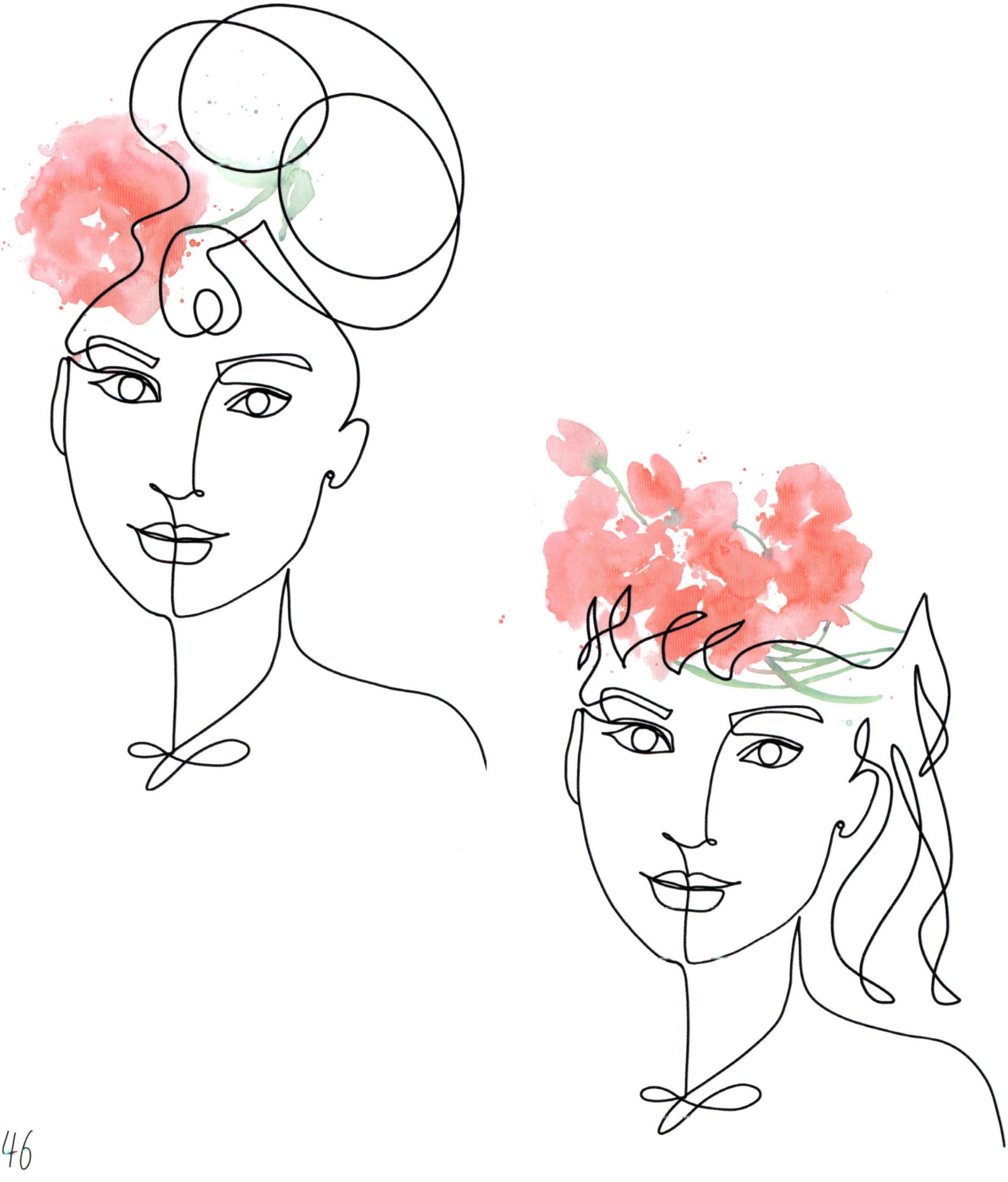

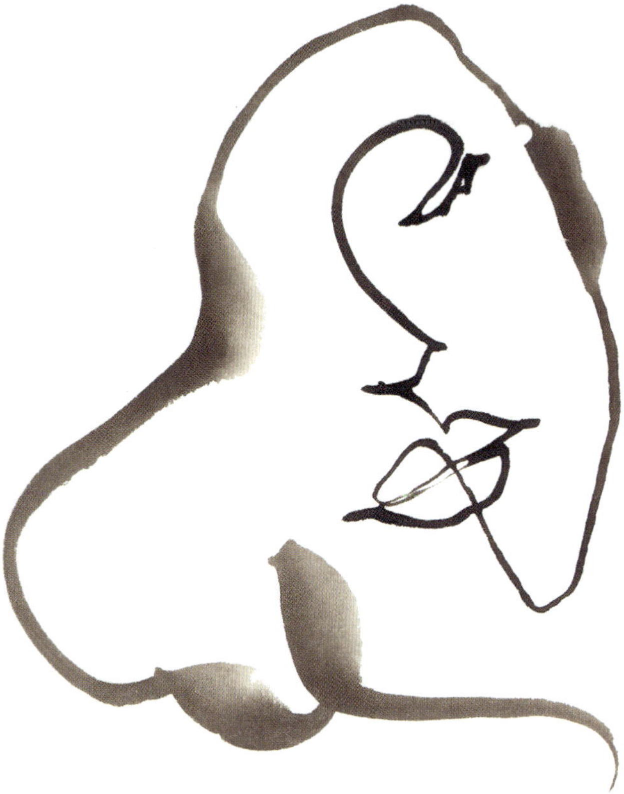

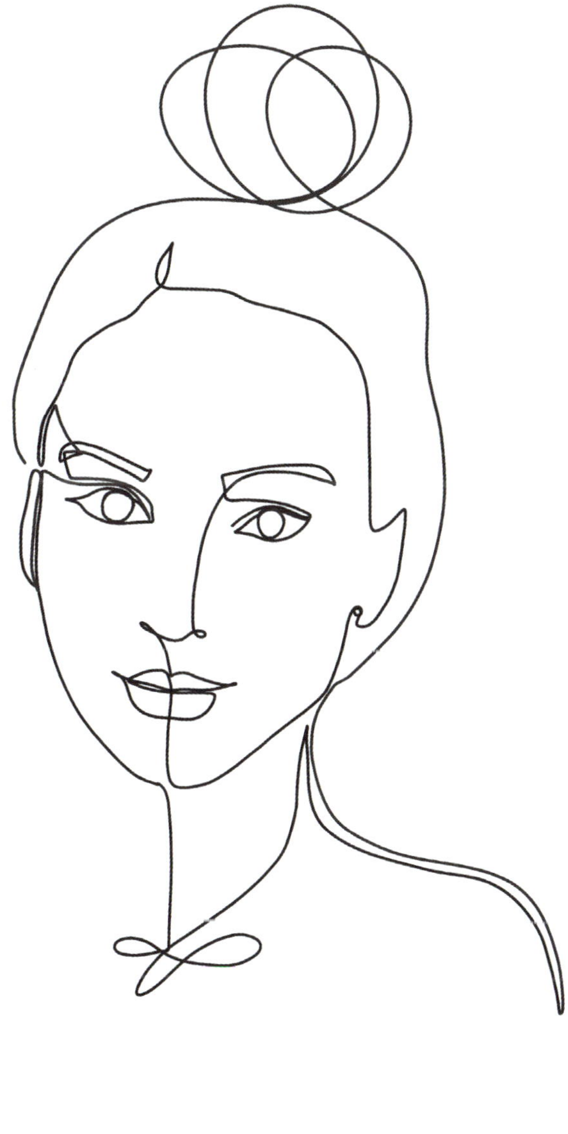

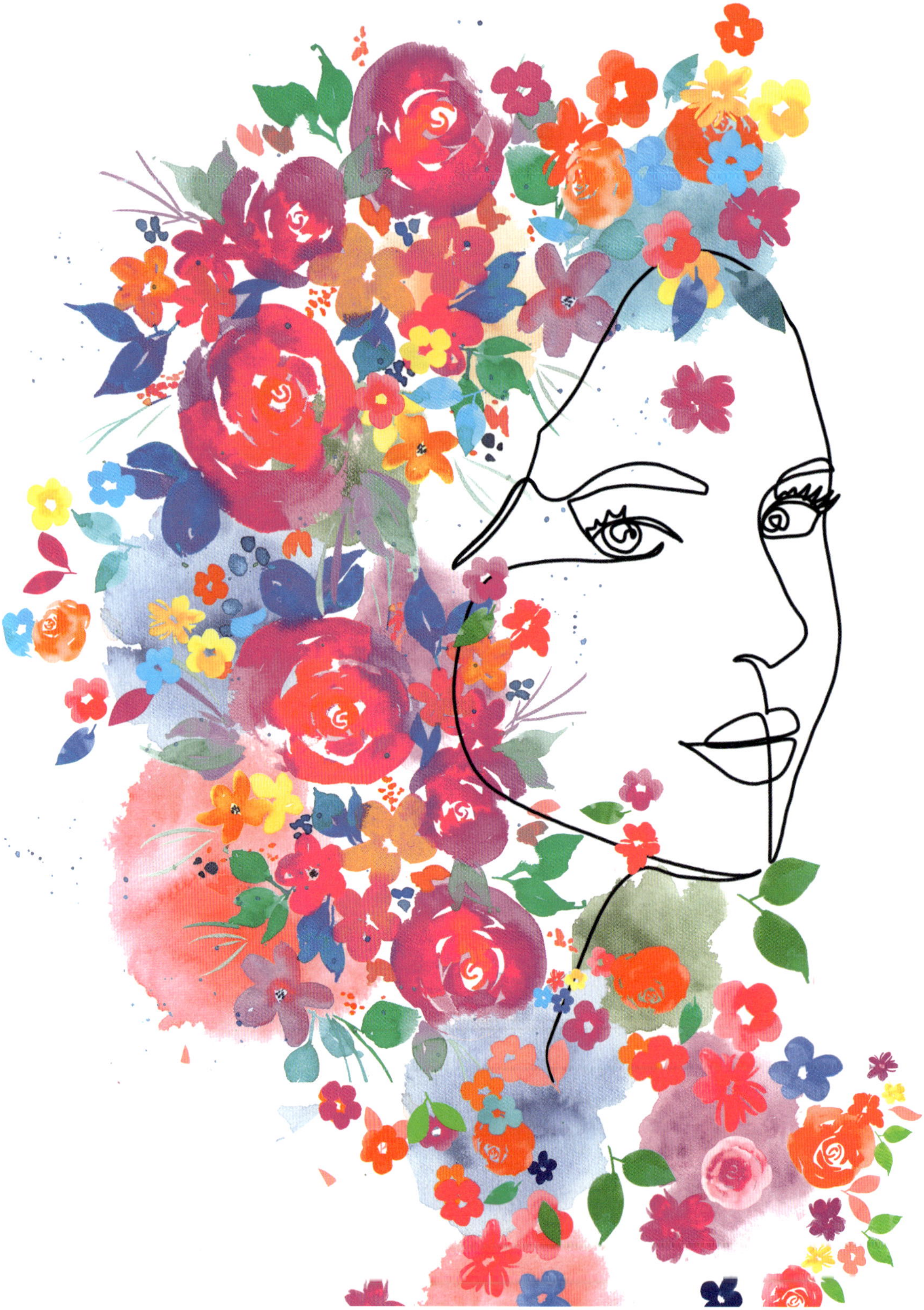

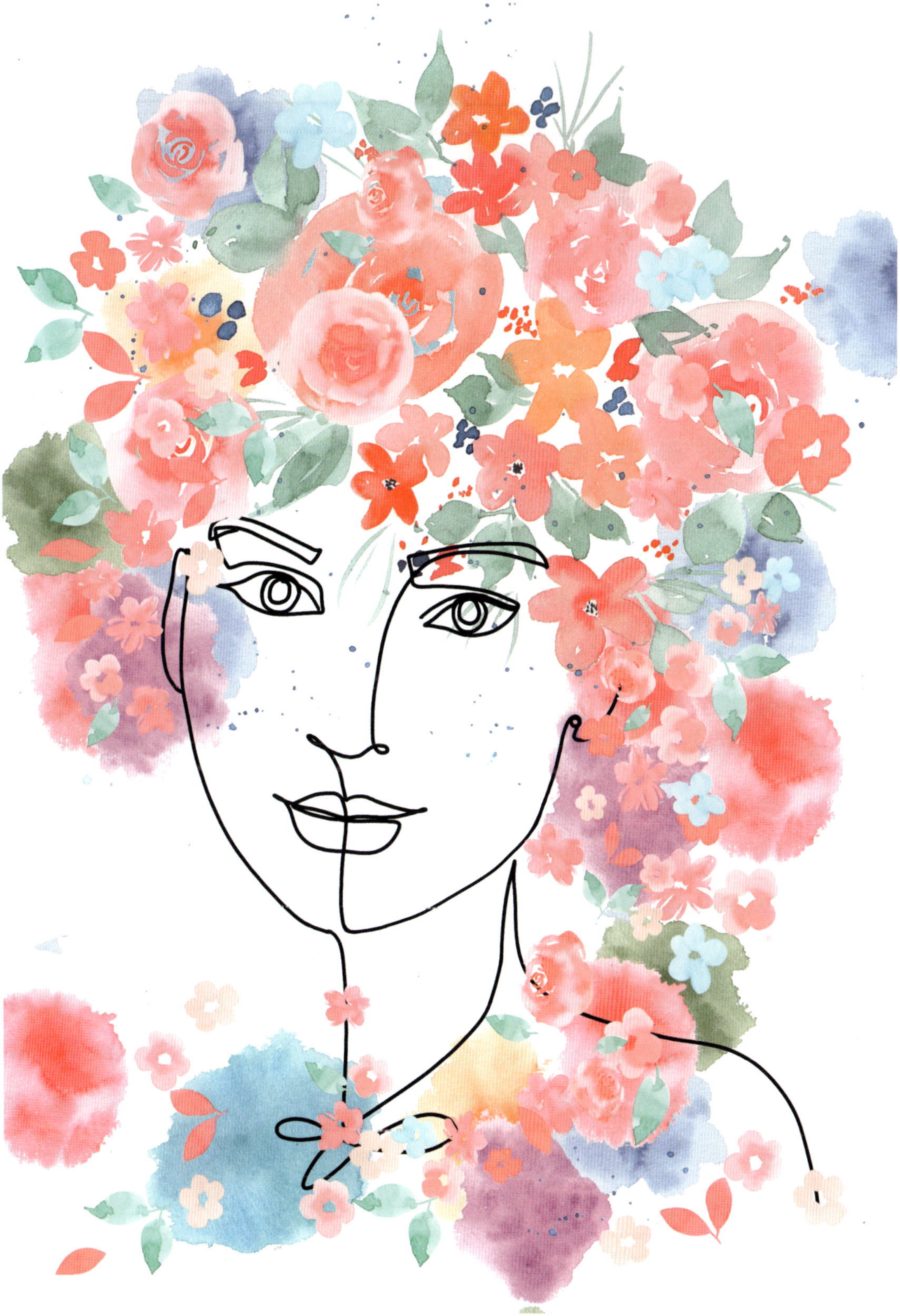

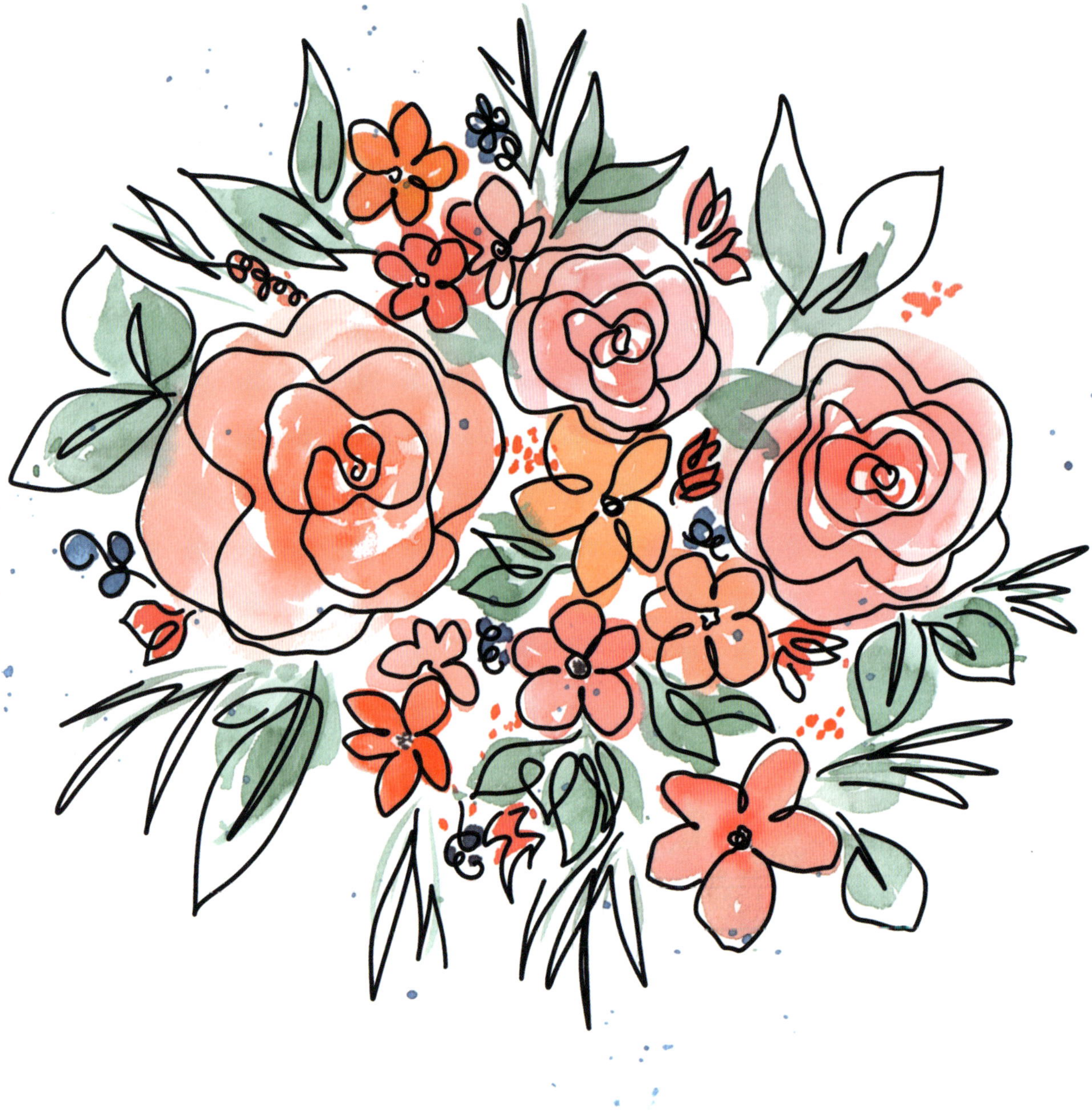

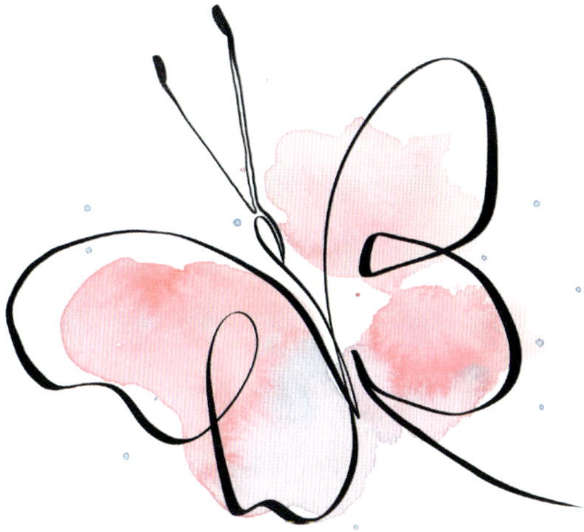

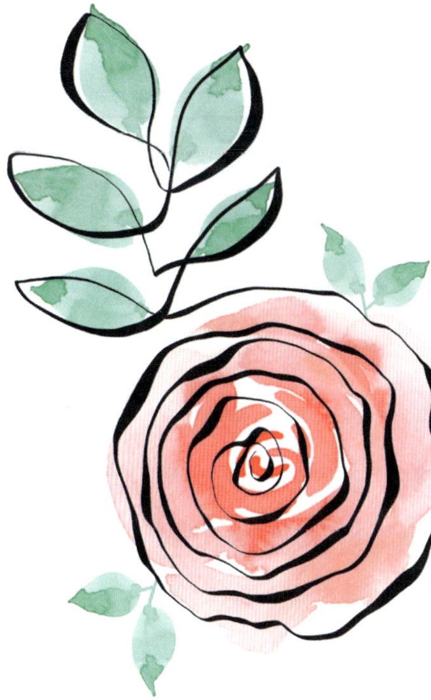

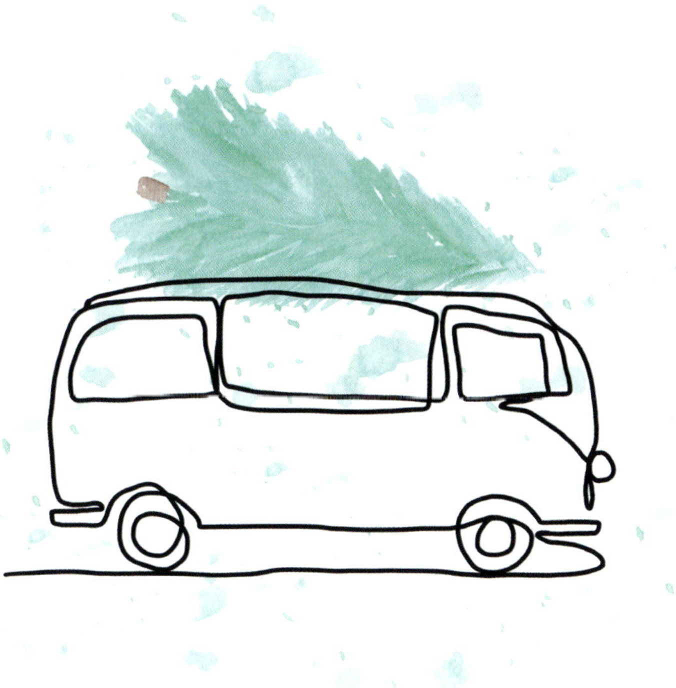

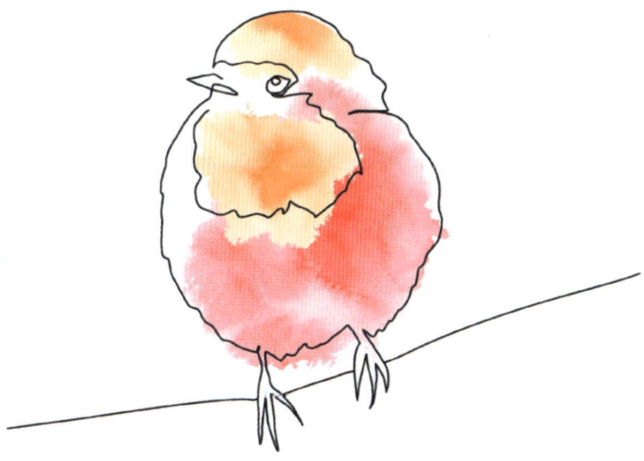

Buchempfehlungen für Dich

Noch mehr Kreativ-Bücher zum gleichen Thema gesucht?

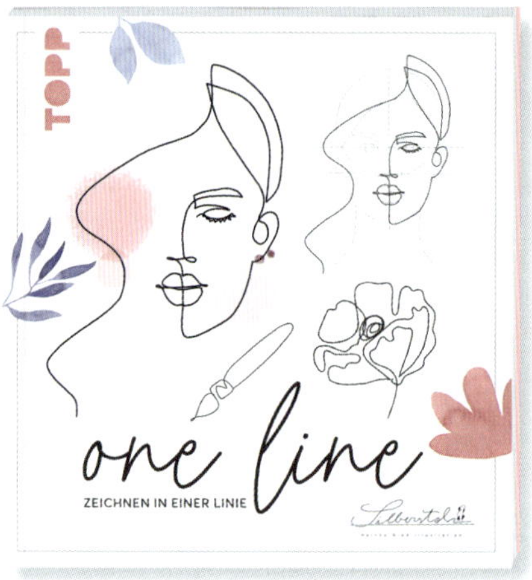

ISBN 978-3-7724-4792-1

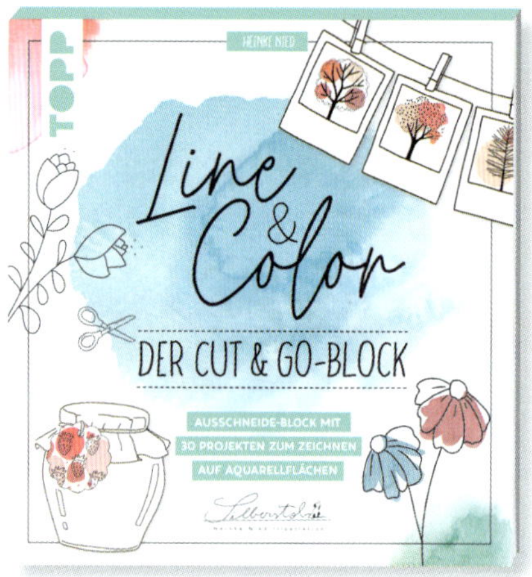

ISBN 978-3-7724-4783-9

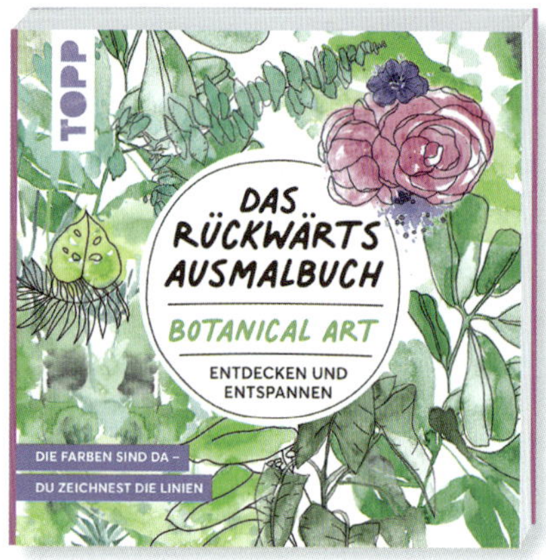

ISBN 978-3-7358-8053-6

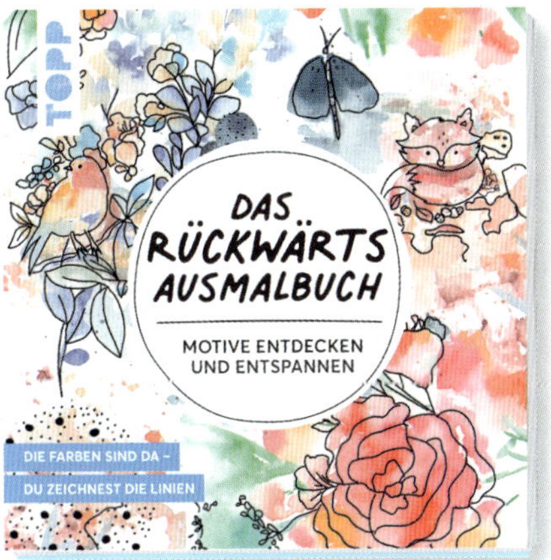

ISBN 978-3-7724-4681-8

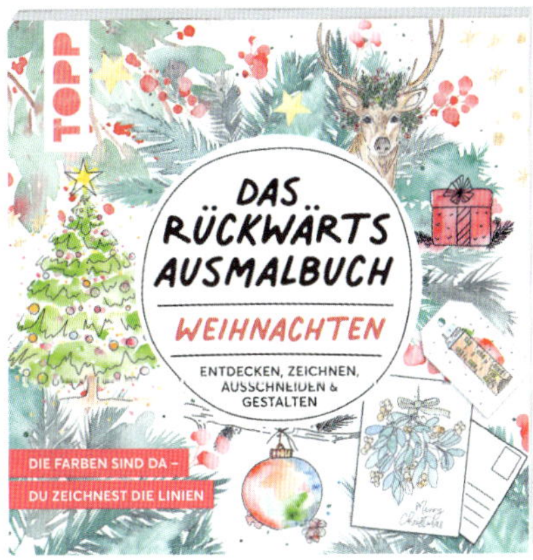

ISBN 978-3-7358-8084-0

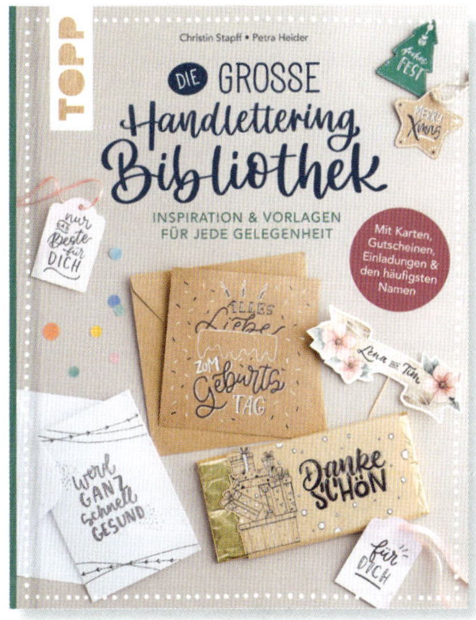

ISBN 978-3-7724-4786-0

Viele weitere Kreativ-Bücher findest du auf www.TOPP-kreativ.de

#TOPPPROJEKT

Die eigene Kreativität zeigen: TOPPprojekt mit anderen Kreativen teilen und Teil der Gemeinschaft werden.

DIY-begeistert und auf Instagram? Dann unbedingt mitmachen! Hier gibt's Tipps und Feedback zu den eigenen Projekten. Außerdem verlosen wir jeden Monat ein Überraschungspaket. Um am Gewinnspiel teilzunehmen, einfach ein Bild vom Kreativ-Projekt aus unseren Büchern mit #TOPPprojekt posten und unserem Account @frechverlag folgen. Mehr Infos auf TOPP-kreativ.de/TOPPprojekt

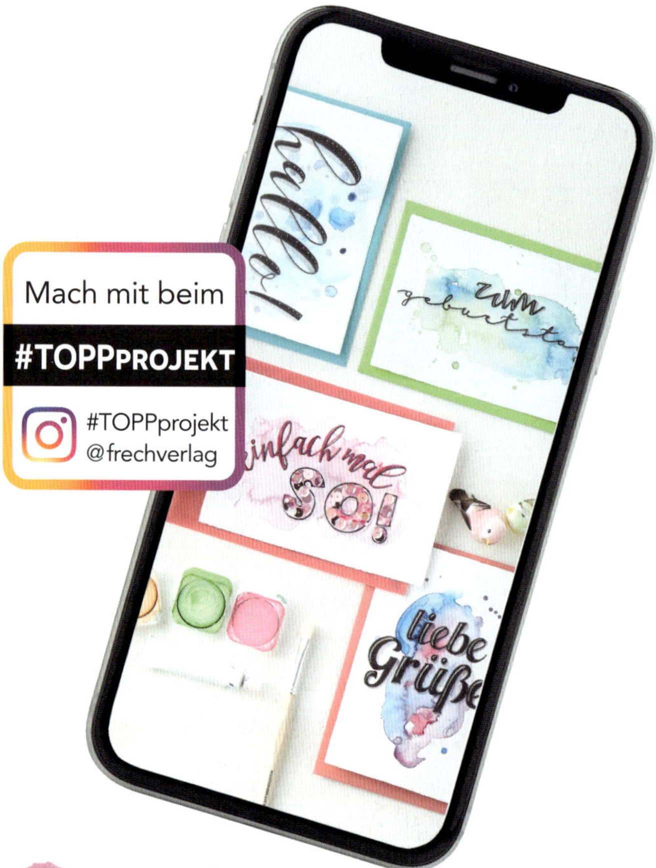

Website
Auf TOPP-kreativ.de kannst du ein riesiges Angebot von über 1.000 Kreativbüchern, Sets & mehr entdecken.

Newsletter
Gleich anmelden unter: TOPP-kreativ.de/newsletter und immer als Erstes von unseren Neuheiten und Sonderaktionen erfahren.

Instagram
@frechverlag

Pinterest
pinterest.com/frechverlag

Facebook
facebook.com/frechverlag

DigiBib
Hier findest du zusätzlich zu vielen unserer Bücher digitale Extras, wie Video-Tutorials, Plotter-Dateien, Vorlagen, Übungsblätter & vieles mehr. Einfach im Impressum deines TOPP-Buchs den Freischalte Code nachschlagen und exklusive Inhalte freischalten. TOPP-kreativ.de/digibib

Youtube
youtube.com/frechverlag

Wer wir sind, wie wir arbeiten, was wir lieben …

Auf Instagram, Facebook und Pinterest findest du mehr über uns und unsere Arbeit und wirst immer schnell und einfach mit den neuesten Infos versorgt.

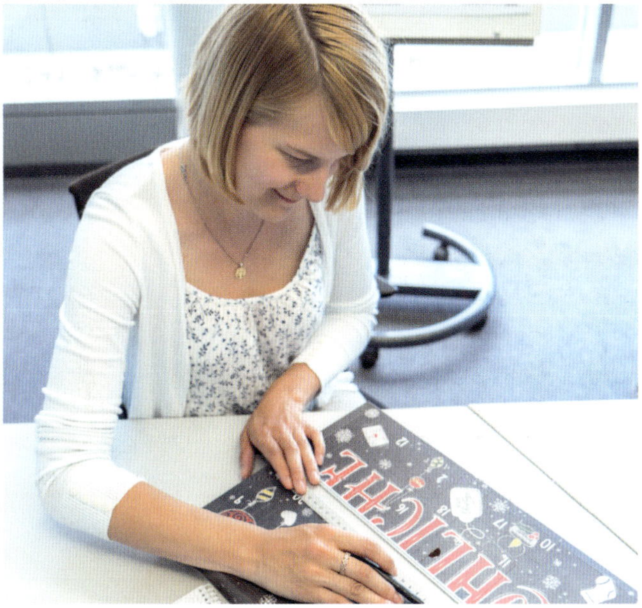

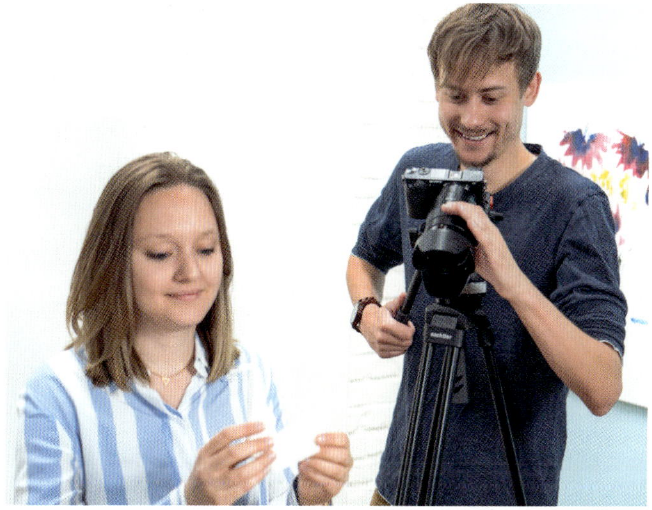

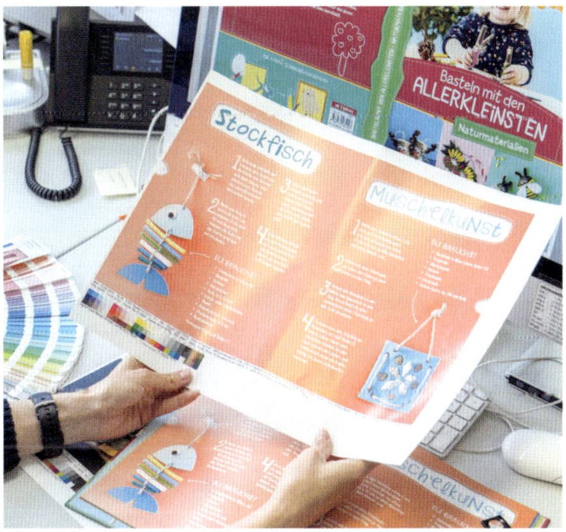

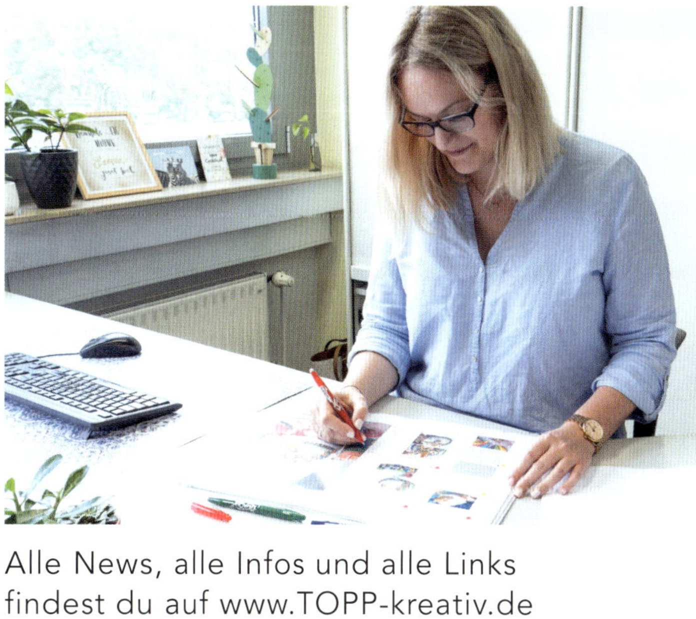

Alle News, alle Infos und alle Links findest du auf www.TOPP-kreativ.de

Hallo,

ich bin Heinke alias Silberstolz. Ich bin One Line Art & Aquarell-Künstlerin und arbeite als Illustratorin und Kreativbuchautorin. Ich liebe es für Firmen Designs zu kreieren und dabei meine Kreativität auszuleben. Dabei sind schon Produkte wie Kreativ-Boxen und Stifte-Sets entstanden. Am Liebsten kreiere ich aber Bücher, die ich mit viel Liebe und Leidenschaft gestalte. Neben der Aquarellmalerei ist das achtsame Zeichnen in einer Linie zu meinem Steckenpferd geworden. In Workshops und Kursen bin ich gemeinsam mit anderen Menschen kreativ und teile mein Wissen rund ums Zeichnen, Malen und Gestalten.

Ein kreatives und achtsames Leben steht bei mir im Vordergrund.

MEIN MOTTO: LEBE KREATIV!

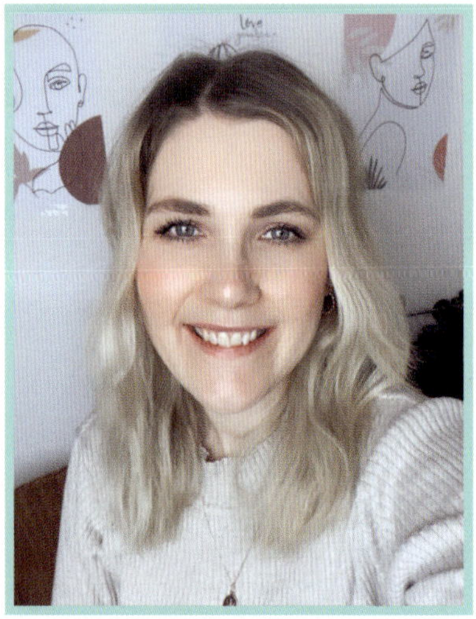

Instagram @silberstolz
YouTube @silberstolz
Pinterest @ Heinke Nied
Webseite: www.silberstolz.de

Seid gemeinsam mit mir auf meinen Social-Media-Kanälen kreativ und besucht mich dort gerne, denn hier gibt es viel Inspiration und Videos zum Mitmachen und Austauschen.

Der Freischaltcode für die Vorlagen lautet: 57370

IMPRESSUM

Anleitungen und Illustrationen: Heinke Nied

Produktmanagement: Lisa Braunert und Jessica Cremer

Cover: Melanie Herrmann

Layout und Satz: Lara Nelles (schere.style.papier), München

Druck: DZS Grafik, Slowenien

1. Auflage 2023

ISBN: 978-3-7358-8068-0 Best.-Nr. 28068

MIX
Papier | Fördert gute Waldnutzung
FSC® C106600
www.fsc.org

Penguin Random House Verlagsgruppe
FSC® N001967